D1755558

Ole Martin Høystad

KULTURGESCHICHTE DES HERZENS

Ole Martin Høystad

KULTURGESCHICHTE DES HERZENS

Von der Antike bis zur Gegenwart

Aus dem Norwegischen
von Frank Zuber

2006

BÖHLAU VERLAG KÖLN WEIMAR WIEN

Die Übersetzung wurde mit der finanziellen Unterstützung
von NORLA (Norwegian Literature Abroad) Non-Fiction
sowie dank der Förderung des Research Council of Norway
und des Telemark University College ermöglicht.

Bibliographische Information der Deutschen Bibliothek

Die Deutsche Bibliothek verzeichnet diese Publikation
in der Deutschen Nationalbibliographie;
detaillierte bibliographische Daten sind im Internet über
http://dnb.ddb.de abrufbar.

Umschlaggestaltung:
Kerstin Koller, Kall, unter Verwendung von
Jim Dine, My name is Jim Dine 2 (1992).
© VG Bild-Kunst, Bonn 2006.

© 2006 by Böhlau Verlag GmbH & Cie, Köln
Ursulaplatz 1, D-50668 Köln
Tel. (0221) 913 90-0, Fax (0221) 913 90-11
info@boehlau.de
Druck und Bindung: Druckerei Runge GmbH, Cloppenburg
Gedruckt auf chlor- und säurefreiem Papier.
Printed in Germany

ISBN 3-412-28705-9

INHALT

Vorwort 7

Einleitung 9

Das Herz in unterschiedlichen Kulturen

Die älteste Hochkultur: Die Sumerer und Gilgamesch 17
Das mythische Herz in der altägyptischen Kultur 23
    Anthropologie 28
Der vielseitige Mensch der Antike 32
    Der homerische Mensch 34
    Gelächter und Leidenschaft 41
    Das Dionysische und das Apollinische 45
    Homosexualität in der Antike 47
    Das platonische Menschenbild 51
    Von Aristoteles bis Galen 54
    Platons Wirkungsgeschichte 57
Das Herz in der Bibel und im Christentum 59
    Das Alte Testament 60
    Das Neue Testament 63
    Paulus 66
    Augustinus 72
    Augustinus' Wirkungsgeschichte und das Mittelalter ... 76
    Das Größte und Schönste, was Europa erschuf? 81
Islam – Die letzte überlebende Herzenskultur? 85
    Die Weisheit des Herzens und das Herz der Weisheit
    im Sufismus 89
    Arabische Einflüsse auf die europäische Kultur 98
Die Azteken – Warum so herzlos? 104
„Fett bin ich um die Herzwurzeln" – Altnordische Anthropologie 110

Kampf ums Herz.
Die Entstehung des modernen Europäers

Der emotionale Wandel im Hochmittelalter 118
    Die Lieder der Troubadouren 120
    Der Ritterroman 123
    Erotik und Religion: Abélard und Héloïse 128
    Das Herz in der romantischen Liebe 135
    Alltägliche Liebesgeschichten 141
Das neue Subjekt 145
    Descartes und der Körper-Seele Dualismus 147
Montaigne: Der Mensch ist sein eigenes Werk 151
    Der Text des Körpers und der Körper des Textes 156
    Eros und Thanatos: *Ars moriendi* 159
Von Renaissance und Alchimie zur Romantik 165
    William Shakespeare, der Herzensbrecher 170
    I cannot heave my heart into my mouth 179
    Rousseau – Philosoph des Herzens 181
    Herder und der expressive Wandel 190
    Der faustische Goethe 193
Lang lebe der Individualismus! 202

Nachwort: Der emotionale Kreislauf 216

Bibliographie 223

Namenregister 228

VORWORT

Bücher werden hauptsächlich deshalb geschrieben, weil ihre Autoren und Autorinnen *etwas auf dem Herzen haben*, das sie anderen mitteilen und der Nachwelt bewahren möchten. Die Geistes- und Zivilisationsgeschichte wird zu einem großen Teil vom Schicksal bedeutender Bücher bestimmt. Gelesen werden Bücher unter anderem, weil sie unsere Herzen bewegen können. Sie können uns engagieren, sinnlich oder intellektuell ansprechen und uns sowohl individuell als auch kollektiv in Wort und Tat beeinflussen.

Dieses Buch handelt vom ruhelosen Herzen, dem *cor inquietum*, das stets Anderes und Besseres sucht und nach den inneren und äußeren Gründen seiner Unruhe forscht. Es handelt aber nicht nur von den Dingen, die wir auf dem Herzen haben und die uns bewegen, sondern auch von allem, was das Herz in unserer sowie in nahe verwandten Hochkulturen als Bild repräsentiert. Die schöpferischen Kräfte des Herzens sind immer die Triebkraft hinter meiner fachlichen Arbeit gewesen.

Dafür, dass das Herz eines der Hauptsymbole unserer Menschlichkeit ist, gibt es in der Weltliteratur relativ wenige Fachbücher über das Herz. Die meisten gibt es im deutschsprachigen Kulturraum, wie die Bibliographie zu diesem Buch bezeugt. Diesen bin ich zu Dank verpflichtet, da meine Arbeit auf ihnen aufbaut, ebenso wie auf dem hinten angegebenen Material aus der allgemeinen Religions-, Kultur- und Ideengeschichte. Meine Darstellung unterscheidet sich von den übrigen „Herzensbüchern" durch ihre anthropologische und aktualisierende Perspektive. Neben der Präsentation des allgemeinen kulturhistorischen Stoffes möchte ich den anthropologischen Wert der Herzsymbolik und -metaphorik in unserer entzauberten Zeit hervorheben und einordnen. Außerdem lege ich viel Gewicht auf den Islam und die persisch-arabische Dichtung, die in den meisten Büchern zum Thema durch Abwesenheit glänzt, und betone den Einfluss der islamisch-arabischen Kultur auf die christlich-europäische und umgekehrt. Mein Ansatz ist interdisziplinär. Neben Quellen aus der Religions-, Kultur- und Ideengeschichte benutze und zitiere ich paradigmatische literarische Werke, die aus kulturgeschichtlicher und anthropologischer Perspektive interpretiert werden.

Um den Lesefluss nicht zu erschweren, sind Zitate und Verweise auf ein Minimum reduziert. In einer allgemeinwissenschaftlichen Darstellung wie dieser gehen die Rücksicht auf den Leser und die direkte Vermittlung vor. Ich hoffe, das Resultat ist ein lesbares und lesenswertes Buch nicht nur für Spezialisten, denn in diesem Fall sind alle Spezialisten, die Kontakt mit ihrem Herzen haben und mehr über dessen Wurzeln wissen möchten.

Es ist mir eine besonders große Freude, dass mein Buch nun auch deutschsprachigen Lesern zugänglich gemacht wird, da meine fachliche und wissenschaftliche Inspiration tief in der deutschen Literatur und Philosophie verwurzelt ist. Dies gilt auch für das kulturhistorische und kulturwissenschaftliche Umfeld in Deutschland. Besonders danke ich den Kulturwissenschaftlern der Humboldt-Universität zu Berlin für die Anregung meiner interdisziplinären Studien.

Vor allem jedoch danke ich meinem deutschen Übersetzer, dem Skandinavisten Frank Zuber, der nicht nur ein kongenialer Übersetzer, sondern auch Inspirator und engagierter Fachkonsulent der deutschen Ausgabe war, die bis auf das revidierte Goethe-Kapitel und einige Zusätze – bei welchen der Übersetzer unter anderem mit erweiterten Zitaten behilflich war – dem norwegischen Original folgt. Ein weiterer großer Dank gilt meinem Lektor beim Böhlau Verlag, Harald S. Liehr, der mit fachlicher Präzision und persönlichem Engagement diese Ausgabe verwirklichte. Im Herzen Europas, in Goethes und Herders Weimar empfangen zu werden, ist eine besondere Freude für jemanden, der eine Kulturgeschichte über das Herz der Europäer schreibt. Zu guter Letzt ein warmes Dankeschön an Elisabet Middelthon und ihre Kollegen von NORLA (Norwegische Literatur im Ausland), die mit kreativem Gespür als Geburtshelfer für diese Übersetzung gehandelt haben.

Herzliche Grüße an meine deutschsprachigen Leser!

Bø i Telemark/Weimar, Januar 2006
Ole Martin Høystad

EINLEITUNG

*Das Herz hat seine Gründe,
die die Vernunft nicht kennt.*

(Blaise Pascal)

Seit den frühesten Zeiten der Kulturgeschichte war das magische Herz, das rhythmisch in unserer Brust schlägt, ein großes Mysterium im Leben der Menschen. Schon in den ersten schriftlichen Quellen des Altertums, in Mesopotamien 3000 Jahre vor unserer Zeitrechnung, ist das Herz und was die Menschen in guten und in schlechten Zeiten mit ihm verbinden ein Thema. Wann immer das Herz im Spiel ist, geht es um Leben oder Tod, sowohl in physischer als auch in seelischer Hinsicht. Die große Frage, ob es ein Leben nach dem Tod gibt und wie dies aussieht, hängt in den meisten Religionen und Weltanschauungen auch mit dem jeweiligen Bild des Herzens zusammen, das unterschiedliche persönliche Eigenschaften oder moralische Werte repräsentieren kann.

Der sumerisch-babylonische Held Gilgamesch aus dem gleichnamigen Epos von ca. 2000 v. Chr. opfert in einer der kritischsten Situationen seines Lebens den Göttern ein Herz. Warum tut er das? Wenn die alten Ägypter einen Leichnam balsamierten, war das Herz das einzige innere Organ, das dem Toten wieder in die Brusthöhle eingesetzt wurde, bevor man sie verschloss und den Körper in Leinentücher wickelte. Warum hoben die Ägypter nur das Herz auf?

Die Ägypter achteten darauf, dass ihre Toten ihr Herz mit in das Totenreich bekamen. Die mittelamerikanischen Azteken dagegen schnitten mit Steinmessern zehntausenden von Menschen bei lebendigem Leib die Herzen aus der Brust, um sie noch warm und schlagend ihren Göttern zu opfern. Die jeweiligen Handlungsweisen in der ägyptischen und der aztekischen Kultur demonstrieren, wie unterschiedlich die Bedeutung des Herzens in verschiedenen Kulturen sein kann und dass es die Menschen ebensogut trennen wie vereinen kann. Christlich und humanistisch geprägte Europäer mögen sich aus gutem Grund fragen, wie die Azteken so herzlos sein konnten – wenn sie es wirklich waren.

Auf solche Fragen möchte dieses Buch Antworten geben: Wie das Herz verstanden wurde, was es in einigen bedeutenden Hochkulturen symbolisiert und wie unser eigenes, europäisches Herz und seine verschiedenen bildlichen Ausformungen und Funktionen durch einen langen historischen Prozess entstanden sind. Um die Darstellung einzugrenzen, wird der kulturgeschichtliche Stoff auf jene Kulturen eingeschränkt, die direkt oder indirekt zur Entwicklung der europäischen Kulturgeschichte beigetragen haben. Aus diesem Grund bekommt der Nahe Osten einen zentralen Platz in diesem Buch, denn dort entstand das Judentum, der Vorläufer des europäischen Christentums, in einer Kombination aus Aufeinanderprall und Zusammenspiel mehrerer Hochkulturen. Besonderes Gewicht wird auf die sumerisch-babylonische und die altägyptische Kultur gelegt. Beiden Nachbarn gegenüber definierten sich die Juden oft in Opposition, um eine eigene Identität vorzuweisen. Dies betrifft auch das Herz, das im Judentum eine völlig andere Bedeutung als bei den Babyloniern und Ägyptern bekommt.

Obwohl das Bild des Herzens im Neuen Testament auf dem Alten Testament beruht, bekommt das Herz im Christentum wieder eine andere Bedeutung als im Judentum. Dies hängt mit der Passionsgeschichte Christi und der Bedeutung des Blutes im Christentum zusammen. Jesus' dramatisches Leben und der Zusammenhang zwischen seinem Blut und seinem Herzen gaben reichlich Spielraum für Auslegungen und symbolische Darstellungen, die zum Katalysator und Fundament dessen wurden, was sich im Lauf des Mittelalters zu europäischem Kulturgut entwickelte. Diese Geschichte ist voller Paradoxa.

Eines dieser Paradoxa ist der Einfluss muslimisch-arabischer Kultur, die gerne als Gegenpol zur christlich-europäischen dargestellt wird. Richtet man jedoch sein Augenmerk auf das Bild des Herzens in diesen beiden Kulturen, kommen nicht nur Unterschiede zutage, sondern auch ein arabischer Einfluss, der vom Mittelalter bis heute – und im Widerstreit mit christlichen Grundgedanken – unsere europäischen Herzen in vieler Hinsicht geformt hat. Ich gelange zu der These, dass der moderne Europäer ein Produkt des Einflusses muslimisch-arabischer Kultur auf die europäische Kultur im Hochmittelalter ist. Aus diesem Grund bildet das islamisch-arabische Bild des Herzens einen weiteren Schwerpunkt dieser Studie.

Nach der gängigen Meinung hat die europäische Kultur hauptsächlich zwei Wurzeln: Eine im jüdisch-biblischen Denken und eine in der griechischen Antike. Während unser religiöser Glaube aus einer semitisch-arabischen Tradition stammt wie sie die Bibel überliefert, sind unsere Kunst und unser rationelles Denken – also Philosophie und Wissenschaft – in hohem Grad von der antiken griechischen Kultur inspiriert.

Doch der altertümlichste griechische Mensch wie wir ihn aus Homers Schilderungen von ca. 700 v. Chr. kennen ist womöglich ein völlig anderer als der moderne Europäer. Ausgehend von der Auffassung des Herzens bei Homer – sofern seine literarischen Figuren ein Herz in unserem Sinne besitzen – wollen wir deshalb untersuchen, ob es eine *Konstante* im Menschen gibt, etwas Universales oder Allgemeingültiges, das uns mit dem vorchristlichen homerischen Menschen verbindet. Dieselbe Frage werden wir uns über unsere nordischen Vorfahren, die Wikinger, stellen.

Unsere nordischen Ahnen waren nicht weichherzig. Sie wurden zu Berserkern und begingen Menschen- und andere heidnische Opfer. Der Gott der Gehenkten, Odin, opferte sich selbst an sich selbst und erhängte sich in einem heiligen Baum. Ob er dies tat, um seine körperliche Hülle (nicht aber sein Herz) zu verlassen und so auf schamanistische Weise das Rätsel des Lebens zu lösen, wissen wir letztlich nicht genau. Das altnordische Herz ist in vieler Hinsicht immer noch ein Rätsel für uns. Genau wie das aztekische.

Den Azteken ist ein ganzes Kapitel in diesem Buch gewidmet, weil das Herz in ihrer Kultur einen so spektakulären Platz einnimmt. Ihre Geschichte ist so blutig und grauenvoll, dass wir sie kaum fassen können. Es mag schwer zu begreifen sein, dass das Grauenhafte ein so kulturschaffendes Moment wie in der mittelamerikanischen Kultur sein kann, wo Menschenopfer weit verbreitet waren. Deswegen sahen es die spanischen Konquistadoren als ihre Pflicht an, diese Kultur auszurotten. Das taten sie mit großer Effektivität und mit dem Segen der christlichen Kirche. Innerhalb weniger Jahre legten die Europäer die aztekische und alle anderen Hochkulturen Mittelamerikas in Schutt und Asche und raubten deren Schätze in einem Staatsverbrechen, das in der Menschheitsgeschichte seinesgleichen sucht. Im Lauf des sechzehnten Jahrhunderts sank die Bevölkerungszahl Mexikos von ca. 25 Millionen auf knapp eine Million. Wer waren die Herzlosen, die unchristlichen Azteken oder wir humanistischen Europäer? Es sieht aus, als ließe sich das Herz mit allen möglichen Empfindungen belegen, die sowohl schöpferisch als auch zerstörerisch wirken können. Dies wirft die Frage auf, was für ein Wesen der Mensch ist. Der zweite Teil des Buches versucht diese Frage zu beantworten, indem er die Entwicklung der Herzmetaphorik in der modernen europäischen Kultur verfolgt.

Der Fokus auf die Europäer und unser westliches Menschenbild im zweiten Teil des Buches erklärt, warum kein Raum für andere als die oben genannten Kulturen bleibt. Leider fallen deshalb einige der hervorragendsten Leistungen der menschlichen Geistesgeschichte aus dem Rahmen dieser Darstellung. Dies betrifft die gesamte asiatische Tradition: Die altindische und altchinesische Kultur, den Hinduismus, Buddhismus und Taoismus, um nur die großen Traditionen zu nennen. Auch für afrikanische Kulturen bleibt hier kein Platz. Aus Rücksicht auf Umfang und Konzept dieser Studie müssen diese Kulturen außen vor bleiben, obwohl ihr Menschenbild im Hinblick auf edle und schöpferischen Qualitäten in keiner Weise hinter dem christlich-europäischen zurücksteht. Verglichen mit den Ansprüchen, die der Buddhismus in puncto Besinnung, Kontemplation und innere Harmonie als Heilmittel gegen alle Arten der Begierde stellt, stehen wir Europäer als zweckorientierte Streber, primitive Machtmenschen und egoistische Materialisten da. Aber diese alternative Geschichte muss vorerst liegen bleiben, damit wir uns in die europäische Kulturgeschichte des Herzens vertiefen können.

Es ist nicht leicht auszumachen, wofür das Herz steht, da es sich in erster Linie um ein *Bild* und *Symbol* handelt, das gedeutet werden muss. Das Herz ist nicht nur ein körperliches Organ, die Blutpumpe, sondern wird oft auch zum Sitz des Gewissens erklärt. Ein schlechtes Gewissen wird als Stich oder Schmerz im Herzen empfunden. Deswegen wird auch die Seele im Herzen plaziert; Gewissen und Seele werden gleichsam zwei Seiten derselben Sache. Aber auch die Liebe und andere Gefühle werden im Herzen lokalisiert. Liebeskummer, Mitleid und andere Emotionen werden körperlich-sinnlich dort erfahren und folglich wird das Herz zu deren Sinnbild gemacht. Es wird zum *Bild*, weil es sympathisch auf gesellschaftliche oder persönliche Ereignisse reagiert, die außerhalb seiner selbst geschehen. Ein solches Bild wird in der Rhetorik Metonymie genannt: Der Teil, der ein Phänomen beinhaltet, wird stellvertretend für das Phänomen selbst benutzt. Auf diese Weise ist die Metonymie im Stande, sowohl die körperliche als auch die seelische Seite eines Begriffes wiederzugeben und das Buchstäbliche mit dem Bildlichen in einem Wort zu vereinen. Die zwei Seiten des Herzens erklären vielleicht, warum es in unserer Kultur zum meistgebrauchten Symbol geworden ist, obwohl wir ansonsten eher den Intellekt preisen. Aber das Gehirn ist ein Faktum, kein Symbol. Das Herz ist beides.

Unsere Sprache ist voller metonymischer und metaphorischer Herzensausdrücke. Wir tun etwas leichten Herzens, etwas liegt uns am oder auf dem Herzen, ein Stein fällt uns vom Herzen, wir verlieren unser Herz (was durchaus Glück bedeuten kann) usw. Es gilt als Ideal, auf die Stimme seines Herzens zu hören und seinem Herzen zu folgen. Sein Herz auf der Zunge zu tragen ist dagegen nicht immer positiv. Ein biblisches Sprichwort besagt: „Wes das Herz voll ist, des gehet der Mund über." Dagegen heißt es immer noch, dass man frei von der Leber weg spricht, ein Überbleibsel einer archaischen, vorchristlichen Anthropologie. Was von Herzen kommt, ist ehrlich gemeint und kann einen Lügner entlarven, auch wenn er die Hand aufs Herz legt oder noch so herzlich grüßt. Großzügige Menschen haben ein großes Herz; etwas kann uns das Herz zerreißen oder es bis zum Hals schlagen lassen. (In anderen Sprachen steckt das Herz dann bildlich im Hals oder sogar im Mund, wie im englischen *to have one's heart in one's mouth*.) Wenn uns etwas ins Herz trifft, kann es zusammengeschnürt, gebrochen und vieles mehr werden. Der englische Ausdruck *to learn by heart* zeugt davon, dass das Herz auch mit dem Verstand zu tun hat.

Viele Herzmetaphern drücken persönliche Eigenschaften aus. Sie charakterisieren uns und unser Gegenüber in der Alltagssprache und formulieren moralische Qualitäten. Wir sagen, dass ein Mensch gutherzig oder herzlos ist, hartherzig oder weichherzig, dass er ein warmes oder ein kaltes Herz hat. Unsere Herzenswärme und Einfühlungsgabe verraten, wer wir sind. Aus diesem Grund sollte man sich selbst ins Herz schauen, auch wenn es schmerzhaft und peinlich sein kann, sein Herz zu offenbaren, genau wie es uns betrübt, wenn andere sich als hartherzig erweisen. Man ist versucht, mit Ibsens *Peer Gynt* (ebenfalls die Bibel zitierend) zu sagen: „Auf Herz und Nieren dringen wir mitnichten." Aber genau das macht sich dieses Buch zum Ziel, die göttliche Forderung, die bereits in der griechischen Antike über dem Eingang des Apollo-Tempels in Delphi eingemeißelt war: *gnōthi seauton* – Erkenne dich selbst!

Die Eigenschaften des Herzens sind weit mehr als ein theoretischer Forschungsgegenstand. Vielmehr zählt die Antwort auf die Frage, was das Herz ist und wofür es steht, auch im sogenannten „wirklichen Leben". Eines der großen Paradoxa im Leben der Menschen ist, dass Wörter nicht nur Wörter sind, sondern auch Tatbestände. Wörter erschaffen das, was sie bezeichnen. Wenn man vom Teufel redet, ist er nicht weit. Dies betrifft auch das Herz, das in sich selbst das merkwürdige Doppelverhältnis zwischen der Sprache und dem von der Sprache Bezeichneten birgt. „Herz" ist sowohl Wort als auch Wortsinn, ein wichtiges Wort für ein Bild mit komplexem Inhalt. Wenn wir vom Herzen reden, wissen wir nicht immer, ob wir über das Herz als etwas Substantielles reden, also über das Organ, das in unserer Brust schlägt, oder über etwas Anderes, über symbolische Werte, moralische Standpunkte oder persönliche Eigenschaften, die durch das Herz versinnbildlicht werden. Worauf immer sich das Wort bezieht, sowohl das „wirkliche" als auch das „bildliche" Herz sind von der Sprache geprägt, in der wir sie aussprechen. Die Gefühle des Herzens und die Worte und Begriffe, die wir für sie benutzen, sind unzertrennlich. Deshalb will dieses Buch sowohl eine Studie des *Herzens der Sprache* als auch der *Sprache des Herzens* sein.

Ein bekanntes Zitat von Sigrid Undset über die Herzen der Menschen zeugt von der Unzertrennlichkeit des Herzens als angeborenes Faktum einerseits und als Bild oder Symbol andererseits. Am Ende ihrer *Erzählungen von König Artus und den Rittern der Tafelrunde* (1915) schreibt sie:

> Denn die Sitten und Gebräuche ändern sich schnell, wenn die Zeit verstreicht und der Menschen Glaube sich ändert und sie über vieles anders denken. Aber die Herzen der Menschen verändern sich niemals bis ans Ende der Tage. (Übers. F.Z.)

Das Herz ist in diesem Zitat eine Metapher für Gefühle und die Liebe, insbesondere die erotische Liebe, da dieser Satz am Ende eines Werkes steht, das von erotischer Leidenschaft zur Zeit des Rittertums erzählt, eine historische Epoche, die unsere europäischen Herzen wesentlich beeinflusst hat. Von diesen Gefühlen, der erotischen Liebe und der Leidenschaft, behauptet Sigrid Undset, dass sie sich nie ändern. Aber sind sie zu allen Zeiten und an allen Orten dieselben? Dies würde bedeuten, dass der Mensch ein fest vererbtes, unveränderliches Wesen hätte.

Viele meinen, dass dies nicht der Fall ist, sondern dass der Mensch von Geburt an ein offenes und unbestimmtes Wesen ist und deshalb in einem lebenslangen Lernprozess durch Erfahrung und Bildung geformt werden muss. In diesem Fall wäre der Mensch nicht nur das wandlungsfähigste Wesen dieser Welt, sondern auch das instabilste und unberechenbarste. Solcher Ungewissheit ausgeliefert, hegt er den Wunsch nach einer Konstanten im Leben. Er versucht, einen festen, nicht reduzierbaren Kern in sich zu finden, aus dem alles Relative entspringt und an dem es gemessen werden kann. Hier kommt das Herz, Sitz und Sinnbild der Liebe, der Seele und des Gewissens, als ein würdiger Kandidat in Frage. Auf jeden Fall hat das Herz eine solche Funktion in der europäischen Kultur eingenommen, seitdem diese einige Jahrhunderte nach Christi Geburt auf Grundlage des Christentums entstand.

Gehen wir jedoch von Sigrid Undsets Herzmetapher aus, so ist es problematisch, das Herz zu einer moralischen Instanz zu erheben, denn

Emotionen und erotische Leidenschaft stehen der gängigen Moral oft entgegen. Es ist nicht gerade ein optimistisches Bild der menschlichen Natur, das Sigrid Undset hier ausdrückt. Sie widerspricht damit dem wesentlichen Grundgedanken unserer humanistischen Tradition, nämlich dass der Mensch die Freiheit und Verantwortung besitzt, sich selbst zu formen und zu bilden. Dies gilt auch für die Erziehung des Herzens. Unsere christliche Tradition legt Wert auf ein gutes Herz und auf die Möglichkeit zu einem innerlichen Sinneswandel. Doch dann lesen wir, dass das Herz als emotionales und erotisches Sinnbild konstant und unveränderlich sein soll, wie ein Naturgesetz. Oder gar schlimmer. Denn Undsets Behauptung über die Herzen der Menschen impliziert in diesem Zusammenhang, dass der Mensch zu allen Zeiten in der Gewalt seiner Leidenschaften ist. Stimmt das, so klingen ihre Worte heute noch erschreckender, in einer Zeit, in der Individuen, Gruppen und Gesellschaften über Vernichtungswaffen verfügen, die unsere Demokratie, unsere Zivilisation und die gesamte Menschheit in Gefahr bringen, sollten sie in die Hände von Menschen geraten, die im wahrsten Sinne des Wortes in der Gewalt ihrer Leidenschaften sind – sei ihre Leidenschaft nun politischer, religiöser oder erotischer Art.

Aber Sigrid Undsets Behauptung, der Mensch sei in der Gewalt seiner Leidenschaften, betrifft nur eine Seite im Grunde des Herzens, das *Herz der Finsternis*. Die andere Seite gehört den positiven und kreativen Kräften, repräsentiert in Blaise Pascals berühmten Worten: „Das Herz hat seine Gründe, die die Vernunft nicht kennt." Viele Hochkulturen haben diese tiefen Gründe ausgelotet und sie für Wahrheitssucher wie moslemische Sufis oder christliche Mystiker vermessen. Genau diese schöpferischen Quellen im Herzen suchten die Romantiker, wenn sie die Gefühle vor die Vernunft stellten und uns mit ihren Beiträgen endgültig zu Europäern machten.

Weil das Herz trotz aller Unterschiede offenbar in vielen Kulturen ein zentrales Thema ist, repräsentiert es vielleicht doch eine Gemeinsamkeit zwischen allen Menschen. Vielleicht kann das Herz Brücken zwischen Kulturen bauen, die einander schwer verstehen? Vielleicht gibt es sogar eine gemeinsame Sprache des Herzens in allen Kulturen, so dass die Menschen sich unmittelbar über alle Sprachgrenzen hinweg und trotz aller religiösen Gegensätze und kulturellen Unterschiede verstehen können?

Oder ist es nur ein Klischee, dass das Herz zum Herzen spricht? Die Begegnung zwischen den spanischen Konquistadoren und den Azteken scheint für Letzteres zu sprechen. Ebenso das Verhältnis zwischen Juden und Palästinensern im heutigen Nahen Osten. Aber gerade weil es zwischen den Denkweisen verschiedener Völker und Kulturen Abgründe und grundlegende Unterschiede gibt, ist es umso wichtiger, genau diese Differenzen zu begreifen – nicht nur um „die Anderen", sondern auch um uns selbst zu verstehen. Um unsere eigene Identität zu erkennen, brauchen wir jemanden, mit dem wir uns vergleichen können. Unterschiede und Gegensätze sind genauso wichtig wie Gemeinsamkeiten und Zusammenhänge. Dasselbe gilt für das Verständnis der Gegenwart. Wir können sie nicht verstehen und wissen, wo unsere Zukunft liegt, ohne unsere Vergangenheit und die Sprünge in unserer kulturellen Entwicklung nachzuvollziehen. Um die Komplexität der modernen europäischen Kultur zu begreifen, müssen wir die vielfältigen Zusammenhänge in der Geschichte Europas kennen. Vergleiche und Unterscheidungen sind immer notwendig, um etwas überhaupt zu verstehen. Doch vergleichende Kulturforschung ist schwierig, denn wir sind von Anfang an dazu verurteilt, „das Andere" oder „die Anderen" mit unseren eigenen Augen zu betrachten und zu beurteilen. Dabei macht man schnell aus Ungleichem Gleiches und umgekehrt, unter anderem weil man Form und Funktion verwechselt. Denn ein und dieselbe Form kann in verschiedenen Kulturen eine unterschiedliche Funktion und Bedeutung haben oder umgekehrt.

Wir beginnen diese Geschichte von Unterschieden und Gemeinsamkeiten, von Umbrüchen und Zusammenhängen, dort, wo die Überlieferung ihren Anfang nahm.

DAS HERZ IN UNTERSCHIEDLICHEN KULTUREN

Von allen Mitteln der Erhebung sind es die Menschenopfer gewesen, welche zu allen Zeiten den Menschen am meisten erhoben und gehoben haben.
(Friedrich Nietzsche)

Die älteste Hochkultur: Die Sumerer und Gilgamesch

Das Drama des Herzens beginnt im Zweistromland Mesopotamien, wo die Kulturgeschichte der Menschheit ihren Anfang nahm. Die ältesten literarischen Quellen sind vermutlich über 5000 Jahre alt. Es sind die sog. *Ischtar*-Epen, von denen einige wahrscheinlich bereits 3100 v. Chr. aufgezeichnet wurden. Sie erzählen von der meistverehrten Göttin des Landes, der Liebes- und Kriegsgöttin Innana oder Ischtar, wie sie auf Akkadisch hieß, nachdem die Akkadier in Sumer eingedrungen waren. Die Akkadier waren eine semitische Volksgruppe. Sie wurden von der sumerischen „Urbevölkerung" assimiliert und übernahmen sowohl die Gesellschaftsstrukturen als auch die Mythen der Sumerer. Und so ging es in den darauffolgenden Jahrhunderten mit neuen Eindringlingen und Eroberern in einer Art Staffellauf aus Vererbung, Entlehnung und Transformation weiter. Zur Innana-Tradition gehört auch das bekannteste sumerisch-babylonische Epos, *Gilgamesch*, das ca. 2000 v. Chr. als solches niedergeschrieben wurde.

Im Gilgamesch-Epos stoßen wir auf ein Herz, das bereits viele der Eigenschaften aufweist, die es durch die gesamte Kulturgeschichte hindurch bis in unsere Tage behalten hat. Das Gilgamesch-Epos handelt von der Macht des Herzens und den Liebeskünsten, von elementaren Lebenskräften und dem Mysterium des Todes, und vom Konflikt zwischen Natur und Kultur. Der große Kunstgriff in diesem Epos ist die Konzentration zweier fundamentaler Gegensätze in der Freundschaft zwischen dem Naturkind Enkidu und dem Herrscher der Zivilisation, Gilgamesch, dem mythenumwobenen Sumererkönig der Stadt Uruk. Am

Anfang ist das Verhältnis zwischen Natur und Kultur auf den Kopf gestellt: Der wilde Enkidu repräsentiert das Gute und Friedliche, während Gilgamesch ein Despot ist, der sein Volk unterdrückt und sich an den Frauen von Uruk vergreift. Um den Despoten Gilgamesch zu bezähmen, erschaffen die Götter Enkidu.

Enkidu ist der erste edle Wilde. Er ist ein Naturkind, das unberührt von der Zivilisation in paradiesischer Harmonie mit den Tieren und Pflanzen der Wildnis lebt. (Sowohl das Paradies als auch die Sintflut sind Motive, die die jüdischen Verfasser des Alten Testamentes von ihrer älteren Nachbarkultur in Mesopotamien entlehnten.) Enkidu ist der Held aller radikalen Naturschützer, er ernährt sich ausschließlich von Gras und Wildkräutern, lebt Seite an Seite mit den wilden Tieren und zerstört die Fangnetze und Fallgruben der Jäger. Dies führt dazu, dass die Jäger sich bei Gilgamesch, der selbst ein großer Jäger ist, beklagen und ihn um Hilfe bitten. Gilgamesch weiß Rat. Er will Enkidu zähmen, aber nicht mit Waffengewalt, sondern mit der Macht des Herzens über den Verstand und mit feinsten Liebeskünsten.

Schamchat, ein gebildetes Freudenmädchen aus dem Tempel der Liebesgöttin Ischtar/Inanna, bekommt den Auftrag, Enkidu zu verführen. Dies gelingt ihr. Sechs Tage und sieben Nächte lang lieben sich die beiden. Aber Ischtars Freudenmädchen weiß, dass erotische Befriedigung allein nicht ausreicht, um Enkidu für immer zu gewinnen. Deshalb versucht sie ihn auch mit den materiellen Gütern der Zivilisation. Sie bietet ihm die edelsten Gewürze, berauschendes Bier, schöne Kleider und duftende Salben. Auch diese Kostbarkeiten weiß Enkidu zu schätzen. Er isst und trinkt und genießt. Sein Herz füllt sich mit Freude und sein Antlitz strahlt vor Begeisterung.

Am siebten Tag jedoch erwacht Enkidus Gewissen. Er will zu den Tieren zurückkehren und wieder ein natürliches Leben führen. Aber für diese ist er inzwischen zum Fremden geworden und sie wollen nichts mehr von ihm wissen. Bereits die erste Hochkultur wusste, dass es nicht nur reaktionär, sondern auch unmöglich für einen Kulturmenschen ist, „zurück zur Natur" zu gehen, wie manche Romantiker behaupten.

Schamchat war also mehr als erfolgreich. Nun kann sie Enkidu in die Hochburg der Zivilisation, nach Uruk zu Gilgamesch führen. Dort messen die beiden Helden zuallererst ihre Kräfte. Ihr Zweikampf geht unentschieden aus und Gilgamesch erkennt Enkidu als ebenbürtig an. Enkidus Charakter hat großen Einfluss auf Gilgamesch. Bevor er ihn traf, frönte er dem Laster, jetzt begeht er heroische Taten. All dies ist das Ergebnis einer göttlichen Freundschaft. Das Herz spricht zum Herzen und bewirkt einen Gemütswandel bei Gilgamesch, der sich fortan den Werten und Tugenden der Freundschaft verpflichtet. Gemeinsam sind die beiden Freunde unbesiegbar. Gemeinsam fällen sie die gefährliche Riesenzeder und das Ungeheuer Humbaba in einem großen Wald, also in der bedrohlichen Natur, die früher Enkidus Heimat war. Dank Enkidus Kraft und Kenntnis besiegen sie das Ungeheuer.

Enkidus Schicksal wird besiegelt, nachdem die Göttin Ischtar Gilgameschs Heldentaten gesehen hat. Sie verliebt sich in den Helden und bittet ihn, ihr Mann und Liebhaber zu werden. Aber Gilgamesch weist sie ab, denn er weiß, dass sie alle ihre Liebhaber vernichtet, nachdem sie sie zufriedengestellt haben. Für diese Zurückweisung muss er bezahlen. Ischtar hetzt den Himmelsstier auf ihn und Enkidu. Mit ihren Riesenkräften töten sie auch dieses Ungeheuer und messen dadurch ihre Kräfte mit den Göttern, denn der Stier und seine Hörner sind in der ältesten Hochkultur deren höchstes Attribut.

Nachdem sie den Himmelsstier getötet haben, der mit Donner und Blitz auf sie gekommen war, schneiden Gilgamesch und Enkidu sein Herz heraus und opfern es dem Sonnengott Schamasch. Dies ist das erste Herzopfer der Kulturgeschichte. Hier wird ein stellvertretendes Herz geopfert. Durch das heilige Herz des Stieres binden die Freunde die Götter an ihr eigenes Herz. Dass sie gerade das Herz opfern, verrät einiges über dessen Stellenwert in der sumerischen Kultur. Das Herz ist im Wesentlichen ein mitfühlendes Organ. In diesem Sinne verbindet es Gilgamesch und Enkidu in gegenseitiger Sympathie. Die Menschen sollen die Götter preisen, weil sie ein Herz haben – in jeder Hinsicht. Aber Ischtar wird nach dem Verlust des Himmelsstieres noch wütender. Enkidu schmäht sie, indem er ihr wie einem Hund eine Keule des Stiers vorwirft. Weil Gilgamesch unverletzlich ist, schlägt sie Enkidu mit einer tödlichen Krankheit. Dadurch trifft sie auch Gilgamesch. Leid, Mitleid, Liebe und Leidenschaft gehören für den kultivierten Menschen von Anfang an zusammen.

Als Enkidu stirbt, verliert Gilgamesch nicht nur seinen besten Freund. Er begegnet einem neuen Problem und einer neuen Herausforderung, welcher er sich für den Rest seines Lebens widmen wird: Das Mysterium des Todes. Als er die Todesangst in Enkidus Augen erkennt, fühlt er sie in seinem eigenen Herzen. Er erlebt sein *memento mori*. Denn obwohl er zu zwei Dritteln Gott ist, ist er nicht unsterblich. Nun muss er mit ansehen, wie Enkidu dahinsiecht und vergeht. Deswegen begibt er sich nach dessen Tod auf eine neue Reise voller neuer Herausforderungen (im Grunde Initiationsriten), um den Sinn des Lebens oder das Lebenselixier zu finden, das ihn unsterblich macht.

Gilgamesch verkörpert als Erster in der Geschichte das unruhige Herz, das nicht zur Ruhe kommt, bevor er eine zufriedenstellende Antwort auf das Mysterium des Lebens und des Todes gefunden hat. „Warum nur hast du meinem Sohn Gilgamesch ein rastloses Herz bestimmt und ihm es aufgebürdet?", fragt Gilgameschs Mutter Ninsun den Sonnengott Schamasch (übers. Maul 2005). Gilgamesch wandert alleine durch die Wüste, über Berg und Tal; freundliche Helfer führen ihn über und unter die Erde. Immer wieder wird er auf schwere Proben gestellt. Manche davon besteht er, aber bei mehreren entscheidenden Proben fällt er durch. Er findet sogar das Kraut, das ihn unsterblich machen soll, aber er passt nicht gut genug darauf auf, so dass die Schlange (bereits hier taucht sie in dieser Rolle auf!) es frisst und an seiner Stelle unsterblich wird. Dass er nicht alle Proben besteht, beweißt, dass er kein Gott, sondern ein normaler Sterblicher ist. Das ist die Weisheit, die er aus allen seinen Proben erlangt; er erfährt von der Unvollkommenheit des Lebens. Seine Wanderungen und seine Suche waren nicht umsonst, sie haben ihn weise gemacht und ihm den Beinamen „Der, der die Tiefe sah" eingebracht. Die Antwort auf das Rätsel des Lebens bekommt Gilgamesch von dem sumerischen Noah, Uta-napischti, der die Sintflut überlebt hat und dafür zum Gott gemacht wurde. Sie ist nicht erbaulich, aber endgültig. Uta-napischti belehrt ihn, dass alles vergänglich und alles Äußerliche vergebens ist. Auch die babylonische Spruchdichtung lehrt uns, dass Gerechtigkeit nicht von dieser Welt ist: Die Bösen triumphieren, es nützt nichts, zu beten, den Göttern sind die Menschen egal. Der Mensch will über sein eigenes Schicksal bestimmen, aber er wird von göttlichen Gesetzen gelenkt, nach denen die ganze Welt erschaffen ist und beherrscht wird. Das höchste Glück, das der Mensch erreichen kann, ist seine sterbliche Natur zu erkennen und den göttlichen Gesetzen Folge zu leisten, die das Herz in seiner tiefen Weisheit erahnt. Enkidu erkennt dies auf seinem Sterbebett, aber Gilgamesch fragt ihn: „Warum nur, mein Freund, gab dein Herz dir solch sonderbare Dinge ein?" Später jedoch erlangt Gilgamesch selbst „allumfassende Weisheit in jeglichen Dingen". Er, der von heroischen Taten und großen Werken träumte, als er zu seiner Wanderung aufbrach, kehrt bescheiden als besserer Herrscher zurück (übers. Maul 2005):

Einen weiten Weg kam er her, um (zwar) müde doch (endlich) zur Ruhe gekommen zu sein.
Festgehalten auf einem Steinmonument ist all die Mühsal.

In der Frage, ob es ein Leben nach dem Tod gibt und wie das Totenreich aussieht, haben die Sumerer viel zur Kulturgeschichte der Menschheit beigetragen. Besonders in den Mythen um Innana alias Ischtar finden wir Vorstellungen vom Totenreich und Reisen in die Unterwelt. Wieder spielt das Herz dabei eine zentrale Rolle. Die Epen schildern unter anderem, wie die Götter einander Leid im Herzen zufügen. Im Kampf um die Macht über bestimmte Erd- und Weltteile rivalisieren mehrere Göttergenerationen mit verschiedenen historischen und ethnischen Ursprüngen. Ischtar/Innana herrscht über das Leben auf der Erde und über den Krieg, während ihre Schwester Ereschkigal über das Totenreich gebietet. Als Ischtar in das Totenreich hinabsteigt, um den Tod zu überwinden, entsteht Chaos. Sie überschreitet eine unüberwindliche Grenze. Auf ihrer Reise wird sie zuerst nach und nach entkleidet, bis sie schließlich nackt dasteht und vom hasserfüllten Blick des Todes – ihrer Schwester – getroffen und versteinert wird. In der sumerischen Version darf Innana ins Tageslicht zu den Lebenden zurückkehren, wenn ein Stellvertreter ihren Platz im Totenreich einnimmt. (Das stellvertretende Leiden ist also älter als das Leiden und der Tod Jesu Christi am Kreuz.) In der akkadischen Version schickt der Sonnengott einen Spielmann ins Totenreich, weil alles Leben und Wachstum auf der Erde aufgehört hat, seit Ischtar in der Unterwelt verschwunden ist. Der Spielmann soll neuen Lebensmut in Ischtars Herz einhauchen und ihre böse Schwester zwingen, sie freizulassen (vgl. den griechischen Orpheus-Mythos). Sein Gesang vertauscht die Herzleiden der Rivalinnen. Die eine wird ihren Schmerz los, während die andere (Ereschkigal) ihn plötzlich bekommt und ausruft: „Brich nicht mein Herz mit deinem Lied!" Das Bild des gebrochenen Herzens, das uns in moderner Form bei Shakespeare wiederbegegnet, kann also 5000 Jahre zurückverfolgt werden.

Das sumerische Bild des Herzens hat viele Seiten, die auch aus moderner Perspektive interessant sind. Für puritanische Europäer mag es erschreckend sein, dass in einer Hochkultur wie der sumerischen der Sinnesrausch eine so wichtige Rolle spielen konnte, doch er gehörte zu den Festen zu Ehren der Fruchtbarkeits- und Wachstumsgötter. Dies gilt besonders für Inanna/Ischtar, die noch mehr für den leiblichen Schoß und die erotische Liebe als für den Schoß der Erde und dessen Fruchtbarkeit zuständig war. Der rituelle Beischlaf des Königs anstelle eines Gottes (ursprünglich des Hirten Dumuzi/Tammus) mit einer Tempelpriesterin anstelle von Inanna war eine Manifestation der Lebensfreude, deren göttlicher Ursprung in den Innana-Gedichten gehuldigt wird, was folgende ausgewählte Verse verdeutlichen sollen (nach Kramer & Wolkstein 1983, übers. F.Z.):

> Mein Hohepriester ist bereit für den heiligen Schoß.
> Die Pflanzen und Kräuter seines Feldes sind reif.
> Sie rief nach dem Bett, das das Herz erfreut.
> Der Hirte Dumuzi füllte meinen Schoß mit Sahne und Milch,
> Er streichelte meine Schamhaare,
> er wässerte meinen Leib.
> Er legte seine Hände auf meinen heiligen Schoß.

Von dieser Vitalität, in deren Zentrum eine weibliche Gottheit stand, distanzierten sich die jüdischen Priester, als sie nach der babylonischen Gefangenschaft im sechsten Jahrhundert vor Christus ihre heiligen Schriften umschrieben und Jahwe zum einzigen Gott und Herren und damit zum obersten Hüter des Patriarchats machten. Dass Jahwe ursprünglich eine Frau namens Aschera hatte, wurde dabei unterschlagen. Die Juden wollten zu dieser Zeit eine eigene Identität erschaffen, die anders sein sollte als die damals im Nahen Osten üblichen Fruchtbarkeitsreligionen, an die im Alten Testament noch das Hohelied Salomons erinnert. Mit Jahwes Frau verschwand auch der Sinnesrausch als Bestandteil der christlich-jüdischen Religion.

Das wichtigste Körperorgan ist in der babylonischen Kultur jedoch die Leber. Das Herz ist bei den Sumerern kein Organ der Tat, sondern der Emotionen und entsprechend verletzlich. Im Krieg oder anderen Konflikten sowohl zwischen Menschen als auch Göttern versucht deshalb eine Partei die andere ins Herz zu treffen. Aus diesem Grund machten die pragmatisch denkenden Sumerer nicht das Herz, sondern die blutgefüllte Leber zum Zentrum des Lebens und zur Quelle der Lebenskraft. In keiner anderen Kultur hatte die Leber einen so hohen Stellenwert wie im alten Mesopotamien. Zum Beispiel waren in ihr die Geheimnisse der Zukunft verborgen, folglich konnte man aus ihr auch die Zukunft lesen. Das empfindsame Herz war in erster Linie Gefühlsorgan. Von dieser Vorstellung aus der sumerischen Anthropologie ließen sich die Ägypter inspirieren.

Das mythische Herz in der altägyptischen Kultur

Wir tendieren dazu, das Gedankengut der Bibel als exklusiv jüdisch oder christlich zu betrachten. Historisch betrachtet ist dies ein Irrtum. So ist zum Beispiel die wichtige Bedeutung, die das Herz im Judentum hat, direkt auf den Einfluss älterer Religionen aus dem Nahen Osten zurückzuführen – nicht zuletzt auf die pharaonische, auch wenn dieser Einfluss bisweilen paradox war. Die Ähnlichkeiten lassen sich diskutieren, denn was in Form und äußerlicher Erscheinung gleich ist, kann oft krasse Gegensätze und grundverschiedene Inhalte verdecken. Ein hartes Herz oder ein Herz aus Stein zu haben, ist in der ägyptischen Kultur etwas Positives, während es in der jüdischen Kultur negativ bewertet wird. Äußerliche Ähnlichkeit allein beweist zwar noch keinen Einfluss, doch lässt sich unschwer aufzeigen, dass bestimmte Vorstellungen im Judentum aus der ägyptischen Kultur stammen.

Im Alten Testament wird betont, dass Gott das steinerne Herz der Menschen gegen ein warmes Herz aus Fleisch und Blut austauscht (Hesekiel 11, 19 u. 36, 26). Dies ist Teil einer Tradition, die bis in die Zeit des Exils der Juden am Nil zurückgeht und die man als Distanzierung von den ungläubigen Ägyptern mit ihren steinernen Herzen deuten kann. Besonders deutlich wird dies im zweiten Buch Mose (Exodus) reflektiert, aber auch im zweiten Buch Samuel (6, 6) heißt es: „Warum verstockt ihr euer Herz, wie die Ägypter und Pharao ihr Herz verstockten?"

Zusätzlich zu der Rolle, die das Herz in der Religion spielte, hatte es eine wichtige symbolische Bedeutung in der ägyptischen Kosmologie. Die Kosmogonie und die Ursprungsmythen bildeten den Kern der Theologie. Auf diese Weise entsprach das Herz im Mikrokosmos des Individuums der Sonne des Makrokosmos und den Göttern, die die Welt aufrecht erhielten. Die Auferstehung des Individuums im Jenseits entsprach dem täglichen Sonnenaufgang. Die Ägypter hatten viele Götter, und von ihren zahlreichen Mythen gab es wiederum unzählige Varianten. Die Machtverhältnisse zwischen den einzelnen Göttern variierten in den unterschiedlichen Perioden und ihrer jeweiligen Überlieferung der Mythen. Im folgenden stützen wir uns auf eine Art standardisierte Fassung. In allen Perioden jedoch stand das Herz im Mittelpunkt, sowohl in der Religion als auch im Alltag der Menschen. Die Grundgedanken waren in zweitausend Jahren ägyptischer Kultur auffallend konstant.

Die religiöse Funktion des Herzens bei den Ägyptern erklärt, warum es ihnen so wichtig war, es nach dem Tod sowohl physisch als auch seelisch wieder an seinen rechten Platz zu legen – für alle Ewigkeit. Sie erfanden eine Methode, das Herz so zu konservieren, dass es im Inneren der Mumie nicht verweste. Viele Riten und Beschwörungsformeln, die u.a. im *Totenbuch* der Ägypter überliefert sind, hatten eine ähnliche Funktion: Sie sollten ewiges Leben sichern.

In der ägyptischen Vorstellung war die Seele innig mit dem Herzen verbunden. Sie wurde sogar mit dem physischen Herzen identifiziert. Außerdem hing sie noch mit dem *Ba*, dem mit Flügeln ausgestatteten Geist einer Person, zusammen. Vor diesem Hintergrund wurde besonders auf das Herz geachtet und es wurde zusammen mit dem Leichnam balsamiert. Man fertigte sogar Herzmodelle zu rituellen Zwecken an, und kleine Särge für das Herz, die auf die Mumie gelegt wurden.

Um sich ein gutes Herz zu sichern, das am jüngsten Tag Zeugnis ablegen konnte, hatten die Ägypter einen speziellen Herzenskult entwickelt. Er reichte von der oben beschriebenen Balsamierung der Herzen bis zur Entwicklung eigener Herzenssymbole, die zum Teil bedeutende magische Funktionen hatten. Das Herz war das einzige Organ, das bei der Mumifizierung wieder in den Leichnam hinein gelegt wurde. Alle anderen Organe und Eingeweide wurden in separate Gefäße gelegt und neben der Mumie im Grab plaziert. Das Gehirn galt als unwichtig und wurde weggeworfen.

Die beiden wichtigsten Herzenssymbole waren der Herzstein (der wie ein Fass geformt war) und der Herzenskäfer, der Skarabäus, der die Wiedergeburt des Herzens – und damit auch dessen Besitzers – im Jenseits symbolisierte. Vorbild des Herzenskäfers war der dunkelblaue bis violette Skarabäus mit seinem großen Brustpanzer und Chitinplatten über den Flügeln. Ein sorgfältig ausgearbeitetes Modell dieses Käfers wurde den Mumien auf die Brust gelegt, damit das Herz – also die Seele – auferstehen, die Flügel ausbreiten und ins Jenseits fliegen konnte. In ägyptischen Gräbern hat man zahllose Herzenskäfer bei Mumien gefunden. Sie sind aus Keramik, Stein oder Edelmetall und oft außerordentlich schön. In einem besonders hübschen vergoldeten Mosaik breitet ein Skarabäus seine Flügel aus und startet ins Jenseits.

Die altägyptische Kultur war eine sehr stark bild- und symbolgeprägte Kultur. Sogar ihre Schrift war eine Bilderschrift. In ihr wird deutlich, dass der Mensch in einem künstlichen Universum aus Symbolen lebt. Im Bilduniversum der Ägypter ist das Herz und seine verschiedenen bildlichen

Ausformungen nur eines von vielen Symbolen, und alle müssen gedeutet werden. Aber unsere Interpretationen werden nie ganz genau mit dem übereinstimmen, was die Bilder zur Zeit der Pharaonen bedeuteten. Die Ägypter nahmen die Antworten auf viele Rätsel ihrer Kulturgeschichte mit ins Grab. Dies gilt buchstäblich auch für das Herz.

Der enge Zusammenhang zwischen Herz, Leben und Sonne in der altägyptischen Mythologie wird in vielen Bildern durch einen (Herzens-)Käfer dargestellt, der eine (Sonnen-)Kugel vor sich her rollt. Dieses Symbol hat eine ganz profane ökologische Grundlage: Genau wie die Sonne sich jeden Tag aus der Erde erhebt, wird der Käfer sozusagen aus dem Mist geboren, denn die Eier des Skarabäus werden im Mist abgelegt und von der Sonne ausgebrütet. Die Käfer drehen kleine Kugeln aus Mist, legen ihre Eier dort hinein und bewachen sie, indem sie die Kugeln mit ihren kleinen Hörnern vor sich her rollen. Hier haben wir eine natürliche Erklärung dafür, dass der Käfer und die Sonne die meistverbreiteten Reinkarnationssymbole in Ägypten waren. Die rötliche Mistkugel, die der Käfer vor sich her rollt, ist eine Analogie zu der Scheibe, die viele ägyptische Götter auf ihrem Kopf tragen, zur Sonne, die jeden Abend von der Göttin Nut verschluckt wird.

Dass es so wichtig für die Ägypter war, ein hartes und kaltes Herz zu haben, rührt von der Rolle des Herzens beim Eintritt ins Jenseits her. Als zentrales inneres Organ ist das Herz sowohl Ursache als auch Zeuge von allem, was der Mensch je in seinem Leben Gutes und Böses getan hat. Es weiß alles, denn es besitzt ein Gedächtnis, die Intelligenz. Deswegen wird es nach dem Tod für den Verstorbenen Zeugnis ablegen. Am jüngsten Tag ist das Herz der Gefährte des Toten, es wird an seiner Seite sein und *für* ihn aussagen – nicht gegen ihn. Dabei wird es (in Form eines Herzensteines oder -käfers) auf eine Waage gelegt und gegen das Symbol der Rechtsgöttin Maat ausgewogen. Ergibt sich dabei ein Gleichgewicht, so wird der Tote auch im Jenseits in harmonischem Gleichgewicht leben. In dieser kritischen Situation war ein Steinherz natürlich von großem Nutzen, im Gegensatz zu dem echten, unzuverlässigen Herzen aus Fleisch und Blut und allen Bürden, die dieses in sich trug. Das harte Herz war ein Symbol der Selbstbeherrschung und besonnenen Verhaltens. Die Inschriften unter den symbolischen Käfern sind von beschwörendem Charakter und zeigen, dass die Ägypter ihres Herzens nicht ganz sicher waren. Deshalb musste unter dem Stein mit magischen Worten zur richtigen Handlung gemahnt werden, z.B.: „Mein Herz, stehe nicht auf gegen mich als Zeuge."

Weitere Inschriften auf Herzenskäfern zeugen von dem doppelten Wesen, welches das Herz einerseits als angeborenes („Mein Herz meiner Mutter") und andererseits als von außen geformtes Organ („Mein Herz meiner irdischen Existenz" oder „Mein Herz meiner wechselnden Formen") hatte. Auch in Verbindung mit dem Tod treten also die zwei Hauptaspekte des Herzens hervor, die sowohl in der weltlichen als auch der religiösen Literatur umgehen: Das Herz als etwas Gegebenes (sei es von den Göttern oder von den Eltern) und das Herz, für das die Gesellschaft und jeder einzelne Mensch selbst die Verantwortung trägt, es nach geltenden Normen und Idealen zu erziehen. Ganz besonders muss es nach den Prinzipien der Maat (*ma'at*) geschult werden.

Maat ist die wahre und rechtmäßige Weltordnung wie sie die Götter ursprünglich erschufen und nach der sich der Mensch zu richten hat. Damit der Mensch sich richtig benimmt, muss er die göttliche Weltordnung erlernen. Er erkennt sie mit seinem Herzen und lässt sich von ihr in und mit dem Herzen leiten. „Mein Herz kommt zu dir mit Maat, mein Sinn ist ohne Lüge", soll der Tote vor Osiris sagen (Spruch 185). Fehlende Erziehung oder Bildung bedeutet buchstäblich dasselbe wie herzlos zu sein. Deswegen besagt ein weiterer Lehrsatz: „Sei kein herzloser Mann, der keine Erziehung genossen hat." Gebildet sein bedeutet in diesem Sinne, die göttliche Ordnung in seinem Herzen hören zu können und Gott anzuerkennen: „Du hast mein Herz gebildet; nicht von mir aus ward ich klug." Denn das Herz ist auch der Sitz des Göttlichen im Menschen. Die Vorstellung des „hörenden" Herzens kommt von den Ägyptern. In erster Linie kann und soll es Gott und seinen Willen hören, damit es in Einklang mit der Weltordnung Maat leben kann.

Die beste Quelle über die Vorstellungen der Ägypter über den Tod und das Leben nach dem Tod ist das sog. *Totenbuch*. Es ist kein Buch im strengen Sinn, sondern eine Sammlung religiöser Sprüche und Weisheiten, die bis zum Alten Reich ca. 3000 v. Chr. zurückgehen und bis in die römische Zeit hinein immer wieder verändert und ergänzt wurde. Es sind Sprüche und Beschwörungsformeln, die dem Toten bei seinem Übertritt ins Jenseits helfen und dort seine Auferstehung gewährleisten sollten. Der Tote sollte demnach in Fleisch und Blut auferstehen und gemeinsam mit den auferstandenen Gerechten aller Zeiten am paradiesischen Leben teilnehmen. Das Totenbuch als Kompilation stammt aus dem Neuen Reich, aber viele seiner Verse können bis zu den Pyramidentexten des Alten und den Sarkophagtexten des Mittleren Reiches zurückverfolgt werden. Im Totenbuch schlägt sich also eine zweieinhalbtausend

Jahre alte Tradition nieder. Auch in dieser Quelle hat das Herz einen zentralen Platz, denn die Auferstehung zum guten oder schlechten Leben im Jenseits hängt von dessen Eigenschaften ab.

Der Glaube an die Auferstehung in der altägyptischen Religion basiert auf einer Kosmologie, in deren Zentrum die Sonne steht. Die Auferstehung des Menschen wird als Analogie zur täglichen Wiedergeburt der Sonne verstanden. Die Ägypter wussten, dass das Leben auf der Erde genauso abhängig von der Sonne ist wie das menschliche Leben vom Herzschlag. Deswegen galt es als dramatisch, dass die Sonne jeden Abend im Meer verschwand oder hinter dem Horizont erlosch. Würde sie am nächsten Morgen wieder auferstehen? Diese Frage stand auch hinter dem aztekischen Sonnenkult. In beiden Kulturen wurde der morgendliche Sonnenaufgang als göttliche Gabe aufgefasst. Deswegen pries man in Ägypten Osiris. Er hatte die Sonne nachts unter der Erde in seiner Obhut. Doch das Unterirdische war nicht nur negativ bei den Ägyptern, denn dort und im Meer schöpfte die Sonne auch Kraft und Nahrung, um am nächsten Tag wieder über das Firmament fahren zu können. So konnte sie jeden Tag neu geboren werden. Aus diesem Grund werden auch Krokodile oft als Sonnengötter mit der charakteristischen roten Scheibe auf dem Kopf dargestellt: Sie leben im Wasser, aus dem alles Leben entstand (was für die Ägypter am Nil im wahrsten Sinne des Wortes gilt). Deshalb waren sowohl Osiris als auch der Sonnengott Re Götter des Lebens, genau wie Nut.

Nut ist die Mutter der Sonne. Jeden Abend verschluckt sie die Sonne, die im Lauf der Nacht durch ihren Körper wandert. Am Morgen gebärt sie die Sonne wie ein Kind aufs Neue. In vielen Grabkammern wird die nackte Nut daher als Himmelsgewölbe dargestellt, das eine Brücke über den Sarkophag oder die Mumie schlägt. Manchmal ist sie auch im Inneren der Mumie abgebildet. Wenn der Tote mumifiziert und in einen Sarkophag gelegt wurde, ging er gleichsam in Nuts Körper ein, um jeden Tag wie die Sonne neu geboren zu werden. So wurde der Mensch nach seinem Tod gottgleich gemacht; er teilte das Schicksal des Sonnengottes Re, den Nut jeden Abend verschluckt und jeden Morgen neu gebärt. Der höchsten Gottheit Re gleich zu werden war das oberste Ziel des Toten im Jenseits. Dieses Ziel konnte er nur erreichen, wenn sein Ba (eine vogelähnliche Gestalt, mehr Geist als Seele) die kosmische Wanderung gemeinsam mit Re antrat und danach wieder mit seinem Körper vereint wurde, um die tägliche Auferstehung zu vollenden. Der Zusammenhang zwischen dem Herzen, dem Gott Re und der Reinkarnation kommt unter anderem im 15. Spruch des Totenbuches zum Ausdruck, wo es heißt: „Du [Re] durchläufst den Himmel in Herzensweite." Erst wenn dieses zentrale Körperteil des Menschen, bildlich dargestellt als fliegender Käfer oder geflügelter Ba, wieder mit seinem Körper vereint ist, ist der Mensch wieder ganz. Re kann (nicht nur als Sonne) erkannt werden, weil es dasselbe göttliche Feuer ist, das am Himmel und im Menschen brennt. Es ist das Herz, das durch seine eigene Glut analog das kosmische Feuer und damit seinen göttlichen Ursprung erkennt. Aus diesem Grund war das Herz in doppelter Hinsicht das zentrale Körperorgan in der ägyptischen Anthropologie.

Anthropologie

Anhand der sog. *Ebers-* und *Smith-Papyri* wissen wir, dass die altägyptischen Ärzte die biologische Funktion des Herzens kannten. Sie konnten unter anderem den Puls messen und wussten, dass er vom Herzschlag abhing. Diese physiologische Einsicht war auch die Grundlage für die zentrale Rolle, welche die Ägypter dem Herzen zusprachen. Schon im Jahr 2000 v. Chr. hatte sich das klassische ägyptische Bild des Herzens herauskristallisiert: Das Herz ist die Mitte und der innere Kern des Menschen. Es ist das Zentrum der Gedanken und aller intellektueller Aktivitäten. Der größte Unterschied zu unserem modernen Verständnis des Herzens ist, dass der Ägypter mit dem Herzen denkt und urteilt. In einem alten Text heißt es über einen König: „Was mein Herz dachte, das geschah durch meinen Arm", d.h. dass dieser König die Gedanken seines Herzens in die Tat umsetzte. Besonders eng ist auch der Zusammenhang zwischen Herz und Zunge, zwischen Gedanke und Wort. Beide haben Macht über die anderen Körperteile, da das Herz denkt, was es will, und die Zunge alles befiehlt, was das Herz begehrt. So folgen alle anderen Organe dem Willen des Herzens. Die Sinne erfassen, was außen geschieht, aber das Herz als denkende Instanz beurteilt das sinnlich Erfahrene. Die Zunge vermittelt den Willen des Herzens und die anderen Körperteile richten sich danach.

Das Herz (Geist) und die Zunge (Wort) haben denselben göttlichen Ursprung. In der ägyptischen Anthropologie ist das Herz so wichtig, dass es im Gegensatz zu allen anderen Körperteilen als eigenständig hervorsticht. Dies kann so weit gehen, dass eine Art Dualität zwischen dem Herzen und seinem Besitzer entsteht. Das Herz ist gleichzeitig Ego und

Alter Ego des Menschen. Es kann sogar zum Gesprächspartner für einsame Menschen werden. Der Ägypter kann sich mit seinem Herzen beraten wie es auch Odysseus getan hat.

Weil es der Sitz des Verstandes ist, ist ein herzloser Mensch ein Dummkopf oder ein Narr und keine gefühlskalte oder unbarmherzige Person wie bei uns. Dies erklärt auch, warum die Ägypter ein (stein-)hartes Herz als Ideal ansahen, denn ein hartes Herz ist auch kalt, also in ihrem Sinne stabil und besonnen. Genau das muss es sein, um am jüngsten Tag alle Proben zu bestehen und dadurch am guten Leben im Jenseits teilnehmen zu dürfen.

Die alten Ägypter hatten wie viele alte Kulturvölker eine komplexe und vielseitige Vorstellung vom Charakter des Menschen. Davon zeugen die vielen Grabinschriften, die alle guten Eigenschaften des Toten aufzählen, damit sie ihm ins Jenseits hinüberhelfen. Das Herz als organisatorische Zentralinstanz in der Mitte des Menschen hält diese Vielfalt von Eigenschaften zusammen. Es bündelt die Individualität und gibt ihr persönliche und moralische Integrität. Es ist so wichtig, dass es alleine alle Eigenschaften des Individuums vertreten und als dessen Charakter oder als Sprachrohr von dessen Persönlichkeit auftreten kann. Inmitten aller Unbeständigkeit sowohl des Individuums als auch der Welt ist es deshalb eine besonders wichtige Aufgabe für den Ägypter, sein Herz zu erhärten und es in seiner Mitte festzumachen. Denn wenn das Herz nicht am rechten Ort ist, gerät das Individuum außer sich, es steht buchstäblich neben sich. Wer das Herz nicht am rechten Fleck hat, wird auch müde. Viele Sprüche im Totenbuch zeugen von negativen Sinneszuständen, die ein abwesendes Herz verursacht. So heißt es:

> Siehe, mein Herz hat sich davongestohlen,
> es eilt an den Ort, den es kennt [...]
> Aber ich, ich sitze zuhause und warte auf mein Herz
> [...] Ich wache, aber mein Herz schläft,
> mein Herz ist nicht in meinem Körper.

Das Herz reagierte symptomatisch auf verschiedene Formen der Bosheit, zum Beispiel auf die Verletzung wichtiger Normen. Dann wurde es matt, müde oder physisch eingeschnürt. Ein „glattes" Herz dagegen war das Beste, was man einem Freund wünschen konnte. Ein glattes Herz war ein Zeichen seelischen Gleichgewichtes und innerer Ruhe. Es war heil und zeugte von moralischer und seelischer Integrität. Letztere hing also für die Ägypter ebenfalls mit dem Herzen zusammen. Das Böse trifft den Menschen physisch, es trifft ihn mitten ins Herz, wo seine Seele wohnt. Ein solcher Treffer kann das Individuum soweit lähmen, dass es nicht länger als kultivierter Mensch leben kann. Deshalb geben alle Weisen ihren Jüngern den Rat, sich von unnützem Streit fernzuhalten, auch vom Streit um der Lehre willen. Letztere ist trotz allem nicht für die Massen gedacht und kann niemandem aufgezwungen werden. Im Einklang mit dieser Grundeinstellung heißt es in Spruch 13 des Totenbuches:

> Morgenstern, bereite du mir den Weg,
> damit ich in Frieden eintrete zum Schönen Westen.

Aber moralische Integrität reicht nicht immer aus, um seelische Leiden zu vermeiden, denn Böses kann dem Menschen auch von außen zugeführt werden. Sein Herz von solchem Leid zu erleichtern ist vielen Quellen zufolge der sehnlichste Wunsch eines Ägypters. In einem Text aus dem dritten Jahrtausend v. Chr. lesen wir folgende Lebensweisheit: „Ein Mensch, der Leid zu tragen hat, wünscht mehr, dass sein Herz erleichtert wird, als dass ausgeführt wird, um was er gebeten hat" (Brunner 1988: 9). Dementsprechend fühlt der Ägypter auch das Mitleid im Herzen, was in der Redefigur „jemandem sein Herz neigen" Ausdruck findet.

Obwohl ein hartes und festes Herz letztendlich das Ideal ist, baut die gesamte altägyptische Weisheitsliteratur auf der Vorstellung auf, dass das Herz insgesamt plastisch und formbar ist. Deswegen kann ein Lehrer seine Schüler ermahnen: „Lass dein Herz nicht umherirren wie lose Blätter im Wind." Das Herz ist gleichzeitig das schwächste und stärkste Teil des Individuums, es ist sowohl das wichtigste als auch das problematischste Körperorgan. Es ist das Zentrum des Menschen und die organisatorische Kraft hinter der persönlichen Vielfalt des Einzelnen. Gleichzeitig ist es dessen verletzlichster Teil, da es sowohl äußeren Einflüssen als auch inneren Trieben ausgesetzt ist (Assmann 1996: 149).

Wenn das Herz aus so unterschiedlichen Komponenten zusammengesetzt ist, kann es nicht fest vererbt und unveränderlich sein, sondern muss geformt und gebildet werden. Diese Erkenntnis und die große Fürsorge für das Herz machen die altägyptische Kultur zu einer Herzenskultur. In dieser Kultur galt es, Dissonanzen zwischen dem Selbst und dem Herzen zu vermeiden. Eine solche Spaltung vermieden die Ägypter, indem sie „ihrem Herzen folgten", wie es oft heißt. Aber für sie bedeutete dies etwas ganz Anderes als für uns heute. Es bedeutet nämlich nicht, seinem Gewissen als moralische Instanz oder seinem Über-Ich in Form einer „inneren Stimme" zu folgen. Eine solche Stimme nämlich besitzt der Ägypter nicht, denn er lebt nicht in einer dualistischen Welt, die zwischen dem Inneren und dem Äußeren hin- und herschwankt. Vielmehr bedeutet „seinem Herzen zu folgen" dort, dem Äußeren, d.h. der Gesellschaft, das Ihre zu geben und dadurch auch ein inneres Gleichgewicht zu erreichen.

Doch wirkt es auf Dauer unbefriedigend, wenn die Zunge am jüngsten Tag das Gegenteil dessen behaupten kann, was das Herz bezeugt. Aus diesem Grund erwuchs im Lauf der Zeit die Erkenntnis, dass zwischen dem Äußeren und dem Inneren echte Übereinstimmung herrschen sollte. Nur so konnten sowohl das Zeugnis der Zunge als auch das Gedächtnis des Herzens im Einklang mit den universellen Gesetzen der Maat stehen. Auf diesem Stadium der ägyptischen Hochkultur konnte die Zunge nicht länger lügen, ohne mit sich selbst und dem Herzen in Konflikt zu geraten. Um diesen neuen Zwiespalt zu überwinden, entwickelten die Ägypter des Mittleren Reiches (1938-ca. 1600 v. Chr.) das Ideal, „ihrem Herzen zu folgen". Damit gaben sie dem Inneren zum ersten Mal Vorrang. Parallel dazu entwickelten sie das Bild des „hörenden Herzens", das sich später im Judentum wiederfinden sollte. Seinem Herzen zu folgen wurde also mehr und mehr zu einer persönlichen Angelegenheit, während das Herz im Alten Reich (ca. 2575-2130 v. Chr.) noch ganz dem Willen Pharaos gefolgt war.

Im Neuen Reich (1539-332 v. Chr.) vertiefte sich diese Innerlichkeit noch mehr. Nun sollte das Herz dem göttlichen Willen folgen, wodurch es stärker auf das Jenseits ausgerichtet wurde. Von dieser Einstellung ist es nicht weit bis zu dem Grundsatz „Gott von ganzem Herzen zu lieben", der nicht nur im Alten Testament, sondern auch in anderen Religionen und Kulturen des Nahen Ostens gilt. Das hörende Herz, das Gottes Gesetze erkennt, bereitet den Weg für das Gebot, Gott von ganzem Herzen zu lieben. Vorraussetzung für diese Art der Liebe ist jedoch die oben beschriebene, neu entstandene Innerlichkeit, die sich vom Äußerlichen abgrenzt.

*

Die Unterscheidung zwischen Äußerem und Innerem, die sich in der ägyptischen Kultur allmählich entwickelte, entspricht einer geistesgeschichtlichen Entwicklung, die offenbar in allen Hochkulturen des

Nahen Ostens und des gesamten Mittelmeerraumes stattfand. Sie ist grundlegend für die europäische Kultur und Denkweise und resultiert schließlich in einem Dualismus, der ideengeschichtlich für einige der zerstörerischsten Seiten europäischer Kultur verantwortlich gemacht worden ist, nicht zuletzt in ökologischer und anthropologischer Hinsicht. Um zu verstehen, wie unser europäisches Herz zweigeteilt wurde, müssen wir auf eine der wichtigsten Wurzeln unserer Kultur zurückschauen, nämlich auf die griechische Antike. Während die ägyptische Kultur eine ästhetisch orientierte Bilderkultur war, war die griechische eine ausgeprägte Schriftkultur. Die Ägypter bleiben in vieler Hinsicht ein Rätsel für uns; wir können nicht hundertprozentig nachvollziehen, wie sie empfanden. Dennoch ist auch der antike griechische Mensch, wie ihn Homer schildert, nicht weniger rätselhaft. Die griechische Antike ist besonders wichtig in unserem Zusammenhang, weil ihr Bild des Herzens sich radikal von unseren christlichen Vorstellungen unterscheidet – sofern die Griechen überhaupt ein Herz in unserem Sinne besaßen.

Der vielseitige Mensch der Antike

Eros, unbezwungen im Kampf, / Eros, dein ist, was du anfällst! [...]
Keiner der Götter entrinnt dir / Noch Eintagsmenschen,
Wen es erfasst, die rasen.
Auch den Gerechten in Unrecht / Lockst du und Schande. [...]
Hohen Gesetzen zur Seite / Thront er gewaltig.
Unbekämpfbar treibt ihr Spiel / Göttin Aphrodite.
(Sophokles: *Antigone*)

Für uns Europäer ist es eine Selbstverständlichkeit, dass Herz und Seele zusammenhängen. So eng, dass sie in der Herzmetaphorik mitunter als Synonyme verstanden wurden. Dies ist jedoch nicht in allen Kulturen der Fall. Nicht einmal auf der Suche nach den Wurzeln unserer Kultur in der griechischen Antike finden wir eine solche Übereinstimmung. Die alten Griechen besaßen nämlich kein Herz in unserem Sinne, und die Seele bedeutete bei ihnen etwas völlig Anderes als im christlichen Europa. Bei ihnen waren die Leber und die Lunge weitaus beseeltere Organe als das Herz. Wir müssen also gar nicht unsere Kulturgeschichte verlassen, um zu konstatieren, dass es in dieser Hinsicht keine allgemein gültige Konstante im Menschen gibt. Vielleicht hat sich nicht nur das Menschenbild, sondern auch der Mensch selbst seit der Antike verändert?

Die griechische Antike bietet viele hervorragende Quellen zum Studium der Kulturgeschichte des Herzens, da ihre Überlieferung einen langen Zeitraum und verschiedene Phasen der geistigen Entwicklung abdeckt. Die ältesten Quellen, hier repräsentiert durch Homer (ca. 700 v. Chr.), entstammen einer alten, von mündlicher Überlieferung geprägten Kultur. Gleichzeitig ist Homers Werk von so hoher literarischer Qualität, dass es zum Referenzwerk eines gesamten Kulturkreises wird. Von der Niederschrift der *Ilias* und *Odyssee* bis zu den großen griechischen Tragödiendichtern und dem Höhepunkt der griechischen Antike (ca. 400 v. Chr.) mit ihren Philosophen Sokrates und Platon erstreckt sich eine Epoche, die großartige Leistungen in Kunst, Philosophie und Wissenschaft hervorbringt und deren kulturelle Entwicklung auch das Menschenbild und das Selbstverständnis der Menschen verändert.

Diese tiefgreifenden Veränderungen im Menschenbild sind ein Resultat der neuen Schriftkultur. Die schriftliche Aufzeichnung von Homers Werk ist als Übergang „vom Mythos zum Logos" (Nestlé, 1940) bezeichnet worden und repräsentiert eine einschneidende Änderung im Selbstverständnis des Menschen. Die Schrift erleichtert es dem Menschen, sich selbst zum Objekt seiner Reflexion zu machen. Die entscheidende Neuerung dabei ist, dass der Mensch herausfindet, wie sein Selbstverständnis und seine Reflexion sich auch de facto auf sein Wesen auswirken. Während der homerische Mensch noch ganz seinem Körper und allem, was man damit verband, ausgeliefert war, geht es nun um die Psyche. Sie wird nach dem Prinzip der Vernunft bearbeitet und umgeformt.

In der nachhomerischen Zeit, besonders um das Jahr 400 v. Chr. herum, machen die Griechen die Psyche zu einer Art Katalysator oder Vermittler in ihrem Menschenbild. Sie erfinden gewissermaßen die Psyche als Seele. Vorraussetzung für diese Erfindung ist allerdings, dass der Mensch bewusst in einem beseelten Universum lebt und selbst die Gabe der Reflexion – unter anderem über sich selbst – besitzt. Man kann deshalb sagen, dass der Geist entdeckt wurde, als der Mensch zu erkennen begann, dass er nicht nur Gegenstand seiner körperlichen Impulse, sondern auch seiner eigenen Gedanken ist. Vor diesem Hintergrund nannte der Kulturhistoriker Bruno Snell sein klassisches Werk von 1946 „Die Entdeckung des Geistes". Snell erkannte als Erster den Wandel des Menschenbildes im Übergang von Homer zu Platon. Der Geist kam den Menschen von außen zu, aber die Psyche hat der Mensch selbst konstruiert, um die Mächte in seinem Inneren kontrollieren zu können und sich (durch *sōphrosynē*) besinnen zu können wie es bei Sokrates und Platon – und sogar schon in der *Odyssee* – heißt. Mit diesem entscheidenden Schritt in der Geistesgeschichte der Menschheit verändert sich nicht nur die Denkweise, sondern auch die Gefühle der Menschen.

Die Entdeckung des Geistes und die Erfindung der Seele haben eine Kehrseite, die im Schatten des dominierenden Menschenbildes und der anthropologischen Entwicklung verblieben ist. Diese vergessene Geschichte versucht der deutsche Phänomenologe Hermann Schmitz in seinem körperphilosophischen Werk „Der Leib" (1965) zu erzählen: Als der Mensch den Geist entdeckte und sich selbst zum Gegenstand seiner Reflexion machte, verdrängte er gleichzeitig das Körperliche. Der Körper wurde nicht mehr länger als wichtig oder als Quelle der Erkenntnis betrachtet. Deswegen kommentiert Schmitz die von Snell skizzierte geistige Entwicklung mit den spitzen Worten: „Die Entdeckung des Geistes ist die Verdeckung des Leibes" (1965: 366). Diese Abwertung des Körpers führte letztendlich zu einer Polarität zwischen Körper und Seele, zwischen Vernunft und Gefühl, die sich nach und nach in der griechischen, hellenistischen und später auch in der europäischen Kultur verbreitete und beträchtliche Auswirkungen auf Leben und Lehre sowie auf Menschenbild und Lebensweise haben sollte.

Schmitz möchte aufzeigen, was an intellektuellen und emotionalen Energien verloren geht, wenn ein so wesentlicher Teil des Menschen wie sein Körper verdrängt oder durch Neudefinition verborgen wird. In seinem Beitrag zur Freisetzung dieser schöpferischen Energien und des gesamten körperlichen Potentials greift Schmitz auf die Zeit *vor* der Entdeckung des Geistes und vor dem Übergang vom Mythos zum Logos zurück, d.h. auf die homerische Zeit vor der schriftlichen Aufzeichnung des Epos. Aus dieser Periode ist nur ein einziges umfangreiches literarisches Zeugnis bewahrt, nämlich die *Ilias*, die aus einer mündlichen Kultur stammt. Im zweiten Werk, das Homer zugeschrieben wird, der *Odyssee*, zeichnet sich in der Gestalt des Odysseus bereits ein neuer Mensch ab, ein Mensch mit Selbstbewusstsein und der Gabe der Selbstreflexion.

Der homerische Mensch

Der Mensch, den Homer in der *Ilias* schildert, hat noch nicht die hierarchische Perspektive, die sich im vierten Jh. v. Chr. auf der Grundlage von

Platons Lehre entwickelt und in der die vernunftbegabte Seele den obersten Rang einnimmt. Er war nicht „vernünftig" in unserem Sinne, weil er noch kein Bewusstsein für seine eigene Vernunft – die wir heute jedem Menschen wie selbstverständlich zusprechen – entwickelt hatte. Der homerische Mensch ist auf eine für uns schwer verständliche Weise unmittelbaren Impulsen, Gefühlen, spontanen Einfällen, Trieben und Leidenschaften ausgeliefert. Solche emotionale Impulse und Leidenschaften deuten die homerischen Helden nicht als subjektive seelische Zustände, sondern als äußere Mächte und göttliche Eingriffe, über die sie selbst keine Kontrolle haben. Es widerspräche dem homerischen Menschenbild, diese Helden mit Rationalität, freiem Willen oder bewussten Entscheidungen auszustatten.

Man kann sich den homerischen Menschen als eine Sinfonie aus Impulsen und Stimmen vorstellen, die aus seinen verschiedenen Körperteilen kommen. Er empfindet seinen Körper nicht als Einheit wie wir es tun, sondern als eine üppige Vielfalt verschiedenster, voneinander unabhängiger Kräfte. Laut Snell hat der homerische Mensch überhaupt keinen Körper in unserem Sinne, sondern nur einzelne Körperteile und Glieder. Wenn Achilles oder andere Helden Monologe halten, reden sie in Wirklichkeit mit ihren Körperteilen oder Organen, mit Impulszentren in Brust und Bauch, die als souveräne Gesprächspartner die jeweils mit ihnen verbundenen Emotionen und Triebkräfte repräsentieren. Diese Helden sind gewissermaßen offene Kraftfelder, wenn nicht gar Schlachtfelder für alle möglichen Gefühle und Leidenschaften, Gedanken und Vorstellungen. Im zusammengesetzten Körper des Individuums findet ein Streit um die Kompetenzen zwischen all diesen Kräften statt.

Vielleicht kann ein parodistisches Gegenstück aus der Neuzeit illustrieren, wie der homerische Mensch das erlebte, was wir heute als seelischen Konflikt bezeichnen. In Ludvig Holbergs Komödie *Jeppe vom Berge* (1723) ist der ewig durstige Protagonist Jeppe unterwegs zum Markt, um für seine Frau Nille Seife zu kaufen. Plötzlich bricht ein Streit zwischen zwei seiner Körperteile aus. Sein Bauch will in die Kneipe, um den Durst auf Starkes zu löschen, aber sein Rücken will zum Markt, um sich die Schmerzen von Nilles Prügel zu ersparen, die genauso schlimm sind wie der Durst. In diesem Dilemma wird Jeppe zwischen Bauch und Rücken hin- und hergerissen:

> Weiter, Beine! Der Teufel soll euch holen, wenn ihr nicht lauft! Nein, die Kanaillen wollen einfach nicht. Sie wollen wieder ins Wirtshaus. Meine Glieder füh-

ren Krieg miteinander: Magen und Beine wollen ins Wirtshaus, und der Rücken will in die Stadt. Wollt ihr wohl laufen, ihr Hunde! Ihr Bestien! Ihr Schufte! Nein, hol sie der Henker; Sie wollen wieder ins Wirtshaus. (Übers. F.Z.)

Uns dient diese Szene als bildliche Darstellung dessen, was in Jeppes willensschwacher Seele vorgeht. Wir können uns nur scherzhaft vorstellen, dass einzelne Körperteile oder Organe echte Autonomie besitzen und wie bei Homer miteinander diskutieren. Bei uns geschieht all dies in einer „Zentrale", dem seelischen Innenleben, das wir als moralische oder intellektuelle Instanz begreifen und durch das wir bewusste Entscheidungen treffen. Grundinstinkte und natürliche Triebe werden der Vernunft und der Moral untergeordnet, sie gelten als präverbal und „prärational". Aber bei Homer gibt es noch kein „bewusstes Bewusstsein", er unterscheidet nicht wie wir zwischen Äußerem und Innerem, zwischen Körper und Seele. Folglich haben seine Protagonisten ein anderes Gefühlsleben.

Das griechische Wort für Körper, *sōma*, bedeutet bei Homer nur „Leiche". *Sōma* ist das, was auf dem Schlachtfeld liegen bleibt wenn die Schlacht vorüber ist und die Psyche den Toten verlassen hat. Erst dann treten beide Teile – *psychē* und *sōma* – selbständig auf. Dass die homerischen Griechen keinen Oberbegriff für den Körper in unserem Sinne hatten, bedeutet jedoch keineswegs, dass der Körper geringer geschätzt wurde als z.B. die Seele. Im Gegenteil. Es verhält sich wie bei vielen Naturvölkern, deren Sprache kein einzelnes Wort für „Natur" kennt, aber unzählige Wörter und Begriffe für Naturphänomene aller Art. Ein Standardbeispiel hierfür sind die vielen Wörter für „Schnee" in der Sprache der Inuit, die keinen Oberbegriff für dasselbe Wort kennen. Um die altgriechische Kultur und die vorsokratische Anthropologie verstehen zu können, müssen wir *körperlich* denken und die uns eigene Polarität zwischen Körper und Seele vergessen. Sie lässt sich nicht auf die homerische Denkweise projizieren. Für den homerischen Menschen ist der Körper das Selbst, das Ich. Das griechische Wort für den gesamten Körper ist *autos* – „Selbst".

In Homers Werk gibt es mehrere Wörter für das Herz: *kēr*, *ētor* und *kradia* (vgl. *kardia* wie in „Kardiologie"). Diese drei Begriffe bezeichnen nicht unbedingt ein und dasselbe. Eher handelt es sich dabei um drei verschiedene Impulsgeber in der Herzgegend, denn auch das homerische Herz ist vielseitig. Die drei Begriffe existieren, um Gefühle und Impulse zu unterscheiden, die ihren Ursprung an verschiedenen Orten in Brust und Bauch der Menschen haben. Wie heterogen das griechische Herz ist, zeigen die schwierigen Übersetzungen dieser Begriffe. Sie versuchen, diese Gefühle an den unterschiedlichsten Orten im Inneren des Menschen zu verorten. Homer hingegen umschreibt mit dem jeweiligen Begriff für „Herz" nicht nur Emotionen, sondern hauptsächlich unmittelbare physische Reaktionen. Man sollte deshalb nicht zu voreilig einzelne Körperteile oder Organe für bestimmte Gefühle verantwortlich machen, auch wenn dies in der archaischen Denkweise, als die Wörter ihre Bedeutung bekamen, sicher einmal der Fall war. Meist aber handelt es sich um physisch erfahrene Stimmungen oder Impulse, die sich nicht eindeutig lokalisieren lassen.

Die homerische Anthropologie unterscheidet nicht zwischen emotional-sinnlichen und rational-intellektuellen Ereignissen wie wir es gewohnt sind. Dementsprechend gibt es bei Homer kein Wort für „Vernunft". Mehrere Organe oder körperliche Impulsgeber können „vernünftig" sein. Die meistgebrauchten Begriffe für den Verstand, die Urteilskraft und den Willen sind *noos* und *thymos*. Beide haben ihren Sitz in der menschlichen Brust. *Thymos* kann darüber hinaus auch mit Zorn verbunden sein, also mit etwas Unvernünftigem. Es ist ein zentraler Begriff in Homers Psychologie. Das Wort wird auch als „Blutseele" übersetzt, was die Einheit von Psyche und Physis unterstreicht. *Thymos* wird keinem bestimmten Organ zugeordnet, aber mit der erhöhten Blutzufuhr an Herz und Muskeln in Stresssituationen in Verbindung gebracht (Zeruneith 2002: 57f.).

Das Zwerchfell (*phrenes*, Plural von *phrēn*) ist ebenfalls „vernünftig", auch wenn es uns seltsam erscheint, dass Vernunft im Bauch sitzen kann. Bei Homer dagegen kommen gedankliche Impulse ebenso oft aus dem Bauch wie aus dem Herzen, niemals jedoch aus dem Gehirn oder dem Kopf. *Phrenes* wird auch für die Lungen benutzt. Es ist eine alte Vorstellung, dass unser Atem mit dem Geist (*pneuma*) zusammenhängt. Ansonsten gilt die Daumenregel, dass die Impulse dort im Körper ihren Ursprung und Sitz haben, wo man sie fühlt. Oft werden die „Vernunftbegriffe" *noos* und *thymos* sogar mit „Herz" (oder Seele!) übersetzt, z.B. in Johann Heinrich Voß' klassischer Übertragung von 1779 wie auch bei vielen späteren Übersetzern, was jedoch nicht in jedem Zusammenhang funktioniert.

Einige Pseudo-Monologe aus der *Ilias* sollen veranschaulichen, wie der homerische Held Gedanken denkt, die nicht seine eigenen sind und wie er sein nicht vorhandenes Eigenbewusstsein zeigt. Dies wird besonders deutlich in standardisierten Formeln, die der Held bei Beratungen oder Zwiegesprächen mit seinem „erhabenen *thymos*" benutzt. Im Grunde redet dabei der *thymos* mit seinem Besitzer. Besonders Odysseus zeichnet sich bereits in der *Ilias* durch solche Zwiegespräche aus. Im elften Gesang steht er allein auf dem Schlachtfeld (Vers 399–412, übers. Voß 1779):

> Und er [Diomedes] sprang in den Sessel, dem Wagenlenker gebietend,
> Schnell zu den Schiffen zu kehren; denn unmutsvoll war das Herz [*kēr*] ihm.
> Einsam war nun Odysseus der Lanzenschwinger, und niemand
> Harrt' um ihn der Achaier, denn Furcht verscheuchte sie alle.
> Tief erseufzt' er und sprach zu seiner erhabenen Seele [*thymos*]:
> Wehe, was soll mir geschehn! O Schande doch, wenn ich entflöhe,
> Fort durch Menge geschreckt! Doch entsetzlicher, wenn sie mich fingen,
> Einsam hier; denn die andern der Danaer scheuchte Kronion!
> Aber warum bewegte das Herz [*thymos*] mir solche Gedanken?
> Weiß ich ja doch, dass Feige von dannen gehn aus dem Kampfe!
> Doch wer edel erscheint in der Feldschlacht, diesem gebührt es,
> Tapfer den Feind zu bestehn, er treffe nun, oder man treff' ihn!
> Als er solches erwog in des Herzens [*thymos*] Geist und Empfindung,
> Zogen bereits die Troer heran in geschildeten Schlachtreihn.

An anderer Stelle ist es Menelaos, der Mann der schönen Helena, der während der Schlacht mit seinen Organen spricht. Wie bei Odysseus endet die Episode damit, dass der Held das „unnütze" Selbstgespräch abbricht (17. Gesang, Vers 90–97):

> Tief aufseufzt' er und sprach zu seiner erhabenen Seele [*thymos*]:
> Wehe mir! wenn ich anitzt die prangende Rüstung verlasse,
> Samt Patroklos, der hier mein Ehrenretter dahinsank;
> Eifern wird mir jeder der Danaer, welcher mich anschaut!
> Aber wofern ich allein mit Hektor kämpf' und den Troern,
> Scheuend die Schmach; dann, sorg' ich, umringen mich einzelnen viele,
> Wenn mit dem ganzen Volk anstürmt der gewaltige Hektor.
> Aber warum bewegte das Herz [*thymos*] mir solche Gedanken?

Was später von Platon an bis in unsere Zeit das Ideal werden wird, Selbstreflexion und Besinnung, betrachten die homerischen Helden noch als unnützes Hindernis und leeres Gerede. Und das nicht etwa, weil sie gerade in einen heiklen Kampf verwickelt sind, sondern schlicht und einfach weil Selbstreflexion sinnlos ist, solange der Mensch sich als Werkzeug der Götter oder als Sklave seiner physischen Impulse begreift. Die homerischen Menschen denken im Grunde gar nicht selbst, sondern „es denkt in ihnen". Wenn ein solcher Impuls in ihnen aufsteigt, sind sie jeglicher Eigeninitiative beraubt, besonders wenn er aus dem *thymos* kommt. Die große Ausnahme ist Odysseus. In der *Ilias* sind sein aufkommendes Selbstbewusstsein und sein Denkvermögen noch nicht viel wert. Dort ist Achilles der ideale Held. Im Gegensatz zu ihm wird Odysseus erfindungsreich und listig genannt.

Doch am Ende der jüngeren *Odyssee* zeigt Homer, wie ein neuer Menschentypus entsteht, der seinen Zorn und seine Begierde durch Besinnung unter Kontrolle bekommt und sich auf einen echten Dialog mit seinem Herzen einlässt. So beherrscht er seinen Rachedurst und seine triebhaften Impulse. Als er nach zwanzig Jahren Irrfahrt heim nach Ithaka kommt und ansehen muss, wie sich die schamlosen Sklavinnen mit den unverschämten Freiern vergnügen, die seiner treuen Frau Penelope den Hof machen, gerät sein Herz in Wut und bellt wie ein Hund in seiner Brust (20. Gesang, Vers 16–23, übers. Hampe 1979):

So auch bellte sein Herz [*kradia*], entrüstet über den Frevel.
Gegen die Brust sich schlagend, schalt er das Herz [*kradia*] mit den Worten:
„Halte noch aus, mein Herz! Noch hündischer war's, was du aushieltst,
Damals an dem Tag, als der ungestüme Kyklop die
Wackren Gefährten fraß; du ertrugst es, bis deine Klugheit
Dich aus der Höhle führte, der du zu sterben schon wähntest."
Also sprach er zu seinem Herzen [*kradia*] mit scheltenden Worten.
Und da schwieg es gehorsam still und duldete standhaft.

In Odysseus' plötzlicher Besonnenheit keimt bereits die Spaltung von Körper und Seele. Doch noch sind wir weit entfernt von der platonischen Seelenlehre. Die Psyche hat in Homers Menschenbild noch eine ganz andere Rolle als bei Platon. Bei Homer entspricht sie noch nicht dem, was wir heute unter der Seele verstehen. Genau wie der homerische Mensch seinen Körper nicht als Ganzes versteht, ist für ihn auch die Psyche oder Seele keine Einheit, die man dem Körper entgegensetzen könnte. Wo es kein Konzept für den Körper gibt, kann es auch keines für die Seele geben und umgekehrt. Deshalb gibt es bei Homer kein eigentliches Wort für die Seele oder den Geist. Wenn neuzeitliche Übersetzer *thymos* als solche übersetzen, ist dies ein Notbehelf oder eine Projektion. Im nachhomerischen Griechisch übernimmt *psychē* diese Funktion, doch ursprünglich hat sie nichts mit der denkenden und fühlenden Seele zu tun (Snell 1975: 18).

Bei Homer ist *psychē* ein Prinzip, das den Menschen am Leben erhält. Die Psyche ist der Lebenshauch, der den Körper verlässt, wenn er stirbt. Sie geht als bleicher Schatten des Körpers nach Hades. Homer verliert kein Wort darüber, was sie im lebendigen Menschen bewirkt. Ein Körper, den die Psyche verlassen hat, ist nicht länger ein Körper, sondern eine Leiche (*sōma*). Psyche sein ist gleichbedeutend mit tot sein; die Psyche manifestiert sich nur als Schatten eines Toten.

Nicht das Herz beseelt den Körper bei Homer, sondern eher das Blut. In der *Odyssee* lehrt die Zauberin Kirke Odysseus, wie er den bleichen Psychen in Hades ihr Gedächtnis zurückgeben kann, damit sie sich wieder an das Leben auf der Erde erinnern und den Lebenshauch zurückbekommen. Sie müssen dazu das Opferblut eines Schafbocks trinken, den Odysseus für sie schlachtet. Als die Psyche von Odysseus' verstorbener Mutter das schwarze, dampfende Blut trinkt, erkennt sie sofort ihren Sohn wieder und redet mit ihm. Die in archaischen Gesellschaften häufig verbreitete Blutmagie ist auch der religionsgeschichtliche Hintergrund für die Rolle, die das Blut Jesu später im Christentum bekommt.

Der Körper als Konglomerat aus Impulsgebern, die zur Handlung anspornen, ist der Kern des homerischen Menschenbildes. Der Mensch hat bei ihm kein einzelnes Zentrum. Viele Wörter, die im heutigen europäischen Menschenbild wichtig sind, fehlen bei Homer ganz, z.B. Begriffe für Individuum, Person oder Persönlichkeit, Identität oder das Selbst in seiner heutigen Bedeutung. Ebenso Wörter für Selbstbewusstsein, ethische Verantwortung oder Schuld, also abstrakte Begriffe für seelische Zustände. Der homerische Mensch unterscheidet kaum zwischen Ego und Nicht-Ego, er begreift sich als eine Art Kraftfeld, in dem innere und äußere Impulse wirken. Dementsprechend gibt es auch keine klare Grenze zwischen Emotion und Verhalten oder Tat. Furcht *ist* das, was man fürchtet. Gefühle sind keine seelischen Zustände, sondern liegen direkt in der Handlung und in dem Impuls, der sie auslöst. Auf diese Weise manifestiert sich der homerische Mensch als Zusammenspiel vieler konkreter Einheiten. Je nach ihrer aktuellen Lage kann sich eine Person in ihren Armen, ihren Augen, ihrem Bauch, ihrem Herzen oder anderen Körperteilen offenbaren (Aalbæk-Nielsen 1999-I: 53).

In einer Gesellschaft, in der das Individuum von äußeren Kräften gesteuert wird, ist auch die Moral eine äußerliche. Eine Person wird nach ihrem sozialen Status und ihrer Tüchtigkeit (*aretē*) bewertet. Einer der Maßstäbe hierfür ist die Ehre. Wenn sie gekränkt wird, erfährt das Individuum eine Schmach, die gebüßt werden muss. In einer solchen Ethik gehören Ehre und Nachruhm zu den Hauptzielen. Beide werden nur durch Taten erreicht, z.b. im trojanischen Krieg. Prinz Paris von Troja hat König Menelaos gekränkt, indem er dessen Frau verführt und geraubt hat. Deshalb ziehen die Griechen gegen Troja in den Krieg. Die *Ilias* beginnt im zehnten und letzten Jahr dieses Krieges. Der griechische Heeresführer Agamemnon beleidigt den berühmten Krieger Achilles, indem er ihm seine Kriegsbeute und Liebhaberin, die Sklavin Briseis, wegnimmt. (Er hofft dadurch eine Seuche zu beenden, die im Lager der Griechen grassiert.) Vor Zorn weigert sich Achilles, weiter an der Belagerung Trojas teilzunehmen. Dies hält er so lange durch, bis der trojanische Königssohn Hektor seinen besten Freund Patroklos im Kampf tötet und Odysseus ihn bittet, sich mit Agamemnon zu versöhnen. Der ehr- und rachsüchtige Achilles ist der Prototyp eines homerischen Menschen, sein Selbst ist lauter Körper, voller Begierde und Zorn; sein *autos* ist eine Bühne, auf der sich die komplementären Mächte *eros* und *eris* (Streit) hemmungslos austoben.

Homer bietet einen reichhaltigen und differenzierten Wortschatz für körperliche Phänomene und Reaktionen aller Art, der uns weitgehend verloren gegangen ist. Um seine Protagonisten zu verstehen, müssen wir seine Sprache verstehen, weil Sprache und Wirklichkeit immer zusammenhängen. Homers Körper-Vokabular verrät uns, wie die Menschen seiner Zeit sich selbst empfanden und was sie glaubten, in ihrem Inneren zu finden. Es besaß Wörter für Phänomene, die später in christlicher Zeit unterdrückt wurden, z.B. das göttliche Gelächter.

Gelächter und Leidenschaft

Das menschliche Lachen ist ein einschlägiges Beispiel dafür, wie unterschiedlich das Verhältnis zwischen Vernunft und Körper beim homerischen Menschen und dem modernen Europäer ist. Wir betrachten das Gelächter gerne als intellektuelles Phänomen, das seinen Ursprung im Gehirn hat, besonders wenn es durch Ironie oder Satire hervorgerufen wird. Wir lachen über etwas Dummes. Das homerische „unauslöschliche

Gelächter" (*asbestos gelōs*) kommt jedoch aus dem Bauch. Dieses Gelächter, das Friedrich Nietzsche (1844–1900) wiederentdeckte, eröffnet eine einzigartige Perspektive auf die Welt. Es ist göttlichen Ursprungs und hat Vorrang vor jedweder bewussten Reflexion. Im Gegensatz zu dem todernsten christlichen Gott lachen die olympischen Götter von ganzem Herzen, z.B. als sie den schamlosen Ares mit heruntergelassenen Hosen im Bett der untreuen Aphrodite überraschen. Beide sind in diesem Moment in einem Netz gefangen, das Aphrodites betrogener Ehemann, der Schmied Hephaistos, raffiniert ausgetüftelt hat. Bei diesem Anblick schütteln sich die heiligen Götter vor Lachen, denn für Aphrodite, die Göttin der Liebe, zählt keine Moral. Das Gelächter wirkt versöhnend, die „Sünder" gehen straffrei aus und der betrogenen Ehemann rettet seine Ehre durch ein paar erlösende Worte.

Der antike Gott des Gelächters ist Dionysos. Auf seinen ekstatischen Festen gehen Gelächter und Lust in sinnlicher Erfahrung ineinander über. Das dionysische Volksfest überlebte die Antike durch das Theater, besonders durch die Komödie, die ursprünglich Dionysos geweiht war. Die Griechen erkannten es als wesentliches Merkmal des Menschen, dass er als einziges Lebewesen lachen kann. Die wollüstigen Satyre in Dionysos' Gefolge demonstrieren, wie eng Lust und Lachen zusammengehören.

Die erotischen und sexuellen Energien als Beispiel eines Impulsgebers im menschlichen Körper zeigen auf, wie sehr der archaisch-homerische Mensch in der Gewalt seiner Leidenschaften war. Die Erotik war für die Griechen ein Grundprinzip göttlichen Ursprungs, das sich in göttlicher, menschlicher und tierischer Form manifestierte. Aphrodite und ihr kleiner Begleiter Eros repräsentierten die göttliche Seite der Erotik. Eros trägt einen Bogen, eine gefährliche Waffe, mit der er nicht nur die Glut der Liebe entfacht, sondern auch verletzt. Erotik hat immer ihre verletzliche oder verletzende Seite. Der Gott Pan steht für die wilde und tierische Seite der Erotik. Seine Domäne war eine andere als die des verwandten Dionysos, der außer Fruchtbarkeitsgott auch noch Wein-, Fest- und Theatergott war und als solcher sinnliche, erotische und ästhetische Freuden vereinte.

Alle diese Funktionen kommen in den Dionysos-Spielen zum Ausdruck, aus denen das griechische Theater entstand. Auch die griechischen Tragödien handeln nicht zuletzt von dem Unglück, das die erotische Leidenschaft über die Menschen bringen kann, wenn sie sie von außen befällt. Aber die Darstellung der Erotik verändert sich im Lauf der

Antike. In dieser Entwicklung ist es gerade die Erotik, die den Menschen zwingt, ein Bewusstsein für sich selbst zu entwickeln und Stellung zu nehmen, denn sie wird immer mehr zum geistesgeschichtlichen Problem und damit zu einer ethischen Frage.

Gleichzeitig gehört die Erotik zu den größten Gaben der griechischen Kultur. Die Griechen haben sie zu einer Kunst gemacht, die das Wichtigste, Schönste und Schrecklichste im Menschen in Szene setzt ohne dabei das sexuelle Verlangen moralisch zu verdammen. In ihren Mythen und Epen, Gedichten und Dramen finden wir stets Anschauungsmaterial für alle Freuden und Leiden, die wir als Liebende und Geliebte durchleben. Homer dagegen schweigt sich über die Liebe aus, denn sie war zu seiner Zeit noch nicht erfunden und in Worte gefasst. Stattdessen kennt er viele Wörter für alle Leidenschaften, die die Helden überkommen und in ihren (verschiedenen) Herzen wüten, während sie für und um die schöne Helena kämpfen.

Wie sich die alten Griechen die wilde, tierische Erotik vorstellten, klingt bis heute in dem Begriff „Panik" nach. Wenn der wilde Lüstling Pan seinen tierischen Trieben folgte und hinter den Mädchen, Nymphen oder Mänaden her war, wurden diese von Panik ergriffen. Das Wort ist ein beredter Zeuge des Gefühlslebens in ferner Vorzeit. Das Gleiche gilt für das Adjektiv „faszinierend", das von dem lateinischen Wort für den erigierten Penis, *fascinus*, abgeleitet ist. Die Etymologie solcher Wörter zeugt von einer langen mentalitätsgeschichtlichen Transformation, vom Zusammenhang zwischen Emotionen und Sprache. Wörter wie Panik sind wichtig, weil sie uns verraten können, wie die Menschen in der Zeit vor den schriftlichen Quellen dachten (Barfield 1926: 82).

Der Übergang von Pan zu Panik veranschaulicht einen wichtigen Mentalitätswandel, nämlich den Übergang vom Äußeren zum Inneren, die Internalisierung bestimmter Werte. Aus äußerlichen Phänomenen, die früher als objektive Kräfte betrachtet und mit konkreten physischen Reaktionen verbunden wurden, werden psychische oder mentale, also innerlich-subjektive Zustände, die mit unserer heutigen Sprache leichter zu beschreiben sind.

Eine solche Verinnerlichung geschieht auch im Verhältnis zwischen Pan und Psyche. In vorhellenistischer Zeit waren die beiden voneinander unabhängige Antagonisten. In der hellenistischen Kultur dagegen werden sie als Paar dargestellt, als komplementäre Seiten einer Sache. Nachdem der Bewusstseinswandel vom Äußeren zum Inneren vollzogen ist, werden Pan und Psyche nur noch metaphorisch oder allegorisch für mentale Zustände benutzt. Dies entspricht einer allgemeinen Entwicklung. Ursprünglich gehörten die Götter zu Religion, Kult und Ritual. Danach wurden sie Teil einer Mythologie wie in Homers Werk. In der dritten Phase werden die mythologischen Mächte literarisch als bildliche Darstellungen menschlicher Eigenschaften benutzt, sie werden gewissermaßen beseelt. Das Göttergleiche wird menschlich, das Äußere innerlich. Von außen betrachtet bleiben uns heute nur noch sprachliche Reminiszenzen archaischer Werte, die noch andere Mächte als nur die des Menschen kannten. Was am Ende von Pan, Eros, Aphrodite und Dionysos übrigbleibt, sind bildliche und allegorische Ausdrücke, in Nietzsches Worten „ein bewegliches Heer von Metaphern, Metonymien, Anthropomorphismen" (Nietzsche 1993-III: 314). Zu Homers Zeiten repräsentierten diese Phänomene noch äußere Realitäten. Bei dem letzten großen griechischen Tragödiendichter, Euripides, sind sie zu rein literarischen Sinnbildern des Inneren, Mentalen und Psychischen geworden.

Der Zusammenhang zwischen den Körperorganen und den jeweils mit ihnen verbundenen Emotionen und Gedanken verdeutlicht, wie verschieden der homerische Mensch und der Europäer des 20. Jahrhunderts sind. Nicht einmal die Herzen der beiden liegen an der gleichen Stelle. Und doch spricht uns Homers Sprache der Gefühle immer noch an. Aber wir stehen dabei vor Wörtern, nicht vor den Gefühlen und Leidenschaften wie sie waren. Wenn wir Homers Epen lesen, empfinden wir etwas Anderes als die Zuhörer zu seiner Zeit oder später in der Antike. Wir interpretieren die dort geschilderten Leidenschaften anders. In vieler Hinsicht ist es für uns ein Rätsel, wie sich der homerische Mensch oder die Wikinger oder die Menschen im Mittelalter selbst empfanden. Vielleicht werden wir diese Kluft zwischen der Sprache des Herzens und dem Herzen der Sprache nie überwinden. Doch einen anderen Zugang zur Sprache des Herzens haben wir nicht, wenn wir verstehen wollen, wie sie sich in Zeit und Raum entwickelt und verändert hat. Deswegen ist der Übergang vom homerischen zum platonischen Menschenbild anthropologisch betrachtet eine äußerst wichtige Periode. Er brachte nicht zuletzt ein neues Verständnis des menschlichen Körpers mit sich. Platon brach so radikal mit der vor ihm dominierenden Körperbezogenheit, dass wir heute kaum noch verstehen können, wie die vorsokratischen Menschen dachten und fühlten, z.B. wenn sie sich „dionysisch" benahmen.

Das Dionysische und das Apollinische

Der oben zitierte Nietzsche gehört zu den Philosophen, die versucht haben, den vielseitigen vorsokratischen Menschen zu verstehen. Er geht dabei sowohl anthropologisch als auch geschichtswissenschaftlich ans Werk und versucht, den „Generator" in der griechischen Kultur zu finden. Dabei arbeitet er mit einem doppelschichtigen Menschenbild. Die verschiedenen Schichten dieser Anthropologie können durch die zwei literarischen Grundpfeiler Homer und Archilochos illustriert werden.

Archilochos, geboren auf Patros im siebten Jahrhundert v. Chr., gilt als Bahnbrecher des individuellen, subjektiven Dichtens. Das heißt, dass seine Lyrik sich von der Funktionalität befreite, die die Dichtung bei kultischen Anlässen wie Kultspiel (Chorus), Tanz und Festen (Lobpreisung) usw. hatte. Stattdessen gibt es in Archilochos' Lyrik ein neues, selbstbewusstes Ich, das seine subjektiven Gefühle ausdrückt. Hier deutet sich bereits die Rolle des Herzens in der späteren Dichtung an. Neben Archilochos ist die Dichterin Sappho aus Lesbos die bekannteste Vertreterin dieses neuen Genres. In unserem Zusammenhang interessiert Archilochos aufgrund seiner Rigorosität, seines direkten Desillusionismus und seines scheinbar primitiven Vitalismus. Anthropologisch betrachtet repräsentiert er die dem modernen Menschen eher verborgene Schicht, nämlich das Dionysische.

In seinem klassischen Werk „Die Geburt der Tragödie" (1871) erklärt Nietzsche den Unterschied zwischen Homer und Archilochos mit den zwei komplementären Prinzipien „apollinisch" und „dionysisch", die er als immer noch im Menschen wirksame Urtriebe bezeichnet. Apollinisch bedeutet Traum und Vision, das harmonisch Geordnete und Ordnende: Ethik und Wissenschaft, darstellende und epische Kunst. Dionysisch ist alles, was aus bedingungsloser Leidenschaft hervorgeht: Rausch und Ekstase, musisch-rhythmische und lyrische Kunst. In der dionysischen Entrückung sind die apollinischen Grenzen der Individuation aufgehoben und das ekstatisch erhabene Subjekt ist eins mit der Schöpferkraft und der Lebensfreude. Es ist, als würden diese Energien während der Feste und Spiele des Dionysos erlebt und ausgelebt, aber aufgrund des apollinischen Gegengewichtes arten sie nicht in zerstörerische Orgien aus.

Homer ist apollinisch, das heißt er schafft Ordnung, während der kriegerische Archilochos in seiner Rauheit dionysisch ist. „Gerade dieser Archilochus erschreckt uns, neben Homer, durch den Schrei seines Hasses und Hohnes, durch die trunknen Ausbrüche seiner Begierde."

(Nietzsche 1993-I: 36). Archilochos' zutiefst persönliche Stimme, die ihren dionysischen Gesang frei heraussingt, ist für Nietzsche ein Kernpunkt in der griechischen Kultur und Kunstgeschichte. Denn ohne die Lebenskraft und die Leidenschaften, die das Dionysische freisetzt, würden Kunst und Kultur eintrocknen. Genau dies sei in der europäischen Kultur geschehen, behauptet Nietzsche, in welcher der sokratisch-platonisch-christliche Moralismus und dessen Weltverachtung die lebensbejahenden Leidenschaften unterdrückt und verkrüppelt habe, so dass wir den Kontakt zu den schöpferischen Kräften in der Tiefe unseres Körpers verloren hätten. Deswegen verstünden wir Archilochos nicht mehr und machten ihn zu einem subjektiven Lyriker, anstatt in ihm eine dionysische Stimme aus unserem „anthropologischen Untergrund" zu erkennen.

Nietzsche betrachtet das Apollinische als etwas, das in einem formgebenden Prozess aus dem Dionysischen entstanden ist. Er fragt sich, „warum gerade der griechische Apollinismus aus einem dionysischen Untergrund herauswachsen musste, der dionysische Grieche nötig hatte, apollinisch zu werden: das heißt, seinen Willen zum Ungeheuren, Vielfachen, Ungewissen, Entsetzlichen zu brechen an einem Willen zum Maß, zur Einfachheit, zur Einordnung in Regel und Begriff" (Nietzsche 1993-III: 792).

Dieser Wille zu Maßhaltung und Ordnung, die Unterordnung unter ein Ziel, also das Apollinische, wird zum kulturschaffenden Moment bei den Griechen. Nietzsche betont, dass der Kampf, gegen die Kräfte des Chaos das Schöne zu schaffen, nicht gegeben, sondern angeeignet ist. Die Kunst ist – wie die Logik – erobert, gewollt und erkämpft; das Schöne ist der Sieg des Griechen. Dies ist in unserem Zusammenhang wichtig, weil diese Entwicklung, die im Platonismus gipfelt, auf lange Sicht zur Unterdrückung des Körpers und aller mit ihm verbundenen dionysischen Prinzipien führt. Es wird zu anstrengend für die Menschen, mit der schwierigen Spannung zwischen Hohem und Niedrigem, zwischen Rationalität und Vitalität, zwischen Apollinisch und Dionysisch zu leben. Dadurch verändern sich auch die Gefühle und Leidenschaften in der Kultur der griechischen Antike.

Die „subjektiven" Lyriker führen jenen Bewusstseinsprozess weiter, den bereits Odysseus andeutete und den Platon vollendete (indem er das Dionysische verdammte). Sie stehen an der Schwelle zwischen dem Dionysischen und dem Apollinischen, zwischen dem *autos* des Körpers und der selbstbewussten *psychē* der Vernunft, zwischen direkt erfahrener Leidenschaft und dem allgemeinen Begriff für dieselbe, zwischen Lyrik als kollektivem und individuellem Phänomen, zwischen gesprochener und niedergeschriebener Sprache. Die Schriftsprache führt nicht nur zu einem neuen Menschenbild, sondern auch zu einem neuen Menschen, der seine Vollendung in den Idealen des Schriftgelehrten Platon findet. Der Kampf um dieses neue Menschenbild wird über den Körper und dessen unregierbare Leidenschaften geführt. In diesem Kampf spielt die Homosexualität eine zentrale Rolle. Sie nimmt eine merkwürdige Stellung zwischen dem offensichtlich Natürlichen und dem Künstlichen ein. Die Entwicklung von der frühen subjektiven Lyrik Sapphos aus Lesbos bis zu Platon kann auch als Entwicklung von homosexueller Liebe zu einer abstrakten, körperlosen Liebe interpretiert werden. Dabei ist besonders die Liebe zu Jünglingen ein Maßstab.

Homosexualität in der Antike

Homosexualität ist ein klassisches Beispiel dafür, wie sehr das Gefühlsleben der Menschen von Zeit und Ort abhängt. Kulturgeschichte und Anthropologie haben längst dokumentiert, dass Homosexualität in vielen Kulturen nicht als „krank", abnorm oder pervers angesehen wird oder wurde, wie es in unserer christlichen Kultur noch bis ans Ende des 20. Jahrhunderts der Fall war. Gerade die griechische Antike gilt als Standardbeispiel für das Gegenteil. Dort war Homosexualität nicht nur sozial akzeptiert, sondern galt sogar als Kennzeichen der gesellschaftlichen und intellektuellen Oberschicht.

In einigen Stadtstaaten und Gesellschaftsschichten war Homosexualität weitverbreitet. Sie war stets gleichbedeutend mit dem Verhältnis zwischen einem erwachsenem Mann und einem Jüngling, einem Knaben unter 18 Jahren. Mit anderen Worten handelte es sich dabei um Päderastie. Das Wort setzt sich zusammen aus dem griechischen *pais* (Junge) und *erastēs* (Liebhaber). Ein solches Verhältnis war meist auch ein pädagogisches, ein Lehrlingsverhältnis. So hatten z.B. die Elitesoldaten von Theben stets junge Krieger unter ihrer persönlichen Obhut, die von ihnen (nicht nur) die Kriegskunst lernen sollten. Besonders bei den Doriern war die Päderastie eine pädagogische Institution. In Sparta galt es als Pflicht eines Mannes, die Söhne anderer Männer zu erziehen, wozu ebenfalls Päderastie gehörte. Auch das Verhältnis zwischen Lehrer und Schüler, zwischen Philosophen und ihren Jüngern war in mehreren Schulen der Antike ein homosexuelles Verhältnis.

Aber Homosexualität in der klassischen griechischen Gesellschaft war nicht dasselbe wie Homosexualität in der heutigen westlichen Gesellschaft. Sie war fest in der Kultur verankert. Die griechischen Götter gingen ohne Scham homosexuelle Verhältnisse miteinander ein. Es besteht ein innerer Zusammenhang zwischen Homosexualität und der homerischen Ethik der kriegerischen Tat. Achilles nimmt erst wieder am Kampf gegen Troja teil (und besiegelt damit Trojas Schicksal), nachdem die Trojaner seinen Herzensfreund Patroklos, mit dem er sein Zelt teilte, erschlagen haben. Ausgelöst dagegen wurde der Krieg vom Kampf um eine Frau.

Für die Griechen und besonders die Athener war Sexualität jeder Art keine „Sünde" in unserem Verstand. Am höchsten von allen erotischen Beziehungen schätzte man die zwischen Männern. Sie galt als schöner und viriler als die Sexualität zwischen Mann und Frau. Die Ehe diente zur Fortpflanzung des Geschlechtes und als Anerkennung der Vaterschaft. Zusätzlich zur Ehe und zur Knabenliebe hatten die Griechen noch Kurtisanen, sog. Hetären, zum puren Vergnügen und Konkubinen zum täglichen Bedarf, wie es der Politiker Demosthenes (384–322 v. Chr.) ausdrückte. Während es für freie erwachsene Männer normal war, ein Verhältnis mit einem Knaben zu haben, waren homosexuelle Beziehungen zwischen Frauen weniger verbreitet. Dennoch zeugen sowohl Sapphos Gedichte als auch etliche Vasenmalereien von deren Existenz.

In seinem Buch *Der Gebrauch der Lüste* (1984, Band II seines sechsbändig konzipierten Werkes *Sexualität und Wahrheit*) untersucht Michel Foucault (1926–1984) ausführlich die Funktion der Homosexualität im klassischen Griechenland. Sein Interesse an der Sexualgeschichte ist Teil seiner Analyse der Machtmechanismen und „Wahrheitsspiele", durch die sich die Menschen verschiedener Gesellschaften selbst definieren und in Szene setzen. Er kommt zu dem Schluss, dass die Sexualität und ihre Regulierung zu allen Zeiten eine Art Katalysator des menschlichen Selbstverständnisses gewesen sind. Dies gilt in besonderem Grad für die griechische Antike. Hier befasst sich Foucault hauptsächlich mit dem Stadtstaat Athen und der hochklassischen Periode des vierten und dritten Jahrhunderts v. Chr., also dem Kontext von Platons Dialogen. Er beurteilt die Sexualität und die mit ihr verbundenen Wahrheits- oder Erkennungssysteme als Achse, um die sich das Selbstverständnis des antiken Menschen dreht, ganz nach dem göttlichen Motto *gnōthi seauton*.

Weil die Homosexualität nicht dem Geschlecht und der Fortpflanzung dienen konnte, war sie auf Ästhetik und Genuss fokussiert, was wiederum moralisch schwierig zu legitimieren sein konnte. Deshalb galten in homosexuellen Beziehungen die sozialen Hintergründe sowie das persönliche Verhältnis der Befreundeten als besonders wichtig. Es entstanden so viele ungeschriebene Verhaltensregeln, dass homosexuelle Freundschaften kulturell und moralisch geradezu überladen waren. Man musste eine solche Freundschaft in eine schöne, ästhetische und gesellschaftlich akzeptable Form gießen. Foucault hat aufgewiesen, wie der Eros in diesem Prozess umdefiniert wurde: Zuerst vom Genuss zum Nutzen, dann vom Kurzlebigen zu einer Beziehung, die auch nach dem Erwachsenwerden des Jünglings anhalten sollte, wenn der Jüngling selbst *erastēs* war. Eine Legitimierung dieser Art liegt z.B. in der Idee des freundschaftlichen *philia*-Verhältnisses, das sich mit Platons unsterblichem Freundschaftsbegriff deckt. Platon findet das Allgemeingültige, das Archilochos und Sappho suchten, um Trost in ihrer unglücklichen Liebe zu finden. *Philia* liegt zwischen Eros und der allgemeinen Liebe und ist bereits ein Schritt auf dem Weg zur Gleichstellung von Mann und Frau. Damit wird der Kreis wieder geschlossen, denn ursprünglich gehörte die Homosexualität zu den männlichen Strategien bei der Etablierung des Patriarchats in der griechischen Antike.

In dem bekannten Dialog über das Wesen der Liebe aus dem *Symposion* entwickelt Platon einen neuen Freundschaftsbegriff, der die Erotik ideengeschichtlich verändert. Der Fokus wechselt von der Päderastie und der Kunst des Maßhaltens, durch welche Genuss und Verlangen beherrscht wurden, zum ewigen Wesen der Liebe und der Freundschaft. Das Kurtisanentum und andere körperliche Freuden werden so aus ihrem sozialen Zusammenhang gerissen und durch ideelle Begriffe oder „unsterbliche" Ideen ersetzt. Seit Sokrates zählt die „wahre Liebe", die als Wahrheitsliebe verstanden wird. Wer die Wahrheit und Weisheit liebt, ist ein *philo-sophos*, ein Freund der Wahrheit, und nicht mehr länger ein Sophist, der die Weisheit als Machtmittel in seiner Rhetorik benutzt. Auch der Eros unterzieht sich einem Begriffswandel. Das Ziel des Eros verlagert sich vom Jüngling (dem Sex-Objekt) zum Weisen, repräsentiert durch Sokrates (*philos*), der kraft seiner schönen und verständigen Seele das Schöne in sich selbst jenseits des Himmels zu erkennen vermag. Die Jugend folgt Sokrates, um an seiner Erkenntnis teilhaben zu können. Ziel des Eros ist nicht mehr in erster Linie der schöne Körper, sondern eine schöne, d.h. erkenntnisreiche und weise Seele. Und kraft ihrer Erkenntnis des Schönen an sich kann die Seele sich erheben, losgelöst von allen Zwängen wie der Begierde oder dem körperlichen Genuss. Bezeichnenderweise ist es die Priesterin Diotima (und kein verliebter Mann), die Sokrates im *Symposion* (211a) über diesen Wandel belehrt:

> Denn dies ist der rechte Weg, zur Sphäre des Eros zu gelangen oder sich von einem anderen dahin leiten zu lassen: dass man, bei dem vielerlei Schönen hier beginnend, um jenes Schönen willen immer weiter emporsteigt wie auf Stufen - von einem schönen Leib zu zweien und von zweien zur Leibesschönheit allgemein, und von den schönen Leibern zu den schönen Handlungen, und von den Handlungen zu den schönen Erkenntnissen, bis man von den Erkenntnissen endlich zu jener Erkenntnis gelangt, die keine andere ist als die Erkenntnis jenes Schönen selbst, und man am Ende gewahr werde, was das Schöne an sich ist. An diesem Punkt des Lebens, lieber Sokrates, sprach die Fremde aus Mantineia, lohnt sich, wenn überhaupt irgendwo, das Dasein für den Menschen: im Schauen des Schönen an sich. Hast du dieses einmal gesehen, dann wähnst du nicht mehr, es sei etwas wie Goldgerät und Gewänder oder die schönen Knaben und Jünglinge, bei deren Anblick du jetzt außer dir gerätst (übers. Ute Schmidt-Berger 1997).

So siegt schon in der Antike Psyche über Eros. Der Eros wird zur Wahrheitsliebe umdefiniert und erfüllt die Seele, der schöne jugendliche Körper dagegen verliert an Glanz. Sokrates' Moral aus diesem Dialog heißt, dass derjenige, der das Wahre, Schöne und Gute an sich erblickt hat, selbst ein guter Mensch wird „und - so dies einem Menschen je zuteil wird - gar unsterblich" (ebd.). Aufgrund dieser Verknüpfung von Liebe und Seele sowie Wahrheit und ewigem Leben kann sich das Christentum später auf den Platonismus berufen, um sich selbst zu legitimieren, die körperliche Liebe abzuwerten und die wahren Motive der Menschen, nämlich die Macht und ihre Ausübung, mit Idealismus zu verdecken.

Die Knabenliebe und ihre Rechtfertigung im Wandel der Zeit - zuerst durch den *philia*-Begriff und dann durch den Platonismus - kann als ideengeschichtlicher Hintergrund dafür dienen, das wir in unserer heutigen Kultur kaum lieben können, ohne die Liebe als Ausdruck eines höheren Ideals zu betrachten. In dieser Hinsicht sind wir alle Platoniker. Wenn wir lieben, ohne unsere erotische Praxis irgendwie mit hehren Ideen rechtfertigen zu können, bekommen wir ein schlechtes Gewissen. Selbst wenn wir die geltenden Regeln absichtlich brechen, handeln wir auf umgekehrte Weise nach einem Ideal. Unser Gefühlsleben ist ganz von Idealen, abstrakten Ideen und Erwartungen geprägt, auch wenn wir als Apologeten des Körpers auftreten und Spontaneität, Sinnesfreude und Selbstverwirklichung predigen.

Unsere natürliche Unschuld ist für immer verloren. Ihr Verlust ist Teil einer notwendigen Bewusstseinsentwicklung, bei der die Sexualität als Mittel zur Etablierung eines moralischen Subjektes dient. Sokrates' Dialoge sind Selbstgespräche über das Selbst zum Zweck der Selbsterkenntnis. In ihnen werden Erotik und Ethik zu zwei Seiten ein und derselben Sache. Dass Sokrates' Gedanken in unserer Kultur eine solche Durchschlagskraft entwickeln konnten, liegt nicht zuletzt an ihrer bildlichen Ausformung durch seinen Schüler Platon. Eines dieser Bilder, das unsere europäischen Herzen mitgeformt hat, ist die platonische Seele.

Das platonische Menschenbild

Das vielseitige und körpergebundene Menschenbild Homers wird allmählich durch eine Trennung von Körper und Seele ersetzt, die zum ersten Mal bei dem Philosophen Demokrit auftaucht. Auch die Orphiker und später die Pythagoreer trennen Körper und Seele, dieser Dualismus existiert also schon vor Platon. Aber Platon führt ihn weiter, indem er ein Modell entwirft, das später zum dominierenden Menschenbild in unserer Kultur wird. In diesem Bild ist die verständige Seele das Zentrum des Menschen. Ein Frühstadium dieser Entwicklung manifestiert sich in Odysseus' Selbstgesprächen in der *Odyssee*. Von der *Ilias* zur *Odyssee* vollzieht sich ein „anthropologischer Sprung", und das Wichtigste daran ist, dass eine bewusste Selbstkontrolle die unberechenbaren, spontanen Einfälle und göttlichen Impulse im Körper des Menschen immer mehr verdrängt. Dies wirkt wie eine bewusste Distanzierung von den impulsgebenden Mächten. So können diese Mächte objektiviert und in einen größeren Zusammenhang gestellt werden. Umgekehrt werden die Gefühle subjektiver, innerlicher und mit einem persönlichen und bewussten Ich verbunden. Odysseus' Appell an seine Amme Eurykleia demonstriert, wie besinnend diese Verinnerlichung wirken kann. Beim Anblick der von dem heimgekehrten Helden getöteten Freier bricht Eurykleia in Freudengeheul aus, aber Odysseus fordert sie auf: „Freue dich, Alte, im Herzen, halt an dich, ohne zu jauchzen" (22. Gesang, Vers 411, übers. Hampe 1979).

In diesem und ähnlichen Aussprüchen Odysseus' sind die inneren Organe bereits auf dem Weg, Metaphern zu werden und damit Gegenstand unseres Bewusstseins. Es beginnt die Umbewertung der körperlichen Impulse zu seelischen Angelegenheiten, so wie wir sie heute verstehen, wenn wir z.B. von einem bewegten oder gebrochenen Herzen reden. Eine solche Metaphorik macht das Körperliche zu etwas Intimen, Privaten. Der bildliche Ausdruck beruht auf einer Ähnlichkeit (nicht Gleichheit) zwischen dem körperlichen und dem emotionalen Phänomen. Die metaphorische Umschreibung von körperlichen Reaktionen und inneren Organen zeugt von einem Wandel im Gefühlsleben im Vergleich zum mythisch-homerischen. Platon vollendet diesen Prozess der Internalisierung. Der Rest ist Rezeptionsgeschichte – bis in unsere Tage, denn Platons Ideen beeinflussen noch immer das Bild des Herzens und das Gefühlsleben der Europäer.

In der westlichen Anthropologie ist die Psyche in doppeltem Verstand ein zentraler Begriff. Zum einen ist sie das Zentrum im Menschen, mit dem alle anderen Dimensionen gemessen werden, unter anderem weil die Seele Platon zufolge identisch mit dem Verstand und dem Bewusstsein ist. Zum anderen ist die Seele die Instanz, die dem Menschen seine persönliche Identität und Integrität gibt. Aber es ist nicht naturgegeben, dass der Mensch ein solches Zentrum besitzt und dass dies unbedingt die Psyche sein soll, oder dass sich die persönliche Identität in der Psyche ausdrückt.

Wenn Sokrates das menschliche Selbst beschreibt, redet er von einer *psychē*, die nicht mehr nur der Lebenshauch des Körpers ist. Die Psyche ist bei ihm kein Naturprodukt, sondern ein historisches Kulturprodukt, eine Erfindung und Resultat eines Erziehungsprozesses, zu dessen Hauptaufgaben die Kontrolle und Sublimierung von Trieben und Gefühlen gehört. Dass diese Erziehung gleichzeitig eine Befreiung ist, wird klar, wenn man Sokrates' Ideal der Selbstbesinnung (*sōphrosynē*) mit dem unaufhörlichen Kampf der homerischen Helden gegen ihre unbezähmbaren Triebe vergleicht. Doch der Preis, den das Gefühlsleben für diese Selbstbesinnung zahlt, wurde wohl erst im 20. Jahrhundert durch Freuds Psychoanalyse voll erkannt. Freuds Vorreiter war Nietzsche, der die körperliche Spontaneität als notwendige Eigenschaft eines freien Menschen wiederentdeckte.

Die Erfindung der Seele führte zu einer Zentralisierung und Einschränkung der Empfindung. Besonders alles Sinnliche wie Emotionen oder die Sprache des Körpers wurde in diesem Prozess umdefiniert und sprachlich ausgegrenzt. Ein normatives Seelenbild wie das platonische wertet solche Begriffe ab oder verdrängt sie. Platon betrachtete den Körper als das Grab der Seele. Seine Ablehnung der Dichtung zeigt, wie sehr er das Körperlich-Sinnliche und dessen sprachliche Wiedergabe verachtete. Lediglich Homer findet Gnade in Platons Idealstaat, allerdings nur mit den bereits zitierten Versen, in denen Odysseus seinem bellenden Herzen Ruhe gebietet (20. Gesang, Vers 17–18):

> Gegen die Brust sich schlagend, schalt er das Herz mit den Worten:
> „Halte noch aus, mein Herz! Noch hündischer war's, was du aushieltst, [...]"

So bringt Odysseus seinen aufgebrachten Körper unter Kontrolle. In seinem Dialog *Phaidon* beruft sich Platon auf diese Verse aus der *Odyssee*. Er erzählt dort, wie Sokrates seinen Gesprächspartner Simmias überzeugen will, dass die Seele selbständig ist und „in tausend verschiedenen Dingen" gegen den Körper kämpft, um ihn zu regieren, anstatt umgekehrt von ihm regiert zu werden. Wenn ihr dies gelingt, entsteht laut Platon alias Sokrates eine innere Harmonie zwischen den Bestandteilen der Seele und allen anderen anthropologischen Komponenten unter der Regie der Vernunft.

Platon geht von einer Dreiteilung der menschlichen Seele aus, wie er im vierten Buch seiner *Politeia* („Der Staat") schreibt. Die drei Bestandteile der Seele werden dort mit einer Chimäre, einem Löwen und einem Engel verglichen, wobei das Ungeheuer für die „Begierdenseele" (*epithymētikon*) steht. Der Löwe steht für die „Mutseele" (*thymoeides*, vgl. *thymos*) und kann sowohl von der Chimäre als auch von dem Engel beeinflusst werden, der die „Denkseele" (*noētikoon*, vgl. *noos*) repräsentiert. In seinem Dialog *Phaidros* veranschaulicht Platon das Zusammenspiel der Seelenteile durch seine bekannte Allegorie eines geflügelten Gespanns mit zwei unterschiedlichen Pferden. Das schlechte Pferd repräsentiert die Begierde (*epithymia*) und zieht den Wagen nach unten, während das gute Pferd für den Willen und den Mut steht und ihn nach oben zieht. Der Wagenlenker ist die Vernunft, die das Gespann mit Mühe zum überhimmlischen Ziel führt. Wille, Mut und Vernunft müssen laut Platon anerzogen werden, um die Begierde zu besiegen. Nur der „vernünftige" Teil der Seele ist unsterblich und hat deshalb eine Sonderstellung. Die Mutseele hat ihren Sitz in der Herzgegend, während die Denkseele als oberstes Organ im Kopf sitzt. Die Begierdenseele dagegen befindet sich im Unterleib.

Platons Dreiteilung von Mensch und Seele impliziert, dass er gar nicht so dualistisch sein kann, wie ihn die Ideengeschichte darstellt. Platon war wahrscheinlich hauptsächlich in der Ethik Dualist, nicht jedoch in der Anthropologie. Die Neuplatoniker der Spätantike um Plotin

(205–270 n. Chr.) machten ihn dualistischer als er wirklich war. Plotin betonte noch stärker das ethische Ziel, Kontrolle über alle körperlichen Impulse und sinnliche Lüste zu erlangen, damit sich die Seele mithilfe der Vernunft von aller Materie befreien und das jenseitige Ureine erreichen kann, aus dem letztendlich auch der Mensch stammt. Platon und Plotin suchten den Urgrund im Jenseits; Aristoteles dagegen lokalisierte ihn mitten im Diesseits.

Von Aristoteles bis Galen

Während Platon unser moralisches Super-Ego (oder in seinen Worten besser die „Super-*psychē*") geprägt hat, hat Aristoteles (384–322 v. Chr.) eher dazu beigetragen, unser Ego über den rationellen und realistischen Teil unserer Psyche auszubilden. Und er hat uns die Rhetorik gegeben, mit deren Hilfe wir es ausbilden. Darüber hinaus hat er mehr als Platon die Geschichte unserer Wissenschaften, insbesondere der Naturwissenschaften, beeinflusst. Platon dagegen hat die Metaphysik und die Seelenlehre bereichert. Aus diesem Grund wird leicht übersehen, dass Aristoteles' Seelenleere im Hochmittelalter dominierte. Thomas von Aquin entwickelte seinen Monismus (gegen den damals vorherrschenden Dualismus) auf der Basis des aristotelischen Holismus (Lehre, die alle Erscheinungen des Lebens aus einem ganzheitlichen Prinzip ableitet). Auch Harvey und die Anatomie der Renaissance waren von ihm inspiriert, ebenso die Alchimisten und ihr Bild des Herzens.

Aristoteles war *der* Herzensphilosoph der Antike. In seiner Naturphilosophie und Anatomie nimmt das Herz den ersten Rang ein, es ist der Ursprung aller anderen Organe. Damit hält Aristoteles an einem vorplatonischen Schöpfungsprinzip fest. Im Herzen wird das Blut gebildet, folglich sind alle blutgefüllten Organe, ja der ganze Körper aus ihm entstanden. Deswegen muss auch die Empfindsamkeit und Lernfähigkeit der Seele im Herzen liegen. Sie steuert den gesamten Körper vom Herzen aus. Herz und Seele sind somit unzertrennlich bei Aristoteles; das Herz wird zum Zentrum des Lebens, weil die Seele dort lokalisiert wird. Genau wie Platon geht Aristoteles von einer Dreiteilung des Menschen aus. Diese liegt auch seiner Rhetorik zu Grunde, die in unserem Kulturkreis bis zur Romantik das Fundament der Allgemeinbildung war. Man kann behaupten, dass die Rhetorik aus dem Versuch entstand, die Leidenschaft zu bezwingen ohne sie zu unterdrücken. Mithilfe der Rhetorik setzen die Griechen ihre Kenntnisse über die menschliche Natur in die (Sprach-)Praxis um, um ihre Gedanken effektiv zu vermitteln. Damit das Volk die Botschaft der Talare und Lehrer annahm, musste man nicht nur mit Verstand belehren, sondern auch durch aufrichtige Haltung gefallen und durch Glut und Leidenschaft die Herzen der Zuhörer bewegen. Diese drei Funktionen der Rede – *logos*, *ethos* und *pathos* – entsprechen den drei Dimensionen oder Schichten im Menschen, auf denen Platons und Aristoteles' Anthropologie beruht.

Größtes Problem dabei ist das Pathos, sei es in Form von erotischer Leidenschaft oder von Wut und Zorn. Kulturgeschichte hängt immer mit der Frage zusammen, wie der Zorn der Menschen, der ohne Kultur ungehemmt wäre, gesteuert und sublimiert wird. Die Rhetorik definiert *pathos* als eindimensionales Gefühl, das keinen Platz einräumt für das heterogene Gefühl *ethos*, aus dem die Ethik entstand. Deswegen sind Leidenschaft und Ethik so oft konträr, auch wenn der heilige Zorn bisweilen zu ethischem Engagement und Reflexion führen kann.

Durch seinem Holismus und seine psychosomatische Denkweise hebt Aristoteles das Zusammenspiel zwischen Körper und Seele hervor. Verändert sich die Seele, verändern sich auch der Körper und sein Gefühlsleben. Auf diesem Gebiet kann Aristoteles auf Hippokrates aufbauen, der seine Theorie der vier Körperflüssigkeiten analog zu der Lehre der vier Grundelemente nach Empedokles (ca. 483–423 v. Chr.) entwickelte. Dieser behauptete, dass der Mensch die Welt erkennen könne, weil er selbst aus den vier Grundelementen des Kosmos (Feuer, Erde, Wasser, Luft) zusammengesetzt sei. Die Gedanken sitzen nach Empedokles im Blut um das Herz herum, denn das Blut kann alle Grundelemente in sich aufnehmen und überall in den Körper weiterbefördern.

Die Leber, das Herz und das Gehirn konkurrierten um den ersten Rang unter den Organen. Es ist Aristoteles zu verdanken, dass das Herz diesen Platz bis weit in die Neuzeit hinein behalten hat. In vielen anderen Kulturen musste das Herz weiter mit der Leber wetteifern. Viele Ethnologen und Archäologen meinen, dass die Leber ursprünglich fast überall als Sitz des Lebens galt und dass das Herz ihr erst später diesen Ehrenplatz streitig gemacht hat. Dies gilt besonders für die sumerisch-mesopotamische Tradition, aber auch für die vorsokratisch-griechische. Nicht nur in Mesopotamien wird mit einer Leber die Zukunft vorausgesagt. Im Prometheus-Mythos – einem der ältesten der griechischen Kultur – wird der Zorn der Götter an der Leber ausgelassen: Zur Strafe dafür, dass er den Göttern das Feuer stahl und es den Menschen gab, frisst ein

Adler täglich die Leber des im Kaukasus an den Fels geschmiedeten Prometheus. Über Nacht regeneriert sich die Leber, damit das Martyrium am nächsten Morgen aufs Neue beginnen kann.

Doch bereits im fünften Jahrhundert vor unserer Zeitrechnung bekamen die Leber und das Herz Konkurrenz durch das Gehirn. Dies war die Folge der ersten aus der Antike überlieferten Leichenöffnung, durchgeführt von dem phytagoreischen Mediziner Alkmaion von Kroton. Er behauptete, dass sowohl die Sinne als auch der Verstand im Gehirn säßen. Auch der größte Mediziner der Antike, Hippokrates (460–ca. 370 v. Chr.) schlug vor, das menschliche Denkvermögen (*noos*) in dieser merkwürdigen, unbeweglichen und grauen Hirnmasse zu suchen. Damit begann eine medizinische Diskussion und ein philosophischer Streit darüber, ob die Vernunft und das Bewusstsein ihren Sitz im Herzen und folglich auch im Blut (*haima*) oder in Kopf und Gehirn (*enkephalos*) haben. Dieser Streit dauerte in der gesamten Antike, im Mittelalter, der Renaissance und bis weit in die Neuzeit hinein an.

Die Medizinschule von Alexandria und Galen (ca. 131–200) markierten den Höhe- und Schlusspunkt der antiken Medizin. Galen führte Hippokrates' Theorie der vier Körperflüssigkeiten weiter, derzufolge die Gesundheit eines Menschen von der richtigen Balance zwischen Blut, Schleim (*phlegma*) und schwarzer sowie gelber Galle abhängt. Ein Übermaß z.B. an Blut war negativ. Deswegen riet Galen ganz im Sinne von Hippokrates in diesem Fall zum Aderlass – ein ebenfalls bis weit in die Neuzeit praktiziertes Heilverfahren. Galens Neuerkenntnis lag darin, dass er das physische Gleichgewicht der Körperflüssigkeiten direkt mit dem mentalen Gleichgewicht verband. Er entwickelte die Theorie der vier Temperamente: das sanguinische, das phlegmatische, das cholerische und das melancholische. Dieser Vorläufer der modernen Psychologie dominierte die wissenschaftliche Seelenleere bis zur Neuzeit. Ebenso lange sollte auch Galens Lehre vom Herzen die Vorherrschaft behalten.

Dass Galens Herzensbild so lange Zeit in der europäischen und der arabischen Kultur vorherrschte, ist ein Beispiel dafür, wie wissenschaftliches Gewohnheitsdenken und die Macht der Sprache in Form von etablierten Formeln und Metaphern neue Erkenntnisse blockieren können. Galen betrachtete das Herz als Quelle der Wärme, die im Blutstrom von der Leber zum Herzen erzeugt wird. Dort kommt das Blut in Kontakt mit frischer Luft aus den Lungen. Dieses Zusammenspiel von Elementen und Organen erzeugt eine biologische Wärme, wobei das Herz als eine Art Lampe fungiert oder als ein Schmelzofen, der das Blut sowohl wärmt als auch reinigt und mit *pneuma* beatmet. Die lebenswichtigen Geisteskräfte verteilen sich über das Blut vom Herzen in den ganzen Körper. So auch ins Gehirn, wo sie umgeformt werden zu natürlichem oder animalischem Geist, der schließlich für die Umsetzung in die Tat verantwortlich ist. Die Essenz dieser Theorie ist die Wärme, die im Herzen als „Ofen" oder „Werkstatt" des Körpers produziert wird. Die Metaphern, die Galen für das Herz benutzt, entsprechen dem technischen Stand seiner Zeit. Die Pumpe war noch nicht erfunden, deshalb kam er nicht auf die Idee, dass das Herz eine Pumpe sein könnte.

Angesichts der Tatsache, dass das gleichmäßig und konstant in unserer Brust schlagende Herz zu den ersten Mysterien gehörte, die der Mensch zu verstehen versuchte, scheint es seltsam, wie zählebig Galens Theorie war. Seine Spiritualisierung des Blutes und des Herzens bildete die Grundlage für die Rolle, die das Blut und später auch das Herz Christi im Christentum bekamen, was die Langlebigkeit seiner Theorien erklärt. Dabei war das Rätsel eigentlich schon lange gelöst, nämlich von den Chinesen, deren medizinische Tradition seit langer Zeit eine Alternative zu der europäischen bietet. Schon ca. 2000 Jahre vor Beginn unserer Zeitrechnung hatten sie herausgefunden, dass das Herz eine Pumpe ist, die das Blut in den Körper pumpt und dass daher der Pulsschlag rührt. Im *Medizinbuch des goldenen Kaisers* unterschieden chinesische Ärzte 28 verschiedene Typen Pulsschlag. Dass die Chinesen als Erste dieses Rätsel lösten, mag daran liegen, dass sie pragmatisch und praxisorientiert sind, wo wir Europäer seit Platon eher an abstrakte Denksysteme gewöhnt sind.

Platons Wirkungsgeschichte

Die am tiefsten gehende Auswirkung des platonischen Menschenbildes auf die europäische Kultur ist die allgemeine Vormachtstellung der Vernunft, oft in Verbindung mit der Unterdrückung der Sinnlichkeit und Emotionalität. Es ist eine logische Konsequenz jedes hierarchischen Modells, dass seine unterste Stufe abgewertet wird. Das Ergebnis ist ein Dualismus. Wenn die Vernunftseele Alleinherrscher wird, wird alles Andere im Körper gleichgemacht und auf die verbleibenden Teile der Psyche reduziert. Alles Emotionale wird auf den Nenner des „psychologischen Inneren" verkleinert, und alle souveränen und spontanen

Lebensäußerungen, die nicht der bewussten und allgemeinen Vernunft entstammen, werden in einen Sack gesteckt und „Psyche" genannt. Auf diese „Restpsyche" muss dann die Vernunft gut aufpassen, damit die gefährlichen und zerstörerischen Mächte (Platons Chimäre) nicht entfliehen und der Vernunft die Macht entreißen.

Die Macht der Vernunft über die Gefühle verändert nicht nur deren theoretisches Bild, sondern auch die Gefühle und Leidenschaften selbst. Die menschlichen Energien werden kurzum reduziert oder abgestumpft und alternative Quellen der Erkenntnis trocknen ein. In dieser Hinsicht ist der Westeuropäer tatsächlich ein anderer Mensch geworden, als er es vor der platonischen Reduktion des Gefühlslebens war. Im Platonismus werden die Gefühle nicht nur quantitativ und qualitativ vermindert, sondern sie existieren nicht mehr um ihrer selbst willen. Dadurch erscheinen sie leicht wie pure Mittel der Vernunft, die sie nur als Instrumente gebraucht, um Ziele zu verfolgen, die nicht in ihrem Rahmen liegen. Doch dadurch wird auch die Vernunft selbst zum Mittel, nämlich zum Mittel einer Unterdrückung, die nicht mehr hinterfragt wird. Auf diese Weise bereitet die platonische Seelenlehre den Weg für die Macht und die ideologische, politische, ökonomische und besonders die institutionelle Macht können sowohl die Vernunft als auch die Gefühle als Mittel für ihre Ziele benutzen. Rationalismus wird so zum technischen Instrumentalismus.

Im 17. Jh. fasste Francis Bacon dieses instrumentalistische Ideal in die rhetorisch gelungene Formel „Wissen ist Macht" – Macht, die Natur umzuformen, auch die menschliche, damit sie materiellen Zielen dient. Auf diese Weise wurde die platonische Macht über sich selbst zur Macht über die Natur und zu deren Ausbeutung. Bacon gibt den Menschen das Signal, die Macht selbst zu ergreifen und aus der Macht über sich selbst die Macht über die ganze Welt zu erringen. Hier liegt laut Hermann Schmitz und anderen Ideenhistorikern, die Platons Wirkungsgeschichte untersucht haben, die ideengeschichtliche Grundlage dafür, dass kommerzielle Interessen in der sogenannten freien (eigentlich hemmungslosen) Marktwirtschaft des 20. und 21. Jahrhunderts Emotionen ausnutzen können, indem sie sie mit materiellen Verbrauchsgütern verknüpfen oder mit starken Sinneseindrücken, wie es z.B. audio-visuelle Massenmedien heute tun. Hjalmar Hegge (1978) legt besonderes Gewicht darauf, dass der Platonismus genau wie die christliche Theologie in unserer Kultur die ideale Bedingung zur Abwertung und Ausbeutung der Natur war, da die Natur als bloße Materie ja seelenlos ist und das Ziel der Seele im Platonismus die Befreiung von der Materie und allem Körperlichen ist.

Eine weitere Vorraussetzung für die Durchschlagskraft von Platons Psychologie in der christlichen Theologie ist sein Konzept der unsterblichen Seele, die ihren Ursprung im Jenseits hat, im Ewigen und Unveränderlichen, wohin sie nach dem Tod des Körpers zurückkehrt. Das ist Christentum auf eine philosophischen Formel gebracht (oder umgekehrt) und der Grund dafür, dass die Seelenlehre zur zentralen Achse im Christentum bis in unsere Zeit wird. Der Status der Seele im 21. Jahrhundert ist eine ganz andere Geschichte. Aber bis heute hat das platonische Ideal, dass alles Körperliche, Sinnliche und Emotionale der Ethik, der Vernunft und dem Willen untergeordnet sein sollte, die europäischen Herzen ganz wesentlich geprägt. Obwohl der Platonismus dazu benutzt wurde, das Christentum theologisch zu begründen und zu legitimieren, waren ursprünglich das Menschenbild und die Herzmetaphorik der Bibel jedoch anders als bei Platon gefasst.

Das Herz in der Bibel und im Christentum

Wer mit Ungeheuern kämpft, mag zusehn, dass er nicht dabei zum Ungeheuer wird.
Und wenn du lange in einen Abgrund blickst, blickt der Abgrund auch in dich hinein.
(Nietzsche)

Neben dem platonischen Menschenbild mit seinem großen Einfluss auf die Ideengeschichte sind die Bibel und das Christentum die wichtigste Quelle des heute in der europäischen Kultur verbreiteten Bild des Herzens. Allerdings ist es manchmal schwierig zu unterscheiden, was ursprünglich biblisch und was spätere Theologie oder kirchlich-institutionelle Praxis ist. Letztendlich ist das Christentum nichts ein für alle Mal durch die biblischen Texte Festgelegtes, sondern ein Resultat von deren Auslegung.

Auch in der Bibel selbst ist das Bild des Herzens keineswegs homogen. Sowohl im Alten als auch im Neuen Testament ist das Herz Sitz des Guten *und* des Bösen. In beiden Texten manifestiert sich das Verhältnis der Menschen zu Gott und ihre moralische Haltung über ihre Herzen. Gleichzeitig ist das Herz Träger von Gefühlen und emotionalen Impulsen. So wird es zum Bild des individuellen Charakters und dessen Gesinnung. Ein guter Mensch hat ein gutes Herz und ein böser Mensch ein böses. Diese Einstellung bildet die Grundlage für vielerlei Fundamentalismus. Dabei geht das Neue Testament, das Fundament des Christentums, ursprünglich davon aus, dass Gut und Böse in jedem einzelnen Menschen stecken. Das Herz an sich hat keine festen Eigenschaften; es bekommt sie erst durch die Seele. Diese wird im Christentum auf der Basis des Neuen Testamentes neu definiert und es entwickelt sich eine entsprechende neue Anthropologie. Denn das Bild des Herzens und die Herzmetaphorik sind im Alten und Neuen Testament sehr unterschiedlich.

Das Alte Testament

Die Rolle des Herzens im Alten Testament entstammt einer langen Tradition, die bis auf das Exil des jüdischen Volkes in Ägypten zurückgeht, vielleicht sogar bis zu dessen Ursprüngen in Mesopotamien, bevor die Juden von dort nach Palästina auswanderten. Unter den Babyloniern war bekanntlich die Leber als zentrales inneres Organ mit seelenartigen Eigenschaften dem Herzen ebenbürtig. Aus der Leber, besonders der von Schafen, lasen die babylonischen Seher die Zukunft. In diesem Punkt distanzierten sich die Juden bewusst von ihren früheren Freunden; sie machten schon früh das Herz zum Sitz der Seele. In dieser Hinsicht haben sie mehr mit den Ägyptern gemeinsam. Sofern die Herzmetaphorik im Alten Testament von der pharaonischen Auffassung des Herzens beeinflusst ist, handelt es sich dabei um ein Jahrtausende altes Menschenbild. Doch die ältesten Ägypter unterschieden kaum zwischen dem physischen und dem seelischen Herzen, während die Juden dem Herzen nur wenig physische Bedeutung beimaßen. Sie betrachteten das Herz nicht unbedingt als lebenswichtiges und lebenserhaltendes Organ. Man könnte sie deshalb anachronistisch als *Pneumatiker* (von griechisch *pneuma*, „Atem, Geist") bezeichnen. Für sie war das wesentliche Lebenszeichen nicht der Herzschlag, sondern der Atem oder Geist. Gott erschafft den Menschen nicht, indem er dem Lehmklumpen, der Adam werden soll, ein Herz einsetzt, sondern indem er ihm seinen lebendigen Atem einbläst: „Und Gott der HERR machte den Menschen aus einem Erdenkloß, und blies ihm ein den lebendigen Odem in seine Nase. Und also ward der Mensch eine lebendige Seele" (1. Mose 2, 7). Und wenn der Mensch seinen letzten Atemzug tut, verlässt ihn auch der Lebenshauch, die Seele. Dass dabei auch das Herz aufhört zu schlagen, wird nicht beachtet.

Herz heißt auf Hebräisch *lēb* oder *lēbab*. Mit mehr als 850 Erwähnungen gehört es zu den meistgebrauchten Begriffen im Alten Testament. Doch es ist nicht sicher, ob das alttestamentarische Herz auch der Sitz der Gefühle in unserem heutigen Sinne ist. Vielleicht ist es nicht einmal richtig, diese zwei Worte mit „Herz" zu übersetzen, da dies zu Missverständnissen führen kann. Im Alten Testament gibt es noch mehrere andere Begriffe, die der anthropologischen Funktion und den metaphorischen Bedeutungen unseres modernen Herzens nahekommen. Dazu gehört unter anderem *nephesch*, was mit „Seele" übersetzt wird, aber ursprünglich den Atem oder den Lebenshauch (vgl. Homer) bezeichnet. Der Unterschied zur modernen Anthropologie wird durch die anatomische Bedeutung von *nephesch* deutlich: Es bezeichnet Kehle und Schlund oder im übertragenen Sinne sogar Hunger und Gier und wird in Hals, Brust oder Magen lokalisiert. Sogar die Leidenschaft hängt mit *nephesch* zusammen, man kann davon gepackt oder getrieben werden. Das Leben der *nephesch* liegt im Blut (hebr. *dām*), das wiederum viele Funktionen erfüllt, die wir heute dem Herzen zuschreiben (vgl. das Blut Jesu). *Nephesch* besteht nur in Verbindung mit dem Körper und existiert nicht über den Tod hinaus, was zeigt, wie problematisch die Übersetzung „Seele" ist. Insgesamt bezeichnet *nephesch* eher vitale Funktionen und den Lebenstrieb an sich.

Die verschiedenen Begriffe für die inneren Organe und deren Funktionen zeugen davon, wie komplex und vieldeutig das menschliche Innenleben bei den alttestamentarischen Juden war. Neben *nephesch* gibt es in der mit *lēb* zusammenhängenden Wortgruppe noch *neschamah* („Atem" oder „Verstand") und ganz besonders *rūah*, was „bewegender Wind" oder „lebensspendender Atem" bedeutet und anthropologisch betrachtet mit „Geist" oder „Intellekt" übersetzt werden kann. (Luther übersetzte es mit „neuer Geist", s.u.) Aber *rūah* sprengt den anthropologischen Rahmen, denn diese Art Geist wird nur von Gott eingegeben.

Wie in anderen archaischen Kulturen ist im Judentum der Persönlichkeitsbegriff und somit auch das Herz vielseitig und mehrdeutig. Die Bedeutung von *lēb* tendiert jedoch in Richtung „Inneres", in das Zentrum des Menschen. Dort liegt auch die Quelle der Gefühle, sowohl der guten als auch der bösen. Darüber hinaus ist das Herz Sitz des Wollens und Wünschens, der Lust und Begierde – Sinnesarten, die alle mit dem Bewusstsein und gedanklicher Tätigkeit im positiven oder negativen

Sinne zusammenhängen. Man soll Gottes Gebote im Herzen behalten (Sprüche 3, 1) und des Menschen Herz erdenkt sich seinen Weg (Sprüche 16, 9). Trotzdem ist es nicht zutreffend, das hebräische Herz mit „Vernunft" zu übersetzen, denn in ihm sitzt eine noch tiefere Weisheit: „Siehe, du hast Lust zur Wahrheit, die im Verborgenen liegt; du lässest mich wissen die heimliche Weisheit" (Psalm 51, 8). Wo Luther aus dem Hebräischen „im Verborgenen" übersetzte, steht in der Vulgata *in corde*, „im Herzen": *Ecce enim veritatem in corde dilexisti et in occulto sapientiam manifestasti mihi.* Dass diese „heimliche Weisheit" im Herzen liegt, geht unter anderem aus den Sprüchen Salomons hervor, z.B. „Ein weises Herz redet klug und lehrt wohl" (Sprüche 16, 23) oder „Denn Weisheit wird in dein Herz eingehen, dass du gerne lernst" (Sprüche 2, 10). Nur Gott kennt den Grund des Herzens, denn es sind sein Wille, seine Weisheit und seine Gesetze, die dort Eingang finden sollen (vgl. Psalm 33, 15 u. 44, 22). Die Sünde dagegen war bei den alttestamentarischen Juden noch nicht das fest mit Adams Fall verbundene körperliche Phänomen, zu dem es Paulus und Augustinus später machten, sondern eher ein sozialer Ungehorsam.

Dementsprechend repräsentiert das Herz auch die Moral der Menschen. In den ältesten Büchern des Alten Testamentes wird betont, dass das Herz der Menschen und all sein Trachten schlecht sei. Die Menschen folgen ihren niederen Gelüsten, was Gott selbst so sehr im Herzen bekümmert, dass er sie mit der Sintflut straft (vgl. 1. Mose 6, 5–6). Bei dem Propheten Hesekiel (11, 19–20) heißt es, dass die verstockten Herzen der Menschen ausgetauscht werden müssen, damit sie wieder für Gottes Worte und Gebote empfänglich werden:

> Und ich will euch ein einträchtiges Herz geben und einen neuen Geist [*rūah*] in euch geben und will das steinerne Herz wegnehmen aus eurem Leibe und ein fleischernes Herz geben, auf dass sie nach meinen Sitten wandeln und meine Rechte halten und darnach tun. (Vgl. Hesekiel 36, 26)

Bereits im Alten Testament ist das Herz auch mit Gottes Liebe verbunden. Das fünfte Buch Mose (6, 5–6) bringt die christliche Metaphysik des Herzens gewissermaßen auf einen Punkt:

> Und du sollst den HERRN, deinen Gott, liebhaben von ganzem Herzen, von ganzer Seele, von allem Vermögen. Und diese Worte, die ich dir heute gebiete, sollst du zu Herzen nehmen.

Diese Bibelworte haben seit zwei- bis dreitausend Jahren tiefe Spuren in den Herzen der Juden und der christlichen Europäer hinterlassen. Sie machen die Liebe zu einem Gebot: Du *sollst* lieben, und nicht zuerst dich selbst oder andere Menschen, sondern vor allem Gott, der wiederum sein „auserwähltes Volk", die Juden, liebt – keine anderen Völker und keine Andersgläubigen. Die Liebe ist ein Pakt zwischen Gott und den Juden, den man aus den schwierigen politischen und ethnischen Situationen heraus verstehen muss, in der sich die Juden im Nahen Osten zur Zeit der Niederschrift der jeweiligen Bücher des Alten Testamentes befanden. Wenn sie Gott lieben, wird er ihnen helfen; wenn sie seine Gebote nicht befolgen, wird er sie bestrafen. Folglich müssen sie Gott auch fürchten. Ihre Liebe wird durch Furcht und Drohung aufrecht erhalten. Und ihr Gott, ein leidenschaftlicher und eifernder Gott (2. Mose 34, 14), wendet harte Strafen gegen die Ungehorsamen und Abtrünnigen an: Pest, Krankheit, Katastrophen und Hungersnöte. Mit modernen Augen betrachtet ist dies keine Liebe, sondern autoritäre Machtausübung, um ein Regime aufrecht zu halten, in diesem Fall den jüdischen Monotheismus und das Patriarchat.

Die Frau bekommt nur eine untergeordnete Rolle: Sie soll ihren Mann lieben, den „Herrn" der Familie, seine Kinder gebären und das Geschlecht erhalten. Wenn sie untreu ist, wird sie beseitigt – was nicht in gleichen Maße für den Mann gilt (eine Meinung, die Luther teilte).

Das Weibliche gehört nicht zur jüdischen Gottheit, im Gegensatz zu der griechischen Götterwelt, in der die Frauen eine wichtige Rolle spielten. Die ursprüngliche weibliche Gottheit in der semitischen Mythologie wurde nach dem babylonischen Exil aus den Schriften getilgt. Mit Eva wird die Rolle der Frau im Alten Testament negativ belegt und die Frau wird im wahrsten Sinne des Wortes zum Sündenbock gemacht. Sie ist Satans Mittel, die Versucherin, die über ihr begehrliches Geschlecht für den Sündenfall verantwortlich gemacht wird. Auf dieser Basis konnte das Christentum die Frau dämonisieren und die Sexualität zur Sünde machen. Im Judentum war dies noch nicht der Fall, solange sie nach den Prämissen des Patriarchats verlief.

Das Neue Testament

Die Jahrhunderte zwischen dem Neuen und dem Alten Testament haben dem Herzen nicht unbedingt gut getan. Im Neuen Testament ist das Herz vor allem der Sitz des Bösen, es gilt Gottes Wort aus der Genesis: „Denn das Dichten des menschlichen Herzens ist böse von Jugend auf" (1. Mose 8, 21). Wie sein Vater beklagt sich auch Jesus bei vielen Anlässen über die Herzen der Menschen, besonders über die der Akademiker und Schriftgelehrten seiner Zeit. Als die scheinheiligen Pharisäer seine Jünger tadeln, weil sie sich vor dem Essen die Hände nicht waschen, donnert Jesus los:

> Was zum Munde eingeht, das verunreinigt den Menschen nicht [...]. Was aber zum Munde herausgeht, das kommt aus dem Herzen, und das verunreinigt den Menschen. Denn aus dem Herzen kommen arge Gedanken: Mord, Ehebruch, Hurerei, Dieberei, falsch Zeugnis, Lästerung. Das sind Stücke, die den Menschen verunreinigen. Aber mit ungewaschenen Händen essen verunreinigt den Menschen nicht (Matthäus 15, 11 u. 18–20).

Diese Worte sind streng antimaterialistisch. Das Körperlich-Physiologische ist moralisch unbedeutend. Im Markusevangelium heißt es an dieser Stelle:

> Und er sprach zu ihnen: Seid ihr denn auch so unverständig? Vernehmet ihr noch nicht, dass alles, was außen ist und in den Menschen geht, das kann ihn nicht gemein machen? Denn es geht nicht in sein Herz, sondern in den Bauch, und geht aus durch den natürlichen Gang, der alle Speise ausfegt (Markus 7, 18–19).

Jesus formuliert hier eine Herzensreligion und eine Gesinnungsethik, wie sie viel später Kant philosophisch begründet und legitimiert. Aber seine Worte haben auch eine anthropologische und physiologische Bedeutung, nämlich dass das Herz und das Blut vom Nahrungskreislauf getrennt sind. Dies weicht von der antiken griechischen Physiologie ab, in der Herz (*kēr/kardia*) und Magen eng miteinander verbunden waren. In diesem Punkt liegt das Neue Testament näher an der altägyptischen Denkweise. Das Bibelwort „Wes das Herz voll ist, des gehet der Mund über" (Matthäus 12, 34) entspricht der ägyptischen Vorstellung, dass Herz und Zunge zusammenhängen. Die Zunge verrät immer das Herz. Ein so schlechtes Herz kann kaum zum allgemeinen Symbol des Guten und der Liebe werden, weder der körperlichen noch der abstrakten Liebe.

In Paulus' vielzitierten Versen aus den Korintherbriefen, die als neutestamentarisches Hohelied auf die Liebe gelten, steht kein Wort über das Herz: „Nun aber bleibt Glaube, Hoffnung, Liebe, diese drei; aber die Liebe ist die größte unter ihnen" (1. Korintherbrief 13, 13). Weder das Herz Jesu noch das Herz Marias werden im Neuen Testament erwähnt. Insgesamt jedoch kommt das Herz 160 Mal dort vor (ungefähr fünf Mal weniger als im Alten Testament), und gerade der eifrige Missionar Paulus benutzt reichlich Herzmetaphern. So wird das Herz ein wichtiges christliches Symbol und der Gesinnungswandel im Herzen eine Voraussetzung für den christlichen Glauben. Das Herz ist mit anderen Worten plastisch oder ein Gefäß, das beliebig gefüllt werden kann. Anders als Sigrid Undset in ihren eingangs zitierten Worten über die unveränderlichen Herzen der Menschen geht das Christentum vom Gegenteil aus: Die Herzen der Menschen sind absolut veränderlich. Dies ist die Grundlage der christlichen Gesinnungsethik. Besonders im protestantischen Glauben wird der Mensch durch eine Verbesserung seiner Gesinnung gerettet. Es ist genug, zu glauben – und für viele ein bequemes Ruhekissen. (Die Katholiken kommen nicht so leicht davon; sie müssen aktiv in Wort und Tat büßen, bevor sie die Absolution erteilt bekommen.)

Die wichtigste Funktion des Herzens im Christentum ist, dass ihm die Seele innewohnt, wodurch sie Gestalt bekommt. Der Schlüssel zum Rätsel des Lebens (und des Todes), der innerste Kern, liegt in den Herzen der Menschen verborgen: Die gottgegebene Seele, die nicht den Weg allen Fleisches geht, sondern unter bestimmten Umständen gerettet (oder für immer verdammt) werden kann; die kostbare Perle, die anstatt über die Schwelle des Todes auch durch die Paradiespforte kullern kann. Das Neue an dieser Seelenleere ist die Ergänzung der Liebe Gottes (aus dem Alten Testament) durch die ebenso wichtige Nächstenliebe, die auch im Herzen wohnt: „Du sollst deinen Nächsten lieben wie dich selbst" (Matthäus 22, 39). Alle anderen Arten der Liebe sind der Liebe Gottes und der Nächstenliebe untergeordnet. Die erotische Liebe wird zur Sünde und von der „wahren" Liebe getrennt. Dies kommt besonders in dem griechischen Begriff zum Ausdruck, den Paulus für die Nächstenliebe verwendet: *agapē* ist für ihn ein Gegensatz zu dem Wort, das die Griechen für die Liebe benutzten, nämlich *eros*, das kein einziges Mal im Neuen Testament vorkommt.

In seinem klassischen Werk *Eros und Agape* (1930) hat der schwedische Theologe Anders Nygren die Bedeutung des *eros* eingegrenzt und ihn (ähnlich wie Platon) als „motivierte Liebe" oder des Menschen Streben nach Gott und der Ewigkeit definiert. *Agapē* dagegen versteht er als die göttliche Liebe, besonders die Liebe Gottes zu den Menschen trotz deren sündiger Natur. Diese Liebe ist selbstlos und spontan, denn sie ist Gottes allumfassendes Wesen: Gott *ist* Liebe. Der Mensch kann deshalb nichts tun, um Gottes Liebe zu beeinflussen. *Agapē* ist Gottes Weg zu den Menschen; von den Menschen zu Gott gibt es dagegen keinen Weg. Trotzdem soll der Mensch Gott lieben, z.B. indem er seinen Nächsten wie sich selbst liebt, so wie Gott die Menschen liebt: Selbstlos, spontan, ohne Hintergedanken oder Bedingungen. So, wie Gott auch die Sünder liebt, soll der Mensch Freund und Feind gleichermaßen lieben. Die christliche Nächstenliebe ist also weit mehr als Altruismus und gegenseitige Sympathie. Der Egoismus wird überwunden, indem man die Liebe auf seinen Nächsten und auf Gott richtet. Übrigens ist es eine Streitfrage zwischen Katholiken und Protestanten, ob *eros* und *agapē* unvereinbare Gegensätze sind oder nicht. Die Katholiken finden, dass beide Seiten zur Liebe gehören, während Luther (und mit ihm Anders Nygren) behauptet, sie seien von unterschiedlichem Wesen.

Aufgrund seines oben geschilderten Inhalts und seiner Funktion wird das Herz in der christlichen Kultur zum Synonym der Seele. Es gibt der Seele körperhafte Eigenschaften und verkörpert selbst das Göttliche der menschlichen Seele. Ein warmes Herz verspürt den göttlichen Funken der Wahrheit. Auf dieser Grundlage unterscheiden die Bibel und die christliche Theologie zwischen unbeseelten, falschen Worten und solchen, die von Herzen kommen, z.B. in Matthäus 15, Vers 8, der Jesaja zitiert: „Dies Volk naht sich zu mir mit seinem Munde und ehrt mich mit seinen Lippen, aber ihr Herz ist fern von mir." Denn das Herz kann sowohl gut als auch böse sein; es kann auch böse Lust in sich spüren. Diese „böse Lust" ist der Ausgangspunkt für die Moral, die der Apostel Paulus verkündet und die sich im Lauf der Jahrhunderte buchstäblich in die Herzen der Europäer eingebrannt hat.

Paulus

Paulus ist nicht ohne Grund für den starken Dualismus und die körperfeindliche Haltung des Christentums verantwortlich gemacht worden. In vieler Hinsicht ist er der Theologe unter den Aposteln. Sein Einfluss auf das christliche Menschenbild, das er mit der Glut eines Bekehrten verkündet, war enorm. Er war vom Dualismus der volkstümlichen orphischen Tradition beeinflusst. Die Orphiker glaubten an zwei Welten und an ein besseres Leben im Jenseits, weshalb ihr Glaube unter den Unterdrückten und Sklaven im hellenischen Raum und im Nahen Osten in der Zeit um Christi Geburt weit verbreitet war. Paulus' Dualismus kann deshalb nicht eindeutig auf Platons Lehre zurückgeführt werden, ebenso wenig wie seine stark moralisch geprägten Ansichten über den Körper.

Hermann Schmitz (1965) hat versucht, von der Sexualmoral abzusehen und Paulus' Verständnis des menschlichen Körpers rein anthropologisch zu interpretieren. Beim Vergleich mit dem homerischen Körperbild kommt er zu dem Ergebnis, dass Paulus' Vorstellungen eher vorsokratisch als platonisch sind. Organe oder Glieder spielen nämlich auch bei Paulus eine selbständige Rolle oder repräsentieren Kräfte, für die das Individuum nicht selbst verantwortlich ist. Diese Anthropologie erklärt, warum Paulus die (unbekehrten) Menschen wie unwissende Naturkinder behandelt: „Und ich, liebe Brüder, konnte nicht mit euch reden als mit Geistlichen, sondern als mit Fleischlichen, wie mit jungen Kindern in Christo" (1. Korintherbrief 3, 1). Die Sünde passiert bei Paulus nicht in der Seele, sondern in den verschiedenen Körperteilen, die ihrer Natur folgend tun, was sie wollen. Liest man folgende Worte aus dem Römerbrief unter diesem Aspekt, fühlt man sich fast an Holbergs *Jeppe vom Berge* erinnert:

> Denn das Gute, das ich will, das tue ich nicht; sondern das Böse, das ich nicht will, das tue ich. So ich aber tue, was ich nicht will, so tue ich dasselbe nicht; sondern die Sünde, die in mir wohnt. So finde ich mir nun ein Gesetz, der ich will das Gute tun, dass mir das Böse anhangt. Denn ich habe Lust an Gottes Gesetz nach dem inwendigen Menschen. Ich sehe aber ein ander Gesetz in meinen Gliedern, das da widerstreitet dem Gesetz in meinem Gemüte und nimmt mich gefangen in der Sünde Gesetz, welches ist in meinen Gliedern (Römer 7, 19–23).

Paulus bläst zum Kampf gegen den autonomen Körper und dessen gleichfalls unabhängige Glieder, die mit der neuen christlichen Gesinnung durch guten Willen unter Kontrolle gebracht werden sollen. Aber sein Körperbild ist nicht so streng dualistisch wie seine Moral, denn laut Schmitz besitzt der paulinische Mensch auch keine Seele, in die er sich zurückziehen könnte, um von dort aus die körperlichen Impulse zu besiegen. Das unterscheidet Paulus von Platon. Bei Paulus haben *pneuma* (Geist) und *sarx* (Fleisch) den Platz eingenommen, den die vernunftbegabte *psychē* und *sōma* bei Platon hatten, aber sie sind keine direkten Gegensätze. Der Mensch soll sich weder ganz vom Fleischlichen befreien noch ihm nachgeben. Die Lösung lautet, dass Gott das sündige Fleisch mit *pneuma* beatmet:

> So nun der Geist des, der Jesum von den Toten auferweckt hat, in euch wohnt, so wird auch derselbe, der Christum von den Toten auferweckt hat, eure sterblichen Leiber lebendig machen um deswillen, dass sein Geist in euch wohnt (Römer 8, 11).

Der Mensch existiert bei Paulus sowohl im Geist als auch im Fleisch, deshalb kann er den Körper einen Tempel nennen: „Wisset ihr nicht, dass ihr Gottes Tempel seid und der Geist Gottes in euch wohnt?" (1. Korintherbrief 3, 16). Der Unterschied zu Platon, der den Körper als „Grab der Seele" bezeichnet, ist augenscheinlich. Dennoch deuteten die Theologen, inspiriert von Paulus, den Körper rasch zum *Gefängnis* der Seele um, zu einem Sündenpfuhl sexueller Versuchungen, obwohl der Körper der Menschen Gott gehört: „Der Leib aber nicht der Hurerei, sondern dem HERRN, und der HERR dem Leibe" (1. Korintherbrief 6, 13). Paulus betont die Wechselbeziehung von Körper und Geist und erinnert erneut an die Göttlichkeit des Körpers:

> Oder wisset ihr nicht, dass euer Leib ein Tempel des heiligen Geistes ist, welchen ihr habt von Gott, und seid nicht euer selbst. Denn ihr seid teuer erkauft; darum so preist Gott an eurem Leibe und in eurem Geiste, welche sind Gottes (1. Korintherbrief 6, 19–20).

Paulus redet von einem *physischen* Herzen, das in allen Menschen mit Geist beseelt wird, und nicht von einer pneumatischen Seele: „Weil ihr denn Kinder seid, hat Gott gesandt den Geist seines Sohnes in eure Herzen, der schreit: Abba, lieber Vater!" (Galaterbrief 4, 6). Der Geist geht nicht in die Seele, sondern in den Körper ein. Ohne Körper gibt es keinen Geist, denn der Geist wohnt körperlich und sinnlich spürbar im Menschen. Nirgendwo steht, dass der Mensch sich aus dem Grab seines Körpers befreien solle oder dass der Körper nur ein äußerliches Kleidungsstück für die Seele sei. Viel eher soll der Körper durch den Geist lebendig gemacht und von der Sünde befreit werden.

Die Erlösung geschieht bei Paulus, indem der Körper mit seinen selbständigen Trieben vom göttlichen Geist der Liebe erfüllt wird. Die Taufe und andere Sakramente verheißen dem Leib der Gläubigen weder Leben noch Tod, aber die Auferstehung durch das Leid Christi und Gottes Gnade. Der Körper wird im Jenseits auferstehen! Die Auferstehung ist das Zuckerbrot und die Angst vor dem Höllenfeuer die Peitsche, die gegen alle körperlichen Freuden eingesetzt wird. Damit sind wir bei der zweiten und historisch wesentlich wirkungsvolleren Seite des christlichen Körperbildes angelangt. Hier trafen Paulus' Worte nicht auf Stein, sondern mitten ins Herz der Menschen, wo sie sich jahrhundertelang festsetzten.

Es gibt also offenbar zwei sehr verschiedene Körperbilder im Christentum. Das eine führt zur Aufwertung des Körpers *sub specie aeternitatis*, das andere zur Abwertung alles Sinnlichen („bei lebendigem Leibe"). Im Prinzip ist die gesamte christliche Kirche als Institution aus Paulus' Vorstellungen erwachsen. Er behauptet nämlich, dass alle Christen durch ihren Glauben zu einem Körper werden, zu Christi Körper, d.h. der Kirche. Doch dies ist ein symbolischer Körper. Schmerzlich konkret dagegen ist die Geschichte der Unterdrückung des Körpers, die tiefe Spuren in den Herzen der Europäer hinterlassen hat, seitdem die Frohe Botschaft zum ersten Mal verkündet wurde. Es ist eine Geschichte der Verkrüppelung, die sich wie ein roter (um nicht zu sagen blutiger) Faden durch die Geschichte des Christentums bis zum heutigen Tag zieht. Der selige Apostel muss es sich gefallen lassen, dass ihm die Vaterschaft für diese wenig ritterliche Sexualgeschichte angelastet wird, sei sie nun nachgewiesen oder nicht.

Paulus übernimmt das patriarchalische Frauenbild des Judentums und macht die Frau obendrein direkt für den Sündenfall verantwortlich. Denn es war Eva, und nicht Adam, die sich vom Teufel verführen ließ, Gottes Gebot zu brechen (1. Timotheusbrief 2, 14). Deshalb ist es „dem Menschen gut, dass er kein Weib berühre" (1. Korintherbrief 7, 1). Die fleischliche Lust ist Satans Werk und die Versuchung das Mittel, durch welches er die Menschen vom Geist wegführt, mit dem sie eigentlich eins werden sollen. Diese Ansicht führte zu einer Dämonisierung des Körpers, des Geschlechtes – besonders des weiblichen – und der Sexualität. Die Hexenprozesse sind nur eine von vielen historischen Auswirkungen dieser Verteufelung.

Übrigens hatte der frisch bekehrte Paulus in den ersten Jahrhunderten des Christentums nur wenig Erfolg mit seiner Dämonisierungskampagne. Erst im Mittelalter wurde der Teufel zu einer beliebten Figur, besonders ab dem 11. Jahrhundert. Zu dieser Zeit waren die Umstände günstiger und die Menschen empfänglicher für die faszinierende Figur Satans. Jesus selbst gab sich nie so körperfeindlich wie Paulus; er segnete sogar eine Prostituierte, mit der er ein alles andere als platonisches Verhältnis hatte. Maria Magdalena gehörte zum engeren Kreis seiner Anhänger. Sie spielt eine wichtige Rolle in der Auferstehungsgeschichte, da sie als Erste Jesu Grab leer findet und nach der Auferstehung seine Stimme vernimmt. Dass sich Jesus zuallererst einer „Hure" offenbart, hat Paulus keineswegs toleranter gegenüber dem anderen Geschlecht gemacht. Im Gegenteil. Er echauffiert sich über die Prostitution in Korinth und macht seinem Zorn mit harten Worten über Hurerei und fleischliche Lust Luft. Seine Wortwahl und Metaphorik waren effektiv, sie haben eine lange Wirkungsgeschichte, die nicht nur sein Hygieneprogramm in Korinth zu Beginn unserer Zeitrechnung, sondern vielleicht sogar den Kern der christlichen Nächstenliebe nachdrücklich gesprengt haben.

> Wisset ihr nicht, dass eure Leiber Christi Glieder sind? Sollte ich nun die Glieder Christi nehmen und Hurenglieder daraus machen? Das sei ferne! Oder wisset ihr nicht, dass, wer an der Hure hangt, der ist ein Leib mit ihr? Denn „es werden", spricht er, „die zwei ein Fleisch sein." Wer aber dem HERRN anhangt, der ist ein Geist mit ihm. Fliehet der Hurerei! Alle Sünden, die der Mensch tut, sind außer seinem Leibe; wer aber hurt, der sündigt an seinem eigenen Leibe (1. Korintherbrief 6, 15–18).

Nichtsdestotrotz weiß Paulus, dass der Körper und die Natur das Ihre fordern. Deshalb betrachtet er die Ehe als eine Art Überdruckventil, aus dem die Triebe kontrolliert entweichen können.

> Es ist dem Menschen gut, dass er kein Weib berühre. Aber um der Hurerei willen habe ein jeglicher sein eigen Weib, und eine jegliche habe ihren eigenen Mann. Der Mann leiste dem Weib die schuldige Freundschaft, desgleichen das Weib dem Manne. Das Weib ist ihres Leibes nicht mächtig, sondern der Mann. Desgleichen der Mann ist seines Leibes nicht mächtig, sondern das Weib. Entziehe sich nicht eins dem andern, es sei denn aus beider Bewilligung eine Zeitlang, dass ihr zum Fasten und Beten Muße habt; und kommt wiederum zusammen, auf dass euch der Satan nicht versuche um eurer Unkeuschheit willen" (1. Korintherbrief 7, 1–5).

Damit hat Paulus Moral und Sexualmoral endgültig über einen Kamm geschoren und dafür gesorgt, dass diese zweitausend Jahre lang nicht nur die Kirche, sondern auch das Alltagsleben der Menschen dominierte.

Dabei macht er nicht einmal (wie Luther) aus der Not eine Tugend. Er lässt kaum Platz für die Liebe in der Ehe, schon gar nicht für die erotische. Seine Auffassung der Sexualität hat nichts mit Liebe zu tun und ist eher primitiv, ja beinahe tierisch. Nach dem Motto „es ist besser freien denn Brunst leiden" (1. Korintherbrief 7, 9) erlaubt er einen raschen Beischlaf, wenn der Trieb überhand nimmt, nicht mehr. Alle erotische Lebenskunst und alles Erhabene ist aus dem christlichen Sexualleben verschwunden. Die Frohe Botschaft gilt nicht den Freuden des Körpers.

Mit der fleischlichen Lust verdammt Paulus auch die Lust des Lachens und andere Freuden. Das Lachen Jesu ist aus den Evangelien gestrichen, es hat in der Frohen Botschaft nichts mehr zu suchen. Der Glaubenssatz, man solle sein Leben ohne Freuden und Gelächter leben, hat die europäischen Herzen ebenso geprägt wie die Entwürdigung der Sexualität, zu der das Lachen im Grunde dazugehört. Vielen Generationen wurde auf diese Weise das Leben versauert und unnötig erschwert. Wo das Lachen und der Humor verdrängt werden, verschwindet das Öl aus den Mühlen des Lebens und übrig bleibt steife Schwermut. Und wo das Lachen verboten wird, bekommt die Macht freies Spiel, denn das Lachen ist antiautoritär und befreiend, es kann alle Hierarchien auf den Kopf stellen. Das von den Griechen verehrte göttliche und unauslöschliche Gelächter, *asbestos gelōs*, hat keinen Platz mehr im Christentum. Nietzsche lässt deshalb wenig Zweifel über den Adressaten seines Aphorismus „Und falsch heiße uns jede Wahrheit, bei der es nicht *ein* Gelächter gab!" (Nietzsche 1993-II: 457).

Zu den tiefsten Wahrheiten im Leben gehört das Leid. Im Gegensatz zur Freude bildet es die Grundlage für das wichtigste Dogma des Christentums. In der Person Jesu Christi vereinigen sich zum ersten Mal Leid und Mitleid auf anschauliche Weise. Aber die konkreten Umstände seines Leidens werden gerne vergessen, wenn Theologen ein Dogma daraus machen. Das Besondere an dieser Lehre ist, dass ein Anderer, Jesus, für uns leidet und für unsere Missetaten büßt. Die Erbsünde, die unausrottbare Leidenschaft, macht fremde Hilfe zu unserer Rettung erst notwendig. Eine Alternative zu diesem „stellvertretenden Leiden" wäre es, Leidenschaft und Leiden als sich gegenseitig bedingende Umstände zu akzeptieren und persönliches Mitleid nach dem Beispiel Jesu als aktives Vorbild zu betrachten anstatt als Ruhekissen.

Für Paulus jedoch ist es unmöglich, den positiven Zusammenhang zwischen Erotik und Religion zu erkennen, obwohl beide nahezu denselben Ursprung haben – durch den Mythos vom Sündenfall sogar im

Christentum. „Die Erotik ist im Bewusstsein des Menschen das, was das Sein in ihm in Frage stellt", betont der französische Denker Georges Bataille (1994: 31). Weil das Christentum leugnet, dass der Zweck der Erotik ursprünglich religiös und die erotische Erfahrung transzendierend ist, verliert die christliche Religion selbst an Sakralität, behauptet Bataille. In anderen Weltreligionen spielt die Erotik eine völlig unterschiedliche und wichtige Rolle als Teil des göttlichen Mysteriums. In der Wiege unserer eigenen Kultur, dem antiken Griechenland, war die Erotik göttlich inspiriert. Wir haben deshalb immer noch guten Grund, in uns zu gehen und uns den Folgeschäden und Paradoxa der christlichen Verteufelung der Sexualität bewusst zu werden. Wenn Erotik als niedrig und minderwertig gebrandmarkt wird, besteht die Gefahr, dass Sexualität zu genau dem wird, als was sie heute in der Pornographie dargestellt wird. Im Jahr 2000 ist das Pendel in vieler Hinsicht wieder zum dem Punkt zurückgeschwungen, an dem Augustinus vor seiner Begründung der mittelalterlichen Kirche stand, nämlich zu einem Körperkult, der das Intimste im Leben der Menschen eher frivol als mit Respekt behandelt. Was in der Zwischenzeit geschah, ist ebenso Augustinus' wie Paulus' Werk.

Augustinus

Bei den Kirchenvätern und in der mittelalterlichen Theologie wird das biblische Bild des Herzens stark von der antiken Philosophie beeinflusst, besonders von der neuplatonischen und plotinischen Schule. Augustinus (354–430) brachte diesen Stein ins Rollen. Bei ihm wird *cor* (Herz) nahezu zum Synonym von Begriffen wie *anima, animus, mens, intellectus* und *ratio*, lateinische Worte für die Seele, den Geist und die Vernunft. Diese Vergeistigung des Herzens liegt auf einer Linie mit Platons Verständnis des vernunftbegabten Teiles der *psychē* als nicht-körperlich und unsterblich.

Augustinus, der erste große christliche Theologe, entwickelt eine eigene Theologie des Herzens. Sein Hauptwerk *Confessiones* („Bekenntnisse") stammt ungefähr aus dem Jahr 400. Kaum ein anderes literarisches Werk (außer dem Buch der Bücher) hat so großen Einfluss auf das Gefühlsleben eines ganzen Kulturkreises gehabt. *Confessiones* ist das erste autobiographische Werk unserer Kulturgeschichte. Es ist nicht nur eine öffentliche Beichte und die Geburt eines neuen Genres, sondern schafft einen neuen Menschentypus, der sich auf sein inneres Bewusstsein konzentriert – auch wenn noch viele Jahrhunderte vergehen sollten, bis sich diese neue Mentalität in der europäischen Kultur durchsetzte. Augustinus bekennt auch vor seinen Mitmenschen:

> Warum erzähle ich dies? Nicht dir, o mein Gott; aber vor deinem Angesichte erzähle ich es meinem Geschlechte, dem Geschlechte der Menschen. [...] Und zu welchem Zweck erzähle ich es? Damit ich und jeder Leser bedenke, aus welchen Tiefen man zu dir rufen muss. Denn was ist näher als dein Ohr, wenn ein Herz sein Bekenntnis ablegt und das Leben aus dem Glauben ist? (2. Buch, 3. Kapitel, übers. Otto F. Lachmann 1888.)

Im Zentrum der *Confessiones* steht das unruhige Herz, *cor inquietum*. Das Herz ist ruhelos, weil es zwischen der Liebe zur Welt und der Liebe zu Gott hin- und hergerissen ist. Nur in Gott kann es (wieder) Ruhe finden, wie Augustinus zu Beginn der *Confessiones* betont: *Et inquietum est cor nostrum, donec requiescat in te* („Und unruhig ist unser Herz, bis es ruhet in Dir"). Damit sein Herz wieder eins wird, muss der Mensch sich von aller Begierde und allem Egoismus befreien und Gottes Gesetze befolgen. Augustinus unterscheidet zwischen dem Gesetz des Herrn und dem Gesetz, das in den Herzen der Menschen geschrieben steht. Weil das Herz der Menschen jedoch von seinem Schöpfer einen göttlichen Funken eingegeben bekommen hat, kann der Mensch auch das Göttliche erkennen. Durch Gottes Wort kann dieser Funke zur heiligen Flamme entfacht und die innere Spaltung des Herzens überwunden werden. Augustinus wird von einer solchen Glut angetrieben; deswegen ist das flammende Herz sein persönliches Symbol und (Jahrhunderte später) auch seine Ikone in der Kunst geworden.

In einer Schlüsselstelle aus dem zweiten Buch der *Confessiones* (Kapitel 4) drückt der reuige Sünder Augustinus die Quintessenz der christlichen Herz-und-Seele-Metaphorik wie folgt aus:

> Gewiss straft, o Herr, dein Gesetz den Diebstahl und das Gesetz, das geschrieben stehet im Menschenherzen, das selbst die Sünde nicht tilgt. [...] Siehe mein Herz an, o mein Gott, siehe mein Herz an, denn du hast dich seiner erbarmt, da es in der Tiefe des Abgrundes schmachtete. Und was es dort suchte, das sage dir jetzt mein Herz, dass ich um nichts böse war, ohne irgend etwas dadurch erreichen zu wollen; boshaft war ich, nur um boshaft zu sein. Schändlich war es und ich liebte es, ich liebte das Verderben, ich liebte meinen Abfall (von dir), nicht das Objekt meines Abfalls, sondern meinen Abfall selbst: schändliche See-

le, die sich, von deiner Himmelsfeste trennend, selbst verbannt, die nicht etwas durch Schande, nein die Schande selbst begeht. (Übers. Lachmann.)

Mit Augustinus wird die bereits von Platon propagierte Verinnerlichung der Gefühle zum System und die moralische Abwertung des Körperlich-Sinnlichen, die Plotin in der Spätantike noch weiter als Platon führte, wird in eine neue Kultur überführt und in das christliche Menschenbild integriert. Von nun an zählen die seelischen und geistigen Werte und das Herz wird zum Sitz einer Seele, die nach dem Jenseits strebt. Jahwe, der strafende Gott aus dem Alten Testament, wird bei Augustinus persönlich und innerlich; er zeigt sich in Form von Schuldgefühlen und Gewissensbissen, die das Leben zu einem einzigen Bußgang machen.

Augustinus verkörpert eine Synthese aus der griechisch-römischen und der biblisch-christlichen Tradition, aus der die europäische Kultur erwächst – wohlgemerkt mit der Besonderheit, dass er die griechische Antike abwertete, in deren Traditionen er noch aufgewachsen war. Er stammte aus dem griechischen Kulturkreis und war ausgebildeter Rhetoriker. Auch sein früherer Lebensstil entsprach eher der griechischen Kultur; er gönnte sich die körperlichen Freuden, nicht zuletzt in der Liebe. Ein großer Teil der *Confessiones* handelt von seinem früherem erotischen Leben in einer Kultur, die keineswegs körperfeindlich war. Augustinus schildert die Geschichte seiner Bekehrung als Kampf gegen seinen Körper, bis er mit 32 Jahren schließlich zum gläubigen Christen wurde und sich taufen ließ. Zwischen seinem 19. und 28. Lebensjahr war er ein Anhänger des Manichäismus gewesen. Der Manichäismus war eine streng dualistische Religion, die in Europa zwar gegen Ende des 5. Jahrhunderts ausstarb, aber ihre Spuren in Geisteshaltungen wie dem mittelalterlichen *contemptus mundi* hinterließ. Im Manichäismus war die Welt in Gut und Böse oder Hell und Dunkel aufgeteilt, worauf der Mensch im Grunde keinen Einfluss hatte. Deshalb war auch die Erotik nicht moralisch ausschlaggebend. Seele und Sex waren dualistisch voneinander getrennt. Plotins Neuplatonismus, der entscheidend für Augustinus' Übertritt zum Christentum war, liegt in einer ähnlichen Tradition: Die Materie und alles Körperlich-Sinnliche werden abgewertet. Bei Plotin fand der bekehrte Augustinus Gewissheit darüber, dass das eigentliche Ziel des Menschen übersinnlich ist und dass er dies nur erreicht, indem er seine Seele von der sündigen Materie befreit.

Ein wichtiges Moment bei der Verschärfung des Moralismus im augustinischen Körperbild ist das veränderte Verhältnis zwischen Vernunft und Willen. Im Kampf gegen die körperlichen Impulse bekommt der (mehr oder weniger) freie Wille die Rolle, die bei Platon und Aristoteles noch die Vernunft innehatte. Indem er den Willen und die freie Wahl zur Vorraussetzung für moralisches Benehmen macht, macht Augustinus den Menschen nicht nur für seine Handlungen, sondern auch für sein Trieb- und Gefühlsleben verantwortlich. Selbst der Gedanke an das Unreine wird zur Sünde, da nun alles der persönlichen Verantwortung obliegt. Wie unfreiwillig solche Gedanken auch sein mögen, sie können zu Strafe und ewiger Verdammnis führen. Für Augustinus wurde es vom persönlichen zum theologischen Dilemma, dass irgendetwas im Körper unabhängig vom Willen sein sollte. Er fühlte sich von sexuellen Träumen geplagt, die sich partout nicht seinem Willen unterwerfen wollten.

Der Wille ist also doch nicht frei, und der Mensch kann nur durch Gottes Gnade und Liebe erlöst werden. Luther übernahm diese Lehre, als er den Glauben allein (*sola fides*) zur Bedingung für die Erlösung machte anstatt guter Taten oder der Vernunft, die letztlich nur Selbstzweck des egoistischen Menschen sind, der sich um sich selbst dreht (*homo incurvatus in se ipsum*). Der Mensch sitzt in der Klemme, denn selbst wenn er die Kontrolle über alle seine Handlungen und Gedanken erlangen könnte, ist er trotzdem verloren aufgrund der Erbsünde. Durch den Sündenfall hat sich die Lust vom Willen des Menschen losgerissen, meinte Augustinus. Trond Eriksen beschreibt dies so:

> Augustinus scheint sich vorzustellen, dass sich die Erbsünde durch die sündhafte Lust des Geschlechtsaktes auf das gesamte Geschlecht überträgt. Damit betrachtet er die Sexualität selbst als Ansteckungsquelle. (Eriksen 2000: 217, übers. F.Z.)

Diese pathologische Metaphorik ist genuin augustinisch: Durch die Erbsünde wird die Sexualität zu einer Art Geschlechtskrankheit. Die Lust ist eine Ansteckungsgefahr und Gottes Strafe für Adams und Evas Sünde. Mit Augustinus wird das Christentum geradezu freudianisch: Die Wahrheit über das Selbst offenbart sich im Sexualleben – mit dem Unterschied, dass die sinnliche Seite des Selbst verneint werden muss, damit das Individuum erlöst werden kann.

Augustinus' Wirkungsgeschichte und das Mittelalter

Augustinus hatte somit die Sexualität zur schlimmsten aller Sünden abgestempelt und mit der Angst vor Gottes Strafe und Höllenpein verbunden. Darüber hinaus verfügte die Kirche im Mittelalter eine Reihe von Doktrinen und Sanktionen, die diese Angst noch verstärken und verinnerlichen sollten. Ihr effektivstes Mittel im Kampf gegen die körperlichen Gefühle und Leidenschaften war die Furcht vor der ewigen Höllenpein. Zwar existiert der Begriff „Höllenangst" noch heute, doch können wir uns kaum vorstellen, was er für einen mittelalterlichen Christen wirklich bedeutete. Diese Angst war so eng mit der „fleischlichen Lust" und allen entsprechenden Gedanken verknüpft, dass sie einen konstanten Druck auf das Individuum ausübte und alle schöpferische Lebensfreude und spontane Entfaltungskraft unterdrückte.

Im Hochmittelalter wurde die Angst vor der Hölle durch eine weitere Erfindung verstärkt: Das Fegefeuer. Ein Pariser Scholastiker mit dem sprechenden Namen Pierre le Mangeur („der Bücherwurm", da es sich um einen *mangeur de livres* handelt) benutzte in den 1170er-Jahren als Erster das Substantiv *purgatorium*, was eigentlich „Ort der Reinigung" bedeutet. Das Fegefeuer galt als eine Art Zwischenstation, wo sich die erlösten Seelen zwischen dem Tod und der Auferstehung des Leibes am Jüngsten Tag aufhalten mussten. Neu daran war, dass auch die im Zustand der Gnade Gestorbenen dort leiden mussten, um komplett geläutert zu werden. Einen Vorgeschmack auf Purgatorium oder Hölle konnten die armen Sünder bei lebendigem Leib am Pranger, bei der Folter oder auf dem Scheiterhaufen bekommen. Zur Zeit der Inquisition billigten die Kirche und der Papst nicht nur die Folter, sondern ermunterten sogar zu deren Gebrauch, um Geständnisse zu erzwingen. Die Foltermethoden, die die Kirche entwickelte und einsetzte, können problemlos mit denen heutiger Terrorregimes mithalten.

Im Christentum sitzt der Mensch im Diesseits *und* im Jenseits in der Falle. Im Diesseits ist er in den Leidenschaften und Versuchungen seines Körpers gefangen, und das Jenseits droht mit ewiger Verdammnis in einer Hölle, deren Qualen sich nur die bösartigste Phantasie vorstellen kann. Die Verdammung des Körpers durch die Kirche, das Dogma von der Hölle und andere Unterdrückungsmittel schufen Angst und ein permanent schlechtes Gewissen unter großen Teilen der Bevölkerung. Dies war neu in der Geschichte der Menschheit. Die Falle funktioniert sowohl logisch als auch emotional, denn der Kampf gegen den Körper ist vergebens und der Körper ist Satan unterworfen. Deshalb muss der Mensch dem Willen Gottes folgen, wodurch folgendes Paradoxon entsteht: Der Mensch besitzt zwar einen freien Willen, aber dieser reicht nicht aus, denn er strebt nicht nach dem Guten und muss deshalb dem Willen Gottes untergeordnet werden. Letzterer aber übersteigt den Verstand des Menschen, weshalb sich der Mensch auf Gottes Gnade verlassen und sich von anderen erlösen lassen muss, genauer gesagt durch das „stellvertretende Leid" Jesu Christi.

Zum Symbol von Jesu Leid und der Erlösung der Menschen entwickelt sich im Hoch- und Spätmittelalter das *Blut*. Später, besonders in der Renaissance, übernimmt das Herz viele der repräsentativen Funktionen des Blutes. Das Blut war der sichtbare und dramatische Ausdruck der Leiden Christi. Die Theologie und die Kunst des Mittelalters und der Renaissance zeigen einen blutigen Jesus. Er blutet, als er sein eigenes Kreuz trägt, als er ausgepeitscht wird, als er seine Dornenkrone aufgesetzt bekommt, und besonders, als er ans Kreuz genagelt wird. Und schließlich ein letztes Mal, als ihm ein römischer Legionär seinen Speer in die Seite sticht, so dass Blut und Wasser herausrinnen. Dieses Blut wird in Kelchen aufgefangen, damit es die Menschen beim Abendmahl in Form von geweihtem Wein trinken können. Einer päpstlichen Bulle von 1215 zufolge verwandelt sich dieser Wein tatsächlich zu Jesu Blut und das Brot des Abendmahls tatsächlich zu Jesu Leib, was Luther als Aberglaube abwies. Der Glaube allein war ihm genug. Viele religiöse Gemälde (z.B. von Bernini) zeigen ganz konkret, wie der Mensch in Jesu Blut reingewaschen wird, im *fons pietatis*, der Quelle der Gnade. Nur das Blut kann die sündige Natur des Menschen reinigen und alle Schuld von ihm abwaschen. Die Sakramente, die jeder Christ mindestens einmal im Jahr entgegennehmen muss, sollten den Menschen die Wiederauferstehung auf der richtigen Seite des Jenseits sichern – sofern ihr schwaches Fleisch nicht bereits in den Sündenpfuhl gefallen war.

Im Christentum wird die Erotik negativ beurteilt, weil die Liebe zuallererst Gott und dem Nächsten gelten soll. Die erotische Liebe ist dabei nicht nur ein Konkurrent, sondern sogar die Waffe von Gottes Erzfeind Satan. Deshalb wird sie im Lauf des Mittelalters immer stärker dämonisiert. Der alttestamentarische Mythos vom Sündenfall wird mit Paulus' Frauenbild verknüpft und die Frau als „Satans Werkzeug" für die Erbsünde verantwortlich gemacht. Auf diese Weise wird auch die Frau verteufelt; sie steht durch ihre erotische Begierde mit dem Teufel im Pakt und trägt die Verantwortung für die Versuchungen des Fleisches. Ihr Körper wird zum Ort und Ursprung des Bösen. So entsteht der „dämonische Dreiklang" Frau-Körper-Sexualität, dessen Bestandteile entwürdigt und tabuisiert werden (Thielst 2000: 113).

Die Dämonisierung der Frau bildet den Hintergrund für die von der Inquisition ausgelösten Hexenprozesse, die im Hoch- und Spätmittelalter zunahmen, im 17. Jh. kulminierten und bis weit in die Neuzeit (nicht zuletzt in protestantischen Ländern) anhielten. Sie waren ein Ausdruck der Angst vor der Strafe für echte und eingebildete Sünden, die der mittelalterliche Mensch fühlte und die ihn zur leichten Beute für die Machthabenden machten. Am Anfang betrachtete die Kirche den Hexenglauben als heidnischen Aberglauben und wollte ihn bekämpfen. Aber der Bedarf der Machtausübenden an Sündenböcken zwecks Sicherung der physischen und psychischen Macht sowie das Bedürfnis der Unterdrückten, ihrer eigenen Angst vor Strafe Luft zu machen, bereiteten den Boden zur Hexenjagd. Zur großen Zufriedenheit des Klerus konstatierte eine päpstliche Bulle im Jahr 1484, dass es Hexen gab. Die Reformation beendete die Hexenprozesse keineswegs, in Deutschland und Skandinavien war sogar das Gegenteil der Fall. Die Hexenprozesse in diesen Ländern sind auch ein protestantisches Phänomen, für das Luther mitverantwortlich ist, weil er den Glauben an die Hölle und den Teufel – und damit auch den Hexenglauben – noch verstärkte. Luther verschärfte die Angst, indem er die Hölle eindimensionaler machte, ohne Abstufungen durch ein Purgatorium, Freikauf durch Ablasszahlungen oder andere Schlupflöcher.

Ein besonders groteskes Beispiel des oben beschriebenen „dämonischen Dreiklangs" ist der *Hexenhammer* (*Malleus Maleficarum*) von 1486, verfasst von dem gelehrten Dominikanermönch Heinrich Kramer zwei Jahre nach Papst Innozenz VIII. sogenannter „Hexenbulle", die Kramer seinem Werk voranstellte. Sowohl die Bulle als auch der *Hexenhammer* richten sich gegen den sexuellen Umgang mit „Teufeln", der zu Hexerei und allerlei Bösem befähigen soll. Das Buch wurde ein „Bestseller". Bis 1669 wurde es in 28 Auflagen gedruckt und ständig aktualisiert. Der *Hexenhammer* bildete die autoritative und rechtliche Grundlage für die Inquisitionen und Hexenprozesse der folgenden Jahrhunderte. Über die Frau heißt es darin unter anderem:

> Und in *Prover. II*, gleichsam die Frau beschreibend, heißt es: „Eine schöne und zuchtlose Frau ist [nichts anderes] als der goldene Ring in der Nase einer Sau." Der Grund ist ein natürlicher: weil sie sündhafter auftritt als der Mann, wie es

aus den vielen [fleischlichen] Unflätereien ersichtlich ist. [...] Schlecht ist also die Frau von Natur aus. [...] Kommen wir zum Schluss. Alles [geschieht] durch die fleischliche Begierde, die bei ihnen unersättlich ist. *Prov. penult.*: „Drei Dinge sind unersättlich etc. und das vierte, das niemals sagt: genug!, nämlich der Schlund der Gebärmutter." Darum haben sie auch mit Dämonen zu schaffen, um ihre Lust zu stillen (Kramer 2003: 230f., 238).

Kaum eine zweite Geisteshaltung hat sich so tief und stigmatisierend in die Herzen der Menschen einer gesamten Kultur eingebrannt wie die christliche Verdammung des Körpers, des weiblichen Geschlechtes und der Sexualität. Die Sünden- und Bekenntnisreligion, die der Kirchenvater und Bischof Augustinus in Form einer literarischen und dogmatischen Abrechnung mit seinem früheren sinnlichen Leben verbreitet hat, übertrifft sich noch einmal selbst im Pietismus des späten 17. und des 18. Jahrhunderts und in der Erweckungsbewegung des 19. und 20. Jahrhunderts. Paulus' und Augustinus' Geist beherrschen unsere Kultur noch bis zur sexuellen Revolution des letzten Jahrhunderts (und darüber hinaus). Zwischen dem geistigen Vater der letzteren, Dr. Sigmund Freud, und Augustinus besteht eine paradoxe Gemeinsamkeit, nämlich dass beide das Sexualleben als Schlüssel zur Wahrheit und Ursache des inneren Zustandes eines Menschen betrachten.

*

Augustinus blieb im gesamten Mittelalter der wichtigste Theologe. Einer der größten Theologen des Hochmittelalters war Thomas von Aquin (1225–74). Sein Weltbild ist weniger dualistisch als das augustinische, denn er ging eher von Aristoteles als von Platon und Plotin aus. Das Bild der Seele unterscheidet sich bei Thomas jedoch nicht wesentlich von dem Augustinus'. Thomas ist ein Monist, unter anderem weil er das Böse als einen Mangel versteht, als Mittelmäßigkeit und Resultat eines Verfalls. Auf diese Weise entthront er den Teufel, der bei ihm kein absolutes, autarkes Wesen mehr ist, sondern bloß noch ein Unwesen. Während Augustinus dem unruhigen Herzen keine Ruhe gönnt, bevor es das Jenseits erreicht, betont Thomas, dass dies auch schon im Diesseits möglich ist, nämlich durch einen Sinneswandel und ein gutes Herz. Denn im Herzen geschieht die Wiedergeburt. Ein Wandel im Herzen führt zu einer kompletten Erneuerung in Wort und Tat, wie es in einem Hymnus von Thomas heißt: *Recedant vetera, nova sint omnia: et corda et voces et opera*

("Vergehen soll das Alte, erneuern soll sich alles: die Herzen, die Stimmen, die Werke").

Realismus und Monismus Thomas von Aquins hatten jedoch keinen Einfluss auf unser Körperbild. Wir Europäer nahmen weiterhin an, dass allein das platonisch-plotinisch-paulinische Körperbild die christliche Lehre repräsentiere. Vergessen war, dass ursprünglich die Vernunft die höchste platonisch-sokratische Tugend war und dass man die Leidenschaft kontrollieren sollte, um die Vernunft freizusetzen. Das Christentum dagegen machte die Leidenschaft durch das Gebot *fürchte und liebe* zur Königstugend – eine Leidenschaft, die aus zwei entgegengesetzten Extremen besteht, Furcht und Liebe. Zu allem Überdruss war diese zweigeteilte Leidenschaft noch mit einem dreifaltigen Gott verbunden. Da verwundert es nicht, dass manche in ihren schlimmsten Träumen den strafenden Gott mit einem dreiköpfigen Troll aus norwegischen Volksmärchen assoziieren.

Die wesentlichen Charakteristika des mittelalterlichen Menschenbildes werden vom neuzeitlichen Christentum übernommen, wobei Luther als Zuchtmeister und Inspirator des Pietismus gelten kann. Luther trägt in vieler Hinsicht den von Platon und Augustinus begonnenen Prozess der Verinnerlichung in die individualistische Neuzeit hinein. Er macht die Schuld und die Buchführung über alle großen und kleinen Sünden in Wort und Tat zu einer ausschließlich privaten Gewissensfrage. Der Einzelne muss nur vor Gott und vor seinem eigenen Gewissen Rechenschaft ablegen. In der Praxis sieht die anders aus. Die eigentliche Konsequenz aus Luthers Lehre, nämlich ein permanent schlechtes Gewissen, das zu gerechtem Handeln auffordert, wurde schnell zu einer Selbstvergebung im stillen Kämmerlein nach dem Prinzip "Dein Glaube hat dich erlöst", noch dazu mit kirchlichem Segen.

Alles Menschliche hat zwei Seiten; dies gilt auch für das Christentum. Positiv betrachtet repräsentiert es eine geistige Kraft, welche die schöpferischen Energien einer gesamten Kultur in sich sammeln und freisetzen konnte. Einige der größten Kunstwerke der Menschheitsgeschichte sind aus dieser Schöpferkraft entstanden, hinter der Augustinus als wichtigster theologischer Inspirator steht. Die negative Beurteilung seiner Ansichten über Erotik und Sinnlichkeit vom modernen Standpunkt aus soll nicht verschleiern, dass der Kern seiner Theologie trotzdem die aktive und barmherzige Liebe (*caritas*) ist, die die Menschen untereinander und mit Gott versöhnt. Augustinus' Vertiefung in der Liebe als Gottes

Wesen war auch die Grundlage für eine Caritas-Tradition und einen kontemplativen Mystizismus in der europäischen Kultur, wie sie im Hochmittelalter z.B. Bernhard von Clairvaux weiterführt (s. Teil 2). Diese „herzliche" Tradition geht von Augustinus ungebrochen über Bernhard und Luther weiter bis zu Hannah Arendt, deren Frühwerk *Der Liebesbegriff bei Augustin* (1928) mehr als nur den Titel ihres Hauptwerkes *Vita Activa oder Vom tätigen Leben* (1958) inspirierte, in welchem sie das öffentliche und diskursive Handeln, die *vita activa* der Antike, die im Christentum als praktizierte Nächstenliebe verstanden wird, zum Ideal erhebt.

Aus unserer historischen und anthropologischen Perspektive sprengt Augustinus' ruheloses Herz somit den theologischen Rahmen des Mittelalters und wird zum universalen Symbol einer tiefen Empfindung: Es gibt etwas Größeres und Wichtigeres als unser Ego und unser Leben. Öffnet man sich den Werten des Herzens, kann man am Größeren teilhaben. Ein entbranntes Herz inspiriert zur Wahrung unserer individuellen und kulturellen Fähigkeiten – und zur Verwirklichung einer besseren Welt. Ohne Unruhe im Herzen gibt es keinen Frieden auf der Erde.

Genau dieser Zusammenhang kam nach dem letzten Weltkrieg paradigmatisch zum Ausdruck, als Jean Paul Sartre im Herbst 1945 mit seinem Essay *Ist der Existentialismus ein Humanismus?* Furore machte. Sartres Antwort ist ein streng immanenter Existentialismus, der von der freien Entscheidung des Individuums ausgeht und an jeden Einzelnen den Anspruch stellt, sich durch Engagement und Tat sowohl selbst zu verwirklichen als auch Sinn zu stiften. Sartres Immanenz des Subjekts und Augustinus' *cor inquietum*, das in der Transzendenz Ruhe findet, sind nur scheinbar widersprüchlich, denn das ruhelose Herz ist der Auslöser der Selbstüberschreitung des Menschen:

> Der Mensch ruht nicht in sich wie in einer fertigen Wirklichkeit, er wird aus sich herausgetrieben und muss sich immer erst noch verwirklichen. Und was er verwirklicht, ist seine Transzendenz. [...] Transzendenz ist nichts, worin man Ruhe finden könnte, sondern sie ist selbst das Herz der Unruhe, das den Menschen umtreibt (nach Safranski 2001: 398).

Das Größte und Schönste, was Europa erschuf?

Die Kunst des Spätmittelalters und der Renaissance drückt die Essenz der europäischen Kultur aus, bevor die Wissenschaft unser Welt- und Menschenbild bestimmte. Nie wurden in Europa größere Kunstwerke geschaffen als in der Renaissance. Wollten wir das kunstvollste und edelste Motiv bestimmen, das die neu entstehende europäische Kultur auf Grundlage des neutestamentarischen Christentums und der griechischen Antike hervorgebracht hat, so wäre das Liebesmotiv in der Kunst der Renaissance ein würdiger Kandidat. Die Liebe ist die Essenz des Christentums („Aber die Liebe ist die größte unter ihnen"), ähnlich wie es die Darstellung der Leidenschaft in der Zeit von Homer bis Sophokles war. Die Kunst führt uns alle Metamorphosen des Liebesbegriffes seit der Antike vor Augen.

Das Herz, dem wir im Christentum und in der Kunst der Renaissance begegnen, ist ein anderes als das der Antike, wovon unter anderem ein Lieblingsmotiv der Renaissance- und Barockkunst zeugt: Amor und seine Pfeile. Für uns ist es selbstverständlich, dass Amor und die Liebe mit dem Herzen zusammenhängen. Auch in der Antike fühlten die Menschen sicher, wie ihr Herz schneller schlug, wenn sie verliebt waren oder sich liebten, aber sie interpretierten es anders. Philosophie und Kunst stellten damals keine direkte Verbindung zwischen Eros und Herz auf. Selbst ein so spätes Werk wie Platons *Symposion*, der Höhepunkt der antiken Liebesphilosphie, erwähnt das Herz kein einziges Mal. Auch die griechisch-römischen Götter kümmern sich nicht besonders um das Herz. Aphrodite verführt die Menschen mit erotischen Künsten, aber sie rührt nicht ihre Herzen, genau wie ihr römisches Gegenstück Venus. Keine einzige antike Statue der Liebesgöttin zeigt das Herz als Organ der Liebe. Der Jüngling Eros (bei den Römern Amor) wird zwar mit Pfeil und Bogen dargestellt, aber es ist keineswegs sicher, ob er damit auf das Herz zielt. Erst im Hochmittelalter und in der Renaissance ist dies definitiv der Fall.

Darstellungen von Eros mit seinem Bogen, oft gemeinsam mit Aphrodite, sind besonders in der hellenistischen Periode sehr verbreitet. Die Visualisierung des Herzens in der Kunst des Spätmittelalters, der Renaissance und besonders des Barocks ist dagegen neu. Es ist ein großer Sprung von der launischen Aphrodite, die ihr Spiel mit den kämpfenden und liebenden homerischen Helden treibt, bis zu Giovanni Lorenzo Berninis (1598–1680) berühmter Statue der Heiligen Theresa, die in mystischer Ekstase vom Pfeil eines Engels ins Herz getroffen in Ohnmacht fällt. Theresia von Ávila (1515–82) schildert selbst in ihrer Autobiographie, wie der Pfeil mit seiner glühenden Spitze ihr Herz durchbohrt und bis in ihr Innerstes eindringt. Auf dieselbe Weise treffen die Pfeile von

Gottes/Jesu Liebe das Herz des Heiligen Augustinus, setzen es in Brand und entzünden die heilige Glut, wie es auf einem Bild des spanischen Malers Murillo (1618–82) oder einem entsprechenden Gemälde Rubens' von 1620 dargestellt wird. Ein weiteres bekanntes Kunstwerk, das die Symbolik des Herzens in der europäischen Kultur auf den Punkt bringt, ist Henry Holidays *Dante und Beatrice* (1838). Dante muss sich ans Herz greifen, als er auf der Straße zufällig die unerreichbare Beatrice trifft. Mit ihr kann er nur durch eine göttliche Liebe vereint werden, die so groß ist, dass sie die Seelen der Liebenden auf ein Wiedersehen im Jenseits hoffen lässt. Die kordiale Liebe inspirierte Dante zu seiner *Göttlichen Komödie*, ein Schlüsselwerk der europäischen Literatur voller bis heute bekannter Allegorien und Herzmetaphern. In der *Divina Commedia* tritt jedoch die Versöhnung hinter der Verdammnis der Sünder zurück, die Dante in seiner fiktiven Hölle trifft.

Zwischen Eros' oder Amors Pfeilen aus der Antike und den Pfeilen in Augustinus' und Theresas Herzen liegt der Speer, mit dem Jesus am Kreuz hängend gestochen wird. Jesus wird allerdings nicht ins Herz gestochen, sondern in die Seite oder die Bauchhöhle (*phrenes*). Das Herz Jesu wird in der Bibel nicht erwähnt. Im Hoch- und Spätmittelalter, der Renaissance und besonders im Barock, als die Herzsymbolik einen Höhepunkt erfährt, wird dies umgedeutet. Blut und Herz werden nun beinahe identisch. Jesus leidet am Kreuz, aber er wird durch Gottes Liebe erlöst und erlöst selbst die Menschen durch sein Selbstopfer im Geist der göttlichen Liebe. Und unter dem Kreuz liegen Frauen, die Jesus seelisch und erotisch lieben – die beiden Marias. Mutter Maria wurde schon kurz nach der Geburt Jesu prophezeit: „Und es wird ein Schwert durch deine Seele dringen, auf dass vieler Herzen Gedanken offenbar werden" (Lukas 2, 35). Diese Bibelworte stellen die Seele als substantiell und im Herzen sitzend dar. Deswegen wird auch das Leiden im Herzen lokalisiert. Die Mutter leidet aus Mutterliebe und Mitgefühl für ihren Sohn. So wird das Herz in einem langen historischen Prozess allmählich zum Bild und Symbol für sowohl Liebe und Leidenschaft als auch Leid und Mitleid.

Das Herz wird auch zum Symbol dessen, was die Liebe erreichen kann, wenn sie mit anderen und für andere leidet, nämlich Versöhnung und Erlösung. An dieser Stelle soll daran erinnert werden, dass die Theologie (genau wie die Ethik und die Rechtswissenschaft) Versöhnung als „Wiederaufrichtung einer gebrochenen Gemeinschaft" definiert, ob diese Gemeinschaft nun mit einzelnen Mitmenschen, der gesamten Gesellschaft oder im religiösen Sinne mit Gott bestand. Jede menschliche

Gemeinschaft ist von der Integration anderer abhängig, egal ob man diese anderen liebt oder mag. Dies ist der geistige Beitrag des Christentums zur europäischen Kultur, eine Humanisierung durch den Bruch mit der archaischen Ethik der Rache. Viele der größten Errungenschaften europäischer Kunst und Kultur wurden auf Basis dieser Idee und dieses Menschenbildes geschaffen.

*

Das Christentum ist neben der Kunst, den Wissenschaften und der rationellen Reflexion ein Grundpfeiler der europäischen Kultur. Obwohl die christliche (Sexual-)Moral viele Leben verkrüppelt oder zerstört hat, hat das Christentum auch entschieden zu einer humaneren Gesellschaft und mehr Respekt für das Leben beigetragen. Dies ist die historische Wirkung des Gebotes der Nächstenliebe. Kants Moralphilosophie mit ihrem kategorischen Imperativ wäre ohne das Christentum undenkbar. („Und wie ihr wollt, dass euch die Leute tun sollen, also tut ihnen gleich auch ihr." Lukas 6, 31.) Respekt für den einzelnen Menschen und den Anderen, den Nächsten, ist im Christentum eine Vorraussetzung für die eigene Erlösung. Der Appell, seinen Nächsten wie sich selbst zu lieben und die andere Wange hinzuhalten schafft andere zwischenmenschliche Verhältnisse als die primitive „Auge-für-Auge-Ethik", die nach christlichem Verständnis Sünde ist und einen zerstörerischen Teufelskreis mit emotional und sozial verheerenden Folgen auslöst, wie wir fast täglich im Nahen Osten demonstriert bekommen.

Der europäische Individualismus mit all seinen Vor- und Nachteilen ist undenkbar ohne das Christentum als ideengeschichtliche und kulturelle Voraussetzung. Was zählt, ist die Erlösung jedes Einzelnen. Das Mitgefühl und der Respekt für den Einzelmenschen sowie die soziale und rechtliche Stellung des Individuums unterscheiden die Europäer (im Idealfall) von kollektiv orientierten Kulturen wie z.B. der chinesischen. Es war bezeichnenderweise ein Europäer, der den (aus chinesischer Sicht) „Verrückten" fotografierte, der sich während des Studentenaufstandes 1989 auf dem Platz des himmlischen Friedens allein mit seinen unchinesischen Plastiktüten in der Hand vor die Panzerkolonnen stellte, bevor er von seiner Gruppe zurückgezogen wurde und in den Massen verschwinden konnte ohne identifiziert zu werden. In Europa wäre die Identität einer solchen Symbolfigur noch vor dem Ende des Aufstandes bekannt gewesen, ähnlich wie die der Studentin, die 1968 in Paris auf den Schultern eines Mitstreiters saß und eine Trikolore schwang. Sie individualisierte das Kollektive, während die chinesische Kultur das Individuelle kollektiviert. Denn in der chinesischen Kultur sitzt das Herz im Kollektiv; bei uns dagegen schlägt es im und für das Individuum.

Das Verhältnis zwischen Individualität und Kollektiv ist entscheidend für die Überlebensfähigkeit einer Kultur. Die europäische Kultur geriet Ende des letzten Jahrhunderts in eine Krise, weil die gemeinsamen Werte den Individualismus nicht mehr länger in Schach halten konnten, so dass er in Egoismus und Materialismus abglitt. Deswegen ist es interessant zu beobachten, wie der dem Christentum im Geiste nahestehende Islam es schafft, die Individualität unter das allumfassende Allgemeingültige einzuordnen. In vielen arabischen (und anderen) Ländern ist die islamische Religion und ihre heilige Schrift, der Koran, heute noch die wichtigste geistige Kraft. Dies hängt nicht zuletzt mit der Rolle des Herzens im Islam zusammen.

Islam – Die letzte überlebende Herzenskultur?

Liebe und Hass sind nicht blind,
aber geblendet vom Feuer, das sie selber mit sich tragen.
(Nietzsche)

Im Islam ist das Herz emotional, intellektuell und besonders auch geistig so wichtig, dass die islamische Kultur als die ausgeprägteste und vielleicht letzte überlebende Herzenskultur bezeichnet werden kann. Im Islam ist das Herz nicht bloß eine Metapher, sondern ein objektives Organ der sinnlichen Wahrnehmung, der Intuition und Erkenntnis, und nicht zuletzt auch der Inspiration, Offenbarung und der göttlichen Einsicht. Dies unterscheidet den Islam vom Christentum, in dem das Herz der Seele untergeordnet ist und nur eines von mehreren Bildern des Gefühlslebens oder der Seele im Allgemeinen darstellt.

Ein weiterer wichtiger Unterschied zwischen Islam und Christentum erklärt, warum eine der beiden Religionen in der heutigen Welt vitaler und aktueller ist als die andere. Er betrifft das Verhältnis zwischen dem Schöpfer und seinem Werk. Der christliche Gott hat die Welt ein für alle Mal erschaffen; die Schöpfung ist vorbei. Im Islam dagegen dauert sie immer noch an, nicht nur durch Gott selbst, sondern auch durch von ihm inspirierte Vermittler. Im Islam hat Gott an seiner Schöpfung teil, also auch an den Menschen. Das Herz ist der Ort, an dem der Mensch Gott treffen kann, wenn er sich der göttlichen Kraft öffnet, die dort sitzt. Aus diesem Grund heißt es im Koran, dass Gott dem Individuum näher ist als das Individuum sich selbst: „Und wahrlich, Wir erschufen den Menschen, und Wir wissen, was er in seinem Innern hegt; und Wir sind ihm näher als seine Halsschlagader" (Sure 50, 16).

In der arabischen Kultur hat besonders der Sufismus die Auffassung des Herzens zu einer eigenen Lehre und einer besonderen intellektuellen Praxis entwickelt. Aber um den Sufismus zu verstehen, muss man zuerst einige Grundzüge von Mohammeds Lehre und Leben kennen.

Der Islam ist die einzige Weltreligion, die zu Beginn des 21. Jahrhunderts in mehreren Kontinenten starken Zuwachs erfährt, besonders in Afrika und großen Teilen Asiens, aber aufgrund der starken Zuwanderung aus muslimischen Ländern auch in Europa. Die historische Erklärung für die Expansion des Islam ist politisch, heute wie zu Mohammeds Zeiten. Der Islam kann heute für sich beanspruchen, auf der Seite der Unterdrückten zu stehen und so die Gerechtigkeit zu repräsentieren – womit er auch gewalttätige Ausbrüche des heiligen Zornes legitimiert, den viele Araber angesichts der heutigen politischen Situation empfinden. Denn wer seinem Herzen folgt, folgt Gottes Willen, weil die Glut des Herzens im Islam göttlichen Ursprungs ist. Wer Gottes Stimme folgt, braucht keine weitere Legitimation. Der hohe Stellenwert der Emotionen in der arabischen Kultur ist einer der Gründe für die Ausbreitung des Fundamentalismus und religiös motivierter Gewalt im heutigen Islam, was im Westen zu wenig beachtet wird.

Der enge Zusammenhang – beinahe bis zur Identität – zwischen Gott und dem Herzen bekommt im Islam eine andere Form als im Christentum, was vor allem der islamischen Mystik zu verdanken ist. Es ist eine Besonderheit des Islams, dass die Mystiker – allen voran die Sufis – zu einer Erneuerung und Belebung dieser Religion beigetragen und deren institutionelle Versteinerung verhindert haben, während die christlichen Mystiker von ihrer Kirche als Außenseiter oder gar Ketzer betrachtet wurden. Ähnliches geschieht mit dem Sufismus in der heutigen islamischen Welt, was als bedrohliches Zeichen geistiger Stagnation, autoritärer Abriegelung und kollektiver Vereinheitlichung gedeutet werden kann.

Die Grundlage für den hohen Stellenwert des Herzens im Islam ist der starke Einschlag von Offenbarung, Epiphanie und Theophanie in dieser Religion. Der Islam ist in vieler Hinsicht eine Offenbarungsreligion, da er direkt auf den zahlreichen Offenbarungen des Propheten Mohammed (ca. 570–632) aufbaut. Dessen prophetische Mission begann mit mehreren ekstatischen Visionen und göttlichen Eingebungen. Propheten und Engel, besonders der Erzengel Gabriel, erschienen Mohammed. In einem Traum flüsterte ihm Gabriel den Befehl Gottes ein: „Lies!" Mohammed sollte das heilige Wort vorlesen und verkünden. Als er aufwachte, stand ihm Gottes Wort ins Herz geschrieben. So wurde das Herz zum Träger von Gottes Wort und Gottes Geist. Aber erst nachdem Mohammed seine wiederkehrenden Visionen drei Jahre lang für sich behalten hat, beginnt er im Jahr 612 nach einer erneuten Erscheinung und Aufforderung, sie öffentlich zu verkünden – mit großem politischen und religiösen Erfolg.

Doch das war nicht genug. Mohammed musste noch beweisen, dass er ein echter Prophet war. Er sollte gen Himmel fahren und mit einem heiligen Buch zurückkehren, genau wie damals, als Gott sich Moses offenbarte und ihm die zehn Gebote gab. Und so geschieht es während einer neuen Ekstase. Auf seinem Hengst al-Buraq reitet er in den Himmel. Gabriel führt ihn vor Allahs Thron, und Mohammed erfährt aus Gottes Mund, dass er dessen Auserwählter vor allen anderen Propheten ist. Gott gibt ihm den heiligen Koran, in dem die Gesetze stehen. Außerdem bekommt er eine esoterische Einsicht, die er nicht einmal mit den anderen Gläubigen teilen darf. Dadurch wird der Grund für die Mystiker und Sufis bereitet, ihr esoterisches Wissen suchen zu können, ohne mit dem Islam in Konflikt zu geraten.

Der Islam hat eine einfache Botschaft. Das Glaubensbekenntnis ist kurz und bündig: „Ich bekenne, dass es keinen Gott außer Gott gibt, und Muhammad ist sein Prophet." Der Monotheismus war einer der wichtigsten Ausgangspunkte Mohammeds; er richtete sich besonders gegen die polytheistischen nicht-christlichen und nicht-jüdischen Araber seiner Zeit. Am Anfang hoffte Mohammed deshalb noch auf die Unterstützung der Juden. Viele seiner Vorstellungen und mythischen Figuren stammen aus dem Alten Testament; das Judentum war seine erste Inspirationsquelle. So sind Abraham und sein Sohn Ismael die Erbauer der Kaaba, dem größten Heiligtum der Muslime in Mekka, das zum Zentrum des Islams wurde, nachdem Jerusalem aufgrund der Ablehnung durch die Juden nicht mehr in Frage kam. Die Kaaba war schon vor

Mohammeds Zeit eine polytheistische Kultstätte arabischer Stämme, deshalb war seine Wahl des Ortes ein kluger Schachzug zur Errichtung einer arabisch-islamischen Einheit.

Die Buchstabengetreuen bekamen schnell Macht im Islam und haben sie immer noch, wovon die *scharia*, ein streng nach dem Koran ausgerichtetes Strafrecht, in manchen muslimischen Regimes zeugt. Mohammed selbst dagegen ließ eher viel Raum zur Auslegung des Islam. Der Prophet trug selbst dazu bei, indem er seine eigenen Offenbarungen im Nachhinein „korrigierte". Die mündliche Tradition der (angeblichen) Worte des Propheten (*hadith*) gab weiteren Spielraum für Neuinterpretationen und Spekulationen. Sufis oder auserwählte Imame mit göttlichen Einsichten und Fähigkeiten können das Werk des Schöpfers und die Wahrheit in einer neuen Form präsentieren. Auf diese Weise bietet der Islam eine Möglichkeit zu schöpferischer Neuauslegung und neuen göttlichen Offenbarungen, die es in der christlichen und jüdischen Dogmatik nicht gibt. Des Weiteren stellt der Islam keine strengen Anforderungen an seine Anhänger und verspricht für das Jenseits ein luxuriöses Leben in Fleisch und Blut voller irdischer Freuden. Das war Mohammed wichtiger, als die Qualen der Hölle auszumalen. Ein Märtyrer zu werden ist deshalb kein Unglück für die Gläubigen, was viele islamische Gruppierungen durch Mittel wie den heiligen Krieg (*dschihad*) ausnutzen, denn im Jenseits glauben sie den Lohn für ihr Opfer zu bekommen. Ansonsten jedoch verkündigt Mohammed Mäßigung und Barmherzigkeit.

Der Islam erlebte rasch großen politischen Erfolg als Staatsreligion und eroberte im Lauf weniger Jahrzehnte nach Mohammeds Tod den gesamten Nahen und Mittleren Osten sowie Nordafrika. Bald erstreckte er sich von Indien und Persien bis nach Südspanien und von Zentralasien bis zur Türkei. Diese Expansion war auch die Grundlage eines einzigartigen kulturellen Aufbaus, bei dem Kunst und Dichtung eine zentrale Rolle spielten. In der Poesie trafen die persische Sprache und alte persische Traditionen auf die arabische Sprache und ihre Kultur, was in einigen Höhepunkten der Weltliteratur gipfelte: Rumi, Hafiz, Attar, Omar Khayyam, Saadi und Dschami – um nur ein paar davon zu nennen. Der Islam verfügte über eine expansive, lebendige und kreative Sprache, während das christliche Europa noch viele Jahrhunderte lang in totem Latein schrieb. Religion und Poesie trafen sich im Islam besonders im Sufismus, in dem die Qualitäten des Herzens absolut entscheidend sind.

Die Weisheit des Herzens
und das Herz der Weisheit im Sufismus

Über die Geheimlehre einer fremden Kultur (wie den Sufismus) zu schreiben ist, als bitte man einen Automechaniker, die Quantenmechanik zu erklären. Sich über den Sufismus zu äußern, ist eigentlich ein Widerspruch in sich, da er streng genommen eine esoterische, d.h. ausschließlich innere Lehre ist und alles Exoterische (Äußere) ihm wesensfremd ist. Der Sufismus ist keine Theorie über das Innere, sondern eine Praxis *im* Inneren, die sich kaum durch konventionelle Sprache ausdrücken lässt, ohne etwas Anderes zu werden. Der innere Raum ist für die Unwissenden und Unwürdigen nicht zugänglich. Dies gilt für fast alle Arten des Mystizismus, unabhängig von dessen kulturellem Hintergrund. In der islamischen Mystik geht diese elitäre Exklusivität direkt auf Mohammed zurück und legitimiert sich dadurch, dass der Prophet seine esoterische Einsicht direkt von Gott bekam. Besonders die *schia*, die stärker gnostisch ausgerichtete Glaubensrichtung des Islam, betont die esoterische Seite von Mohammeds Lehre und die Notwendigkeit individueller oder innerer Auslegung. Die Hauptrichtung des Islam dagegen, die *sunna* (arabisch „Brauch"), begründet sich auf die althergebrachte Auslegung des Koran. Deswegen bezichtigten die Sunniten anfangs die Sufis, sie seien Schiiten.

Die Muslime behaupten also nicht, dass ihr heiliges Buch die volle und ganze Wahrheit beinhaltet. Es gibt eine Wahrheit, die noch tiefer sitzt als die im Koran verkündete. Die Sufis suchen in einem lebenslangen Lern- und Bildungsprozess und durch meditative Selbstvertiefung und Selbstüberschreitung nach der innersten und letzten Wahrheit, die alle anderen Wahrheiten aufhebt. Keine andere religiöse Gemeinschaft ist so kompromisslos in der Wahrheitssuche. Ein Sufi kann Haus und Heim samt Frau und Kinder verlassen, wenn ihn die Inspiration überkommt und er sich berufen fühlt, den Weg der Wahrheit und Erlösung zu gehen. Die Sufis sind Wanderer.

Ein Sufi ist stets auf der Suche nach (heiligen) Stätten, wo sich das Innere ihm offenbart. Oder nach auserwählten Weisen, die ihm in Gespräch und Diskussion, Meditation und Gebet oder Gesang und Tanz Erleuchtung bringen und die tiefen Erkenntnisse freisetzen, die sich in seinem Inneren hinter vielen Schleiern verbergen, genau wie das kubistische Heiligtum der Kaaba sich unter einem großen schwarzen Brokatschleier verbirgt. Ein Sufi sucht nicht nur die Erleuchtung, sondern auch deren Quelle, um selbst zum Licht zu werden. Sein Ziel ist nicht die Selbstverwirklichung, sondern eher die „Ent-wirklichung", um auf einer höheren Ebene als neuer Mensch aufzuerstehen. Er will nicht das Ego in unserem Sinne stärken, sondern sein Wesen, das losgelöst ist von allen Eigeninteressen, äußeren Bedürfnissen und Begierden. Das Ego ist dabei sein größtes Hindernis. Ein Sufi sucht nach der schöpferischen Kraft, die dem Individuum Integrität gibt, nach dem Allumfassenden, mit dem das Selbst eins werden und in dem es sich auflösen will – mit einem Wort: nach der *Liebe*.

Die Liebe ist nicht nur die kosmische Kraft, die alles erschaffen hat und deshalb ein Synonym für Gott ist. Sie ist auch das Allerinnerste im Menschen, sie erleuchtet das Dasein, führt aus dem Dunkel und weist dem Sufi den Weg. Sie ist das einzige Ziel in sich selbst, denn Liebe ist Gott und Gott ist Liebe. Auf diesem Weg wird der Sufismus zum aktiven Verhältnis zwischen einem Liebenden und dem Geliebten. Nur wer die Liebe in sich selbst liebt, kann Gott erreichen, der sich in den Herzen derjenigen offenbart, die ihn lieben. Deswegen kann ein Liebender eins mit Gott werden. Die Eins-Werdung mit Gott ist das Ziel, der Weg ist die Liebe. Er geht nach innen, weil die Liebe spürbar, physisch und ganz konkret im Herzen sitzt. Von dort strömt sie aus und lässt die Vertiefung und den Aufstieg des Individuums beginnen.

Die anthropologische Grundlage des Sufismus scheint universal zu sein, nämlich dass das Herz zum Herzen spricht. Dies kann auch ohne Worte geschehen. Aber die Sufis gehen noch tiefer und suchen das „Herz des Herzens", d.h. die Einheit mit Gott. Um diese zu erreichen, entwickelten die Sufis eine regelrechte „Herzenswissenschaft". Die Einheit ist das nicht mehr reduzierbare Wesentliche, von dem sich die sündige Welt entfernt hat. Die Eins-Werdung mit Gott war auch der Ausgangspunkt des großen Mystikers al-Halladsch, der in die erste klassische Periode des Sufismus vom 8. bis zum 10. Jahrhundert gehört.

Al-Halladsch (857–922) hob als Erster die Liebe als Voraussetzung für das göttliche Erlebnis und als Weg zu Gott hervor. Er war einer der Ersten, der die esoterische Lehre öffentlich (also exoterisch) verkündete. Deshalb überwarf er sich mit den traditionellen Sufis und bald auch mit den Rechtsgelehrten und Machthabenden. Einige seiner Lehrsätze weisen große Ähnlichkeit mit der Philosophie der Spätantike und Plotins auf. Der Mystizismus (sowohl der europäische als auch der arabische) hat seine Wurzeln nämlich in der Spätantike, als mehrere ekstatische und mystische Bewegungen aufkamen. Neben Plotins Lehre der *unio mystica* hatte auch der damals einflussreiche Manichäismus seine mystische Seite, ebenso wie der Gnostizismus. Selbst Augustinus war von diesem geistigen Klima beeinflusst. Gemeinsam war allen diesen Strömungen ein negatives Körperbild. Für die Neuplatoniker war der Körper das Grab der Seele und moralisch minderwertige Materie. Für viele arabische Asketen und Mystiker war er nur die irdische Hülle der Seele, also ebenfalls minderwertig im Vergleich zum Inneren. Mohammed und der Koran dagegen zeichnen kein so schlechtes Bild des Körperlichen und der Erotik.

Auch al-Halladsch nennt den Körper seine „irdische Hülle", und seine Seele suchte das innere Licht im Dunkel. In Ekstase soll er seine berühmten Worte „Ich bin die schöpferische Wahrheit!" (d.h. Gott) ausgerufen haben. Das war Blasphemie; einige Jahre später wurde al-Halladsch verhaftet und verurteilt. 922 wurde er gefoltert, an den Galgen gehängt und geköpft, bevor man seine Leiche auf dem Scheiterhaufen verbrannte. Sein Martyrium und seine Kompromisslosigkeit machten seine Lehre nur noch bekannter. Allerdings vermieden es die Sufis seitdem möglichst, mit der offiziellen Theologie und Rechtslehre in Konflikt zu geraten. Viele späteren Sufis beriefen sich auf al-Halladsch und seine Worte über das Herz. Hier einige ausgewählte Verse in der Übersetzung von Annemarie Schimmel (1968):

Ich sah meinen Herrn mit des Herzens Auge
Und fragte: „Wer bist Du?" Er sagte: „Du."

Du rinnest zwischen Herzhaut und dem Herzen,
So wie die Tränen von den Lidern rinnen,
Und wohnest im Bewusstsein tief im Herzen,
So wie der Geist wohnt in den Körpern drinnen.
Nichts Regungsloses kann sich jemals regen,
Wenn Du es nicht bewegst, verborgen innen.

Ich bin der, den ich lieb'; Er, den ich liebe
Ist ich - zwei Geister, doch in einem Leibe.
Und wenn du mich siehst, hast du Ihn gesehen,
Und wenn du Ihn siehst, siehest du uns beide.

Diese Eins-Werdung und Identifikation mit Gott drückt aus, dass der Mensch selbst göttlich ist durch die Liebe, die in ihm sitzt. Deshalb ist Gott im Sufismus und im Islam nicht ausschließlich jenseitig. Er existiert auch im Diesseits, verborgen hinter vielen Schleiern in einem Dunkel, das nur die reine und vollkommene Liebe erleuchten kann, indem sich das Göttliche offenbart – als Liebe. All dies geschieht im Herzen und durch das Herz. Das Herz ist weit davon entfernt, nur ein Synonym für die Seele zu sein. Gott offenbart sich dem im Herzen, der ihn liebt. Deswegen ist das Herz im Islam und im Sufismus absolut gegenständlich und essentiell, und nicht nur eine Metapher.

Obwohl der Sufismus ein esoterisches Ziel hat, bekam er im Lauf seiner Geschichte auch eine exoterische oder vermittelnde Seite. Er wurde zu einer Lehre mit verschiedenen Ordensgemeinschaften (*tariqas*), die begnadete Jünger aufnehmen oder auserwählen. Ein Sufi muss jedoch nicht unbedingt einem bestimmten Orden angehören. *Tariqa* bedeutet Weg, gemeint ist der Weg der Eins-Werdung mit Gott. Man geht ihn unter anderem durch Konzentration, Meditation und *dhikr*, eine intensive innerliche Anbetung Gottes, die trance-ähnliche Zustände hervorruft (nicht zu verwechseln mit dem islamischen Pflichtgebet, das nicht dieselbe innerliche Tiefe aufweist). Einzelne wenden auch Askese, Wachen und Fasten an, was manche Sufis jedoch ablehnen. Zu Letzteren gehörte Dschalal ad-Din Rumi, der in der zweiten klassischen Periode des Sufismus im 13. Jahrhundert wirkte. Er huldigte der Musik, dem Gesang und dem Tanz, weshalb er den bekannten Orden der tanzenden Derwische (*Mevlevi*-Orden) gründete. Aber vor allem pflegte er, wie viele Sufis, die Poesie. Die Dichtung war von Anfang an ein wichtiger Bestandteil des Islam und des Sufismus. Viele finden noch heute den Weg zum Islam über die sufische, persische und arabische Dichtung, nicht nur über den Koran.

Weil das Ego mit seinen äußerlichen Zielen oft den Weg zu Gott verstellt, muss der Sufi es überwinden, er braucht eine Neuerkenntnis oder Erfahrung, die ihn auf den rechten Weg bringt. Die Reise zurück zu Gott beginnt, wenn dieser in das Herz seines Dieners schaut und es mit seiner Liebe erfüllt. Dieser Augenblick heißt *tauba*, der Wandel des Herzens. Die Reise der Eins-Werdung mit Gott dauert das ganze Leben lang und ist schmerzvoll, aber auch voller ekstatischer Erlebnisse und selig machender Erkenntnisse, die jeden Zweifel über Ziel und Zweck dieser Reise zerstreuen.

Die berühmteste Schilderung einer solchen Reise sind die *Vogelgespräche* von Farid ud-Din Attar (1120–1230!), ein Höhepunkt der persischen Mystik und der Weltliteratur. Das allegorische Werk erzählt, wie ein riesiger Schwarm aus allen Vogelarten der Erde loszieht, um ihren großen

König Simurgh zu finden. Ihr geistiger Führer ist der Wiedehopf. Als Verkörperung eines weisen Sufi fordert er die Vögel auf:

> Legt eure Furchtsamkeit, euren Eigendünkel und euren Unglauben ab, denn wer seinem eigenen Leben keine große Bedeutung beimisst, der wird von sich selbst befreit; auf dem Wege seines Geliebten erlangt er Befreiung von Gut und Böse. Geht großzügig mit eurem Leben um. Setzt eure Füße auf den Weg und strebt freudig und raschen Schrittes dem Hof des Königs entgegen (übers. M. Zerbst 1988).

Sie fliegen durch sieben mystische Täler, durch Wüste und Wildnis und treffen auf allerlei Schwierigkeiten und Versuchungen. Die meisten geben unterwegs auf oder sterben, nur dreißig (*si*) Vögel (*murgh*) bestehen alle Proben und kommen durch. Sie dürfen in das Königsschloss eintreten, wo sie Frieden und Schönheit erwartet. Ein gewaltiger Glanz durchdringt sie und wird in ihrem glühenden Innern reflektiert, so dass sie nicht mehr zwischen Innerem und Äußerem, zwischen ihrem eigenen Glanz und dem Simurghs (oder Gottes) unterscheiden können. Nachdem sie endlich zu sehen bekommen, was sich hinter Simurghs tausend Schleiern verbirgt, müssen sie erkennen, das sie selbst das Ziel ihrer Reise waren und dass sie eins mit Gott sind:

> Die Sonne ihrer Majestät sandte ihre Strahlen aus, und ihre Seelen erglänzten, und im Widerschein ihrer Gesichter erschauten diese dreißig Vögel (si-murgh) der äußeren, sichtbaren Welt den Simurgh der inneren, unsichtbaren Welt. Das stürzte sie so in Erstaunen, dass sie nicht mehr wussten, ob sie noch sie selbst waren oder ob sie zum Simurgh geworden waren. Schließlich erkannten sie in einem Zustand der Betrachtung und Versenkung, dass sie der Simurgh waren und dass der Simurgh die dreißig Vögel war. Wenn sie den Simurgh betrachteten, sahen sie, dass sie wirklich den Simurgh vor sich hatten; und wenn sie ihre Blicke auf sich selbst richteten, erkannten sie, dass sie selbst der Simurgh waren. Und als sie beide gleichzeitig wahrnahmen, sich und ihn, wurde ihnen gewiss, dass sie und der Simurgh ein und dasselbe Wesen bildeten.

In der modernen westlichen Welt haben besonders der Religionsforscher Henry Corbin und die Orientalistin Annemarie Schimmel zum gegenseitigen Verständnis der Kulturen beigetragen und uns Einsicht in den schöpferischen Kern der arabischen und islamischen Kunst und Kultur gegeben. Von Schimmels zahlreichen Werken seien hier nur *Die Zeichen*

Gottes. Die *religiöse Welt des Islam* (1995) und *Mystische Dimensionen des Islam. Die Geschichte des Sufismus* (1985) genannt. Corbin erklärt den Stellenwert des Herzens bei den großen Künstlern, Dichtern und Denkern der islamischen Kulturgeschichte unter anderem in *L'imagination créatrice dans le soufisme de Ibn Arabi* („Die kreative Imagination im Sufismus des Ibn Arabi", 1958).

Bei dem andalusischen Mystiker und Dichter Ibn Arabi (1165–1240) ist das Herz Sitz der schöpferischen Imaginationskraft, es denkt in Bildern. Es ist ein Organ der sinnlichen *und* geistigen Erkenntnis und kann nicht vom physischen Herzen getrennt werden:

> Das Herz (*qalb*) ist bei Ibn Arabi, wie auch im Sufismus im Allgemeinen, das Organ, das echtes Wissen, intuitives Verständnis sowie die Erkenntnis Gottes (*ma'rifa*) und der göttlichen Mysterien hervorbringt. Kurz, es ist das Organ all dessen, das unter den Begriff „esoterische Wissenschaft" fällt. [...] Das Herz des Gnostikers ist das „Auge", das Organ, durch das Gott sich selbst erkennt und sich selbst in Gestalt seiner Epiphanien offenbart (Corbin 1958: 164f., übers. F.Z.).

Die Quelle dieser göttlichen Imagination heißt auf Arabisch *himma*, was man mit „Schöpferkraft des Herzens" übersetzen kann. Das Besondere an den Bildern aus der *himma* des Herzens ist, dass sie sich nicht auf subjektive Empfindungen oder „bloße Bilder" reduzieren lassen. Es sind lebendige, objektive Bilder und als solche vergleichbar mit der Stimme des *daimonion*, das Sokrates mit sich trug und das ihn inspirierte. Ein inspiriertes Individuum wird zum Medium dieser Bilder. Wenn die *himma* sie einmal empfangen und entwickelt hat, existieren diese Bilder auch außerhalb der kontemplativen Imagination, die sie lediglich vermittelt hat. Die Bildlichkeit wird hier also nicht subjektivistisch begriffen, sondern als objektiv und wirklich, ja sie macht das geistige Leben erst möglich und wirklich. Die *himma* des Herzens ist ein visionäres und reflektierendes Organ. Sie spiegelt und manifestiert die Quellen der Inspiration und die verschiedenen Ebenen des Daseins, von der materiellen bis zur göttlichen (vgl. Neuplatonismus und Gnostizismus).

Es ist unmöglich, über Sufismus zu reden, ohne Dschalal ad-Din Rumi (1207–73) zu erwähnen. Seine Gedichte haben enormen Einfluss auf die islamische und arabische Kultur gehabt (obwohl er auf Persisch schrieb) und den Islam insgesamt belebt. Rumi war ein renommierter Rechtsgelehrter mit vielen Schülern im anatolischen Konya, bis eine

Begegnung sein Leben veränderte. Im Oktober 1244 kam ein wandernder Derwisch nach Konya, der über sechzigjährige Schams aus Tabriz. Rumi geriet in dessen Bann und wurde sein Schüler. Aber Rumis Studenten waren eifersüchtig auf Schams und wollten ihn vertreiben. Möglicherweise wurde Schams Opfer eines Meuchelmordes. Rumi war untröstlich und verfasste eine Sammlung mystischer Gedichte, die den Namen seines Freundes trägt: *Diwan-i Schams-i Tabriz* („Der Diwan von Schams von Tabriz"). Sie handelt von Liebe und Sorge – oberflächlich von der irdischen Liebe, in Wirklichkeit aber von der göttlichen. Dasselbe gilt für sein Hauptwerk *Mathnawi* (arabisch für „Doppelvers", auch unter seinem persischen Namen *Mesnevi* bekannt), ein großes mystisches Epos in über 26.000 Versen. Es befasst sich mit Korantexten und islamisch-sufischen Traditionen wie Fabeln, Legenden und Motiven aus der volkstümlichen Erzählkunst des Orients und des inneren Mittelmeerraumes mit starkem persischen Einschlag.

Rumi war der Gründer des schon früh im Westen bekannten Ordens der tanzenden Derwische. Damit stand er ebenfalls in einer langen persischen Tradition, in der ekstatischer Tanz, sakrale Musik und Poesie von Anfang an zum Sufismus gehörten. Hier sei besonders betont, mit welch leidenschaftlicher Glut und poetischer Kraft ohnegleichen Rumi die göttliche Liebe lobpreist, oft in Anlehnung an al-Halladsch. „Ohne Liebe wäre die Welt nicht beseelt" (*Mathnawi* V, 3844).

Rumis Weltbild ist von Platon und Plotins Neuplatonismus beeinflusst; er stellt sich ein Dasein auf verschiedenen Ebenen vor. Der Mensch kann wie auf einer Leiter von der materiell-vegetativen Sprosse bis zur animalisch-menschlichen aufsteigen, wo ihm Vernunft und Glaube gegeben werden. Schließlich wird er zum Engel, um danach die oberste Sprosse, die göttliche Einheit zu erreichen. In Rumis Bilderreichtum findet sich unter anderem die bekannte Vorstellung, dass der Mensch nur ein Tropfen im Weltmeer ist, das für Gott steht. Sobald jedoch dieser Tropfen im Meer aufgelöst wird, wird er selbst Teil des Göttlichen. Rumi geht sogar noch weiter und behauptet, dass der Mensch eine Voraussetzung für die Existenz des Göttlichen sei:

> Mein Bild bleibt im Herzen des Königs. Das Herz des Königs wäre krank ohne mein Bild. [...] Das Licht des Geistes entspringt aus meinem Denken. Der Himmel wurde wegen meiner ursprünglichen Natur geschaffen. Ich besitze das geistige Königreich (*Mathnawi* II, 1157ff., nach Eliade 2002–III: 146).

Mit Gedichten, Gesang und Tanz, begleitetet von einer Rohrflöte, suggeriert er das ekstatische Erlebnis, durch das er mit seinem Ursprung eins wird. Die Rohrflöte selbst ist ein lebendiges Bild, Rumi lässt sie in der Einleitung des *Mathnawi* von den Ursprüngen der Musik erzählen und von den Sehnsüchten, die sie erweckt (übers. Schimmel 1994):

> Kein Hauch, nein Feuer sich dem Rohr entwindet –
> Verderben dem, den diese Glut nicht zündet!
> Der Liebe Glut ist's, die ins Rohr gefallen,
> Der Liebe Brausen lässt den Wein nur wallen.
> Die Flöte – der Getrennten Freundin sie –
> zerreißt die Schleier doch die Melodie!

Das Feuer der Liebe besingt Rumi auch in seinen zahlreichen *Ghaselen* (Liebesgedichten). Und wieder ist das Herz das kleine Universum, in dem sich das große spiegelt: „Ich sah ins Herz, es war ein Meer, ein Raum der Welten." Die Gottesliebe, die alles schöpferisch durchströmt, huldigt der Dichter in seinem *Ghasel*, hier in Friedrich Rückerts klassischer Übersetzung von 1819:

> Zum Himmel tu' ich jede Nacht den Liebesruf,
> Der Schönheit Gottes voll, mit Macht den Liebesruf.
> Mir jeden Morgen Sonn' und Mond im Herzen tanzt,
> Zu Sonn' und Mond tu' ich erwacht den Liebesruf.
> Auf jeder Au erglänzt ein Strahl von Gottes Licht;
> Ich thu' an Gottes Schöpferpracht den Liebesruf.
> Die Turteltaub' im Laub, erweckt von meinem Gruss,
> Tut mir entgegen girrend sacht den Liebesruf.
> Dem Felsen, der zu deinem Preis mit Licht sicht krönt,
> Zuruf' ich, und er nimmt in Acht den Liebesruf.
> Dir tu' ich für die Blum' im Feld, die schüchtern schweigt,
> Für's Würmlein, das du stumm gemacht, den Liebesruf.
> Das Weltmeer preist mit Rauschen dich, doch ohne Wort;
> Ich hab' in Worte ihm gebracht den Liebesruf.
> Dir tu' ich als das Laub am Baum, als Tropf im Meer,
> Dir als der Edelstein im Schacht, den Liebesruf.
> Ich ward in allem alles, sah in Allem Gott,
> Und tat, von Einheitsglut entfacht, den Liebesruf.

In der heutigen westlichen Kultur ist es eine ungewöhnliche Vorstellung, dass das Herz einsichtsvoll, reflektierend und aktiv schöpferisch sein soll. Diese Funktionen und Fähigkeiten hat bei uns voll und ganz das Gehirn übernommen. Aber zu anderen Zeiten und in anderen Kulturen war und ist dies nicht der Fall. Die Einsichten und Bilder, die das Herz geben kann, sind vielseitig und von der jeweiligen Kultur abhängig, in der sie entstehen. Es mahnt zur Toleranz, dass unterschiedliche Bilder auch unterschiedliche gedankliche Welten erschaffen, die jeweils auf ihre Art und Weise wahr oder gültig sind. Darüber kann uns der große andalusische Mystiker des Herzens Ibn Arabi belehren, der in einem toleranten islamischen Staat in einem multikulturellen Europa den *Dolmetsch der Sehnsüchte* schrieb, aus dem folgende Verse stammen (übers. Schimmel 1982):

> Mein Herz ward fähig, jede Form zu tragen:
> Gazellenweide, Kloster wohlgelehrt,
> Ein Götzentempel, Kaaba eines Pilgers,
> Der Tora Tafeln, der Koran geehrt:
> Ich folg' der Religion der Liebe, wo auch
> Ihr Reittier zieht, hab' ich mich hingekehrt!

Laut Ibn Arabi ist das Herz also keineswegs ewig gleich, wie Sigrid Undset behauptet, sondern ein offener Kommunikationskanal. Damit ist es auch für ideologische Strömungen aller Art – religiös oder politisch – empfänglich und kann im negativen Fall mit Vorurteilen gefüllt und für den offenen Dialog mit dem Fremden verschlossen werden. Sobald dies geschieht, stirbt das Herz und mit ihm der offene Dialog. Denn nur Individuen haben ein Herz, nicht aber Gruppen oder Gesellschaften. Ein Kollektiv kann zwar starke gemeinsame Gefühle erzeugen, aber die Leidenschaft einer in sich geschlossenen Gruppe ist exkludierend und stempelt schnell „die Anderen" zum Feind ab. Dann füllt nicht mehr die integrative göttliche Glut, über die Ibn Arabi schreibt, das Herz, sondern eine fixe Leidenschaft, die säkulare Angelegenheiten mit göttlichen verwechselt. Heute mahnt Ibn Arabis Stimme auch die islamische Kultur, sich nicht kollektiv zu verschließen.

Ibn Arabi formuliert einen Leitgedanken dieses Buches in poetischer Form: Das Herz ist ein Bild oder Symbol, durch das körperliche und geistige Empfindungen und Zustände sprachlich vermittelt werden. Als solches kann es beliebig mit Bedeutungen gefüllt werden. Es ist wie alles

Menschliche (auch das, was wir als göttlich bezeichnen) Subjekt menschlicher Konstruktionen. Keine Kultur weiß besser als die arabische, dass das Göttliche an sich – verborgen hinter tausend Schleiern – dem Menschen nicht zugänglich ist und sich nicht in Worte fassen lässt. In dem Augenblick, wo wir dies versuchen, kommt wieder nur Menschliches zum Ausdruck. *Alles Vergängliche ist nur ein Gleichnis*, wie Goethe am Ende von *Faust II* ganz im Geiste der islamischen Mystik schreibt. Fundamentalisten, die vom heiligen Krieg und Märtyrertod reden, sind im Grunde Blasphemisten, denn in einer monotheistischen Religion kann kein anderer als Gott selbst entscheiden, wer erlöst wird oder wer das erreicht, was wir als Himmel oder Hölle bezeichnen. Auch Letztere sind nur Metaphern für archetypische Vorstellungen von Dingen, die anders sind, als sich ein Mensch je vorstellen kann – *totaliter aliter*, wie es in einer mittelalterlichen Legende heißt.

Die weisen Worte der arabischen Mystiker passen als Aufruf zur Toleranz in einer Zeit, in der politische Umstände die Verständigung zwischen europäischer, jüdischer und arabischer Kultur trotz ihrer eng verwandten monotheistischen Religionen erschweren. Deshalb ist es angemessen, dieses Kapitel mit einer Erinnerung daran abzuschließen, wie sehr die arabische Kultur die europäische beeinflusst hat.

Arabische Einflüsse auf die europäische Kultur

Nach dem Untergang des Römischen Reiches waren es die Araber, die die griechische Philosophie und Wissenschaft bewahrten und weiterentwickelten. Große arabische Philosophen und Lehrer waren u.a. Ibn Sina (980–1037, auch Avicenna genannt), der Vater der modernen Medizin, und Ibn Rushd (1126–98, auch Averroës genannt). Letzterem ist es aufgrund seiner Übersetzungen und Kommentare hauptsächlich zu verdanken, dass Aristoteles zum wichtigsten Philosophen des christlichen Hochmittelalters wurde, auf dem Thomas von Aquin und andere aufbauten.

Die arabische Kultur war jedoch mehr als nur ein Vermittler der antiken Philosophie und Wissenschaft; sie leistete viele wertvolle eigene Beiträge zur Entwicklung der europäischen Kultur. Auch die arabische Mystik wurde an die Europäer vermittelt, ebenso die Alchimie. Dieser Einfluss währte bis in die Spätrenaissance, als Mystik und Alchimie eigenständige geistige Bewegungen waren, die im Zusammenhang mit der *sophia*-Tradition standen. Diese Tradition, die ihre Wurzeln im Gnostizismus und der spätantiken Mystik hat, lokalisiert den Ursprung des Wissens und damit auch der Philosophie im Herzen. *Sophia*, die Weisheit, galt in dieser Tradition als Frucht des Herzens und wurde allegorisch als Blume dargestellt, die aus einem Herzen erwächst, oder als dort entspringende Quelle, aus der man trinkt. Die Rose und die Blüte waren auch in der arabisch-sufischen Kunst bedeutende Symbole des Herzens.

Viele Gründe sprechen dafür, dass das muslimische Südspanien eine wichtige Station zwischen den Kulturen der Antike und Europa war. Die islamische Kultur hatte großen Einfluss in Südspanien und Andalusien, wo sie bis ins späte 13. Jahrhundert bestand, als die maurische Herrschaft nach und nach den christlichen „Rekonquistadoren" weichen musste. Das arabische Granada mit seinem blühenden Kunst- und Kulturleben bestand sogar bis 1491, als der Sultan vor den Truppen Isabelles und Ferdinands kapitulierte und kampflos abzog, damit die prächtige Alhambra und ihre wunderbaren Gärten für die Nachwelt erhalten bleiben würden.

Das arabische Andalusien war ein Höhepunkt arabischer *und* europäischer Kultur. In Córdoba, wo u.a. Averroës lebte, gedieh das wahrscheinlich reichste Geistesleben aller europäischen Städte dieser Zeit. Hier erlebte die griechische Antike eine Renaissance – mehrere hundert Jahre vor dem Beginn der Renaissance im restlichen Südeuropa. Über Andalusien gelangten nicht nur Impulse aus der griechischen Philosophie und Wissenschaft, der Mystik und der Alchimie nach Europa. Mindestens genauso wichtig war der arabische Einfluss auf die europäische Mentalität und das Gefühlsleben. Neue Liebesideale verbreiteten sich von Andalusien über Okzitanien und Südfrankreich über die Dichtung der Trobadors.

Die Araber sind nach den Griechen die anspruchsvollsten Liebhaber der europäischen Kulturgeschichte. Jeder kennt diese Aura aus den charmanten und stimmungsvollen Geschichten aus *Tausendundeiner Nacht*. Die Nacht war die Zeit der gewagten erotischen Abenteuer. Humor, Gespräche mit subtilem Doppelsinn, Musik und Mystik, Essen und ästhetische Freuden waren Teil der arabischen Liebeskunst. Seidengekleidete Frauen mit Schleiern und leicht bekleidete Bauchtänzerinnen sind nur ein äußerer, klischeehafter Ausdruck dieser Tradition. Das Spiel mit der Verschleierung demonstriert im Übrigen den Unterschied zwischen europäischer und arabischer Kultur. Wir betrachten Verschleierung als Ausdruck der Sittlichkeit, die Araber betrachten sie als Kunst und Tugend. Wir lieben das Äußerliche, sie das Verborgene.

Es gab viele Liebesdichter in der Welt des frühen Islam. Die Frauen der Oberklasse umgaben sich mit hofierenden Musikern und singenden Poeten. „Wer die Leidenschaft der Liebe nicht kennt, ist zu nichts gut", proklamierte Ibn al-Ahnaf (auch Abbas genannt, gest. nach 808), der Hofdichter des Kalifen Harun ar-Raschid (bekannt aus *Tausendundeiner Nacht*). Hier finden wir auch die Vorbilder der Trobadors. Das Wort *trobador* (im Nordfranzösischen *trouvère* und später als Oberbegriff Troubadour) kommt möglicherweise vom arabischen *tarab*, was „Musik" bedeutet. Der erste okzitanische Trobador, Wilhelm von Aquitanien (1071–ca. 1126) hatte nicht nur kriegerischen Kontakt mit Südspanien. Der Liebesbegriff bei Wilhelm ist u.a. von dem des Dichterphilosophen Ibn Hazm (994–1064) aus Córdoba beeinflusst, dessen Liebesdichtung *Das Halsband der Taube* weit verbreitet war. Trotz oder gerade wegen einer unglücklichen Liebe lobpreiste Ibn Hazm alle Seiten der Erotik. Er wollte die Liebe zum Wichtigsten im Leben erheben, sie war für ihn verpflichtend wie für einen Romantiker. Dieses Ideal sowie die Ähnlichkeit im Bild des Herzens zwischen der arabischen Kunst und der Lyrik der Trobadors werden jedem auffallen, der Gedichte aus diesen beiden Herzenskulturen liest. Die arabische Poesie bot schon im Mutterland ausreichend Vorbilder. Ein früher arabischer Poet der höfischen Liebe war Abu Bakr Muhammad Ibn Daud aus Basra (gest. 909), der mit seinem *Buch der Blume* eine der ersten erotischen Anthologien auf Arabisch verfasste. Ibn Daud gehörte derselben Sekte an, der sich Ibn Arabi später anschloss. Nach seinem Vorbild entstanden in Andalusien ähnliche Sammlungen, z.B. Ibn Farag al-Gayyanis (gest. 977) *Buch der Gärten*, ein für das Genre repräsentativer Titel, der auf spätere Werke wie Saadis (gest. 1291) *Rosengarten* (*Gulistan*) hinweist. In der persisch-arabischen Liebesdichtung ist die Symbolik der Liebe zu Gott und die der Liebe zu einer Frau oft dieselbe, und die weibliche Natur der Seele gehört zu den Mysterien der Liebe.

Das Ausmaß des Einflusses, den die arabische Kultur von Südspanien aus auf die Entwicklung entscheidender Charakteristika der europäischen Kultur ausübte, ist immer noch nicht voll erkannt. Kein Ideenhistoriker bestreitet die Vermittlerrolle Averroës' und anderer arabischer Philosophen und Wissenschaftler, aber was die Herzenslehre der arabischen Kultur dem europäischen Herzen zu sagen hatte, ist weitgehend unerforscht. Dies gilt auch für den Einfluss des Sufismus im Allgemeinen. Die Wege der Geschichte sind oft unergründlich und paradox. Der Schmetterlingseffekt macht sich auch in der Geschichte bemerkbar, in der kleine Ursachen große Wirkungen haben können und ein einziges Wort einen Samen aussäen kann, aus dem eine ganze Kultur erwächst. Dies gilt nicht zuletzt den Kulturen des *Wortes*, wie der islamisch-arabischen und der christlich-europäischen. Genau wie der Koran nicht ohne die Bibel entstanden wäre, wäre auch die europäische Kultur ohne den arabischen Einfluss nicht das geworden, was sie heute ist.

Doch die nächsten Verwandten sind oft die schlimmsten Feinde. Über tausend Jahre lang war das Verhältnis zwischen der christlich-europäischen und der islamisch-arabischen Kultur von Feindschaft getrübt. Erst im 17. und besonders im 18. Jahrhundert veränderte sich im Zuge der Aufklärung das Verhältnis des Westens zur arabischen Kultur. Der Koran wurde in viele europäische Sprachen übersetzt und die Klassiker der persischen und arabischen Dichtung wurden auch im Westen bekannt.

Wenden wir nun den Blick nach Deutschland, so sind vor allem Leibnitz, Lessing und Herder als diejenigen zu nennen, die sich bemühten, dem Islam im Sinne einer humanen, aufgeklärten Gesinnung Gerechtigkeit widerfahren zu lassen (Mommsen 2001: 18).

Im 19. Jahrhundert inspirierte der romantisch-schwärmerische Orientalismus Höhepunkte in Kunst, Literatur und Musik. Goethe machte den Islam, den Koran, Mohammed und die persisch-arabischen Dichter zu seiner Herzenssache. 1816 schrieb er in Ankündigung seines *West-östlichen Diwan*: „Der Dichter [Goethe] lehnt den Verdacht nicht ab, dass er selbst ein Muselman sei." Dieses Werk zeugt von Goethes tiefem Verhältnis zum Islam. Ein *diwan* ist in der arabisch-persischen Kultur eine Gedichtsammlung; Goethes Titel bezieht sich unter anderem auf Werke Rumis (*Diwan-i Shams-i Tabriz*, s.o.) und seines persischen Lieblingsdichters Hafiz (Muhammad Schams ad-Din, 1326–1390), der ebenfalls einen *diwan* mit mystisch inspirierter Liebeslyrik verfasste. Es überrascht kaum, dass die Liebessymbolik der arabischen Literatur Goethe ansprach, besonders das Herz und die Rose, ein Hauptmotiv vieler klassischer arabischer Dichtungen wie Saadis *Rosengarten*, der Goethe ebenfalls wohlbekannt war. Die Flamme der göttlichen Liebe preist Goethe in dem viel zitierten Gedicht *Selige Sehnsucht*, wobei er ein Motiv al-Halladschs verwendet und auf dessen Märtyrertod anspielt:

> Sagt es niemand, nur den Weisen,
> Weil die Menge gleich verhöhnet,
> Das Lebend'ge will ich preisen,
> Das nach Flammentod sich sehnet.
> [...]
> Und solang du das nicht hast,
> Dieses: Stirb und werde!
> Bist du nur ein trüber Gast
> Auf der dunklen Erde.

Auch *Talismane* (ebenfalls aus dem *West-östlichen Diwan*) drückt Goethes Liebe und geistige Nähe zur islamischen Kunst und Kultur aus:

> Gottes ist der Orient!
> Gottes ist der Okzident!
> Nord- und südliches Gelände
> Ruht im Frieden seiner Hände.

Goethes Wunsch, zwischen den beiden aus demselben Urgrund entsprungenen Kulturen Brücken zu bauen, verkündet das genaue Gegenteil von Rudyard Kiplings fast hundert Jahre später entstandener *Ballad of East and West*: „Oh, East is East, and West is West, and never the twain shall meet" („Oh, Ost ist Ost und West ist West, und niemals treffen sich die beiden"). Aus Kiplings Feder stammt nicht nur das beliebte *Dschungelbuch*, sondern auch das kulturimperialistische Credo des Abendlandes *The White Man's Burden*. Goethe hingegen wirbt für ein anderes Mittel gegen den Kampf der Kulturen, nämlich dass sich die Herzen der Menschen ihrem gemeinsamen Ursprung öffnen und über politische, religiöse und ethnische Grenzen hinweg zueinander sprechen (aus *Zahme Xenien* VIII):

> Nur wenn das Herz erschlossen,
> Dann ist die Erde schön.

*

Der arabische Einfluss auf die europäische Kultur sprengte die Grenzen Europas indirekt auch durch die Entdeckungsfahrten der Europäer um das Jahr 1500 herum, die den Grundstein für ein weltumspannendes

Kolonialreich legten. Denn die Rolle der Araber als Vermittler und Weiterentwickler des wissenschaftlichen Erbes der griechischen Antike war eine Voraussetzung für die wissenschaftliche Revolution und das neue Weltbild der Renaissance, die wiederum Voraussetzung für die koloniale Expansion der europäischen Kultur in der frühen Neuzeit waren. Die Entdeckungsfahrten in die Neue Welt gingen rasch in Eroberungszüge und die Plünderung fremder Kulturen über. Es ist vielleicht kein Zufall, dass die arabisch beeinflussten Spanier die führende Rolle in dieser explosiven Eroberungswelle spielten. Nirgendwo war diese Eroberung so brutal wie in Mittel- und Südamerika, wo die Spanier innerhalb weniger Jahre Hochkulturen in Schutt und Asche legten. Einer der Gründe, die sie zu ihrer Rechtfertigung vorbrachten, war das weitverbreitete Menschenopfer, dessen Zeuge sie u.a. bei den Azteken wurden. Hunderten von Menschen bei lebendigem Leib das Herz herauszuschneiden, kam ihnen so bestialisch und herzlos vor, dass sie es für recht hielten, die aztekische und andere Kulturen dem Erdboden gleichzumachen. 1531 konnte der Bischof von Mexiko kundgeben, dass über 500 Tempel und 20.000 Götzenbilder in seinem Bistum zerstört worden waren. Auch fast die gesamte aztekische Literatur – sowohl die weltliche als auch die sakrale – wurde vernichtet und somit das kollektive Gedächtnis einer Hochkultur ausgelöscht. Es fragt sich, welche der beiden Kulturen herzloser war. Mäße man dies an der Zahl der Todesopfer, wäre die Antwort deutlich. Die Azteken wurden im 16. Jahrhundert fast ausgerottet. Darüber hinaus starben viele Ureinwohner an von den Spaniern eingeführten Epidemien oder an den Folgen innerer Demoralisierung. Es besteht kein Zweifel, wer für den Untergang der mittelamerikanischen Hochkulturen verantwortlich war. Aus unserer kulturvergleichenden Perspektive wirft dies viele Fragen auf. Hier trafen zwei Kulturen aufeinander, in denen das Herz auf ganz unterschiedliche Weise im Zentrum stand. Im Christentum mit seinen semitischen Ursprüngen symbolisiert das Herz das Leiden und die Liebe, die in Form der Nächstenliebe das wichtigste christliche Dogma repräsentiert. Deswegen sollten Christen anderen Völkern gegenüber tolerant sein und den Bibelworten folgen: „Da nicht ist Grieche, Jude, Beschnittener, Unbeschnittener, Ungrieche, Scythe, Knecht, Freier, sondern alles und in allen Christus" (Kolosserbrief 3, 11, vgl. Galaterbrief 3, 28). Dieses moralische Prinzip wurde jedoch bei der Begegnung mit dem Fremden in Mexiko beiseite geschoben, denn dort hatten das Herz und der Opfertod eine andere Bedeutung und eine andere Funktion als im christlichen Europa.

Einer der wenigen Europäer, die dieses Paradoxon seinerzeit erkannten und sich schon im 16. Jahrhundert fragten, ob die Eingeborenen der fremden Kontinente oder die christlichen Europäer die Herzloseren waren, ist der Essayist Michel de Montaigne, dem weiter unten ein eigenes Kapitel gewidmet ist. Er ist überraschend modern, wenn er das Fremde als Spiegel der eigenen Kultur benutzt. In seinem Essay *Über die Menschenfresser* fragt er, was schlimmer sei: Gefangene zu töten und zu essen, wie es angeblich einige brasilianische Indianer taten, oder sie zu foltern, bis sie an ihren Qualen sterben, wie es die spanischen Konquistadoren taten – und auf bestialische Weise auch Montaignes eigene Landsleute während der Bürgerkriege seiner Zeit.

Montaigne lebte in einer Zeit, in der gegenseitiger kultureller Einfluss zu einem weltweiten Phänomen wurde, ähnlich wie es im Mittelmeerraum schon immer der Fall gewesen war. Weil aber diese Globalisierung (wie es heute heißt) seit 500 Jahren hauptsächlich eine einseitige Beeinflussung fremder Kulturen durch unsere eigene ist, sind Montaignes Fragen immer noch aktuell. Kaum eine andere Kultur stellt unsere Fähigkeit und unseren Willen, „die Anderen" und das Fremde zu verstehen, so sehr auf die Probe wie die aztekische mit ihren furchtbaren Aspekten. Ob wir diese Probe bestehen, hängt zum großen Teil davon ab, ob wir das aztekische Bild des Herzens verstehen können oder nicht. Sie ist genauso eine Auseinandersetzung mit uns selbst – und mit der globalen Verantwortung der europäischen Kultur. Je kleiner die Welt wird, desto wichtiger wird das Verständnis fremder Kulturen. Aus diesem Grund verlassen wir kurz die Kultur unserer Ahnen und nahen Verwandten aus Europa, dem Mittelmeerraum und dem Nahen und Mittleren Osten für einen Abstecher zu der letzten mittelamerikanischen Hochkultur.

Die Azteken – Warum so herzlos?

Die aztekische Kultur etablierte sich im 13. und erlebte ihren Höhepunkt im 15. Jahrhundert. Die Azteken übernahmen viele Elemente aus früheren mittelamerikanischen Kulturen, als sie von Norden her nach Mexiko einwanderten. Vieles lässt sich mehrere Jahrhunderte zurückverfolgen. Eine Gemeinsamkeit der mittelamerikanischen Hochkulturen sind zeremonielle Orte mit Tempeln und Pyramiden, um die Städte und administrative Zentren entstanden. In den Ursprungsmythen der Azteken, ihrer Kosmologie und der darauf aufbauenden Religion bestimmen die Sonne und astronomische Zyklen das Leben auf der Erde. Grundgedanke dieser Religion ist, dass die Welt sich ständig bewegt und verändert, dass sie grundsätzlich *instabil* ist. Chaos und Untergang drohen fortwährend. Um die Ordnung des Universums aufrecht zu erhalten, sind große Opfer seitens der Götter und Menschen notwendig.

Die Azteken übernahmen nicht nur das Land der von ihnen eroberten Stämme, sondern auch deren religiöse Vorstellungen und Götter. Dies galt besonders für ihre nächsten „Vorgänger", die Tolteken und Mayas. Auch Quetzalcoatl, einer der aztekischen Hauptgötter, wurde schon vorher in Mittelamerika verehrt. Der gefiederte Schlangengott vertritt eine in Europa weniger bekannte Seite der mittelamerikanischen Kultur. Ähnlich wie Odin in der altnordischen Mythologie verkörpert er den Wissensdrang; als Erfinder der Schrift und des Kalenders sucht er nach dem Grund, warum die Welt so instabil und bedrohlich ist. Aus dieser ängstlichen und gleichzeitig wissbegierigen Frage erwuchsen die beachtlichen astronomischen Kenntnisse und die damit verbundene Zahlenmagie der mittelamerikanischen Hochkulturen.

Von den Vorgängern der Azteken stammen auch wichtige Elemente des Kultes, für den die Azteken in Europa hauptsächlich bekannt wurden: das Menschenopfer. Dafür ist vor allem die Propaganda der Konquistadoren und ihrer christlichen Missionare verantwortlich, die Plünderung, Massenmord und die Zerstörung der aztekischen Kultur rechtfertigen sollte. Doch auch bei den Mayas, der größten und langwährigsten Hochkultur Mittelamerikas, hatte es bereits Blut- und Herzopfer gegeben. Sie opferten jedoch meist nur ihr eigenes Blut (z.B. indem sie sich in den Finger schnitten), um ihre Götter zu nähren.

Beim Opferritus der Azteken wurden die auserwählten Opfer, meist gefangene Krieger, auf den Gipfel der Tempelpyramide gelegt, wo ihnen bei lebendigem Leib mit einem Steinmesser die Brust aufgeschnitten und das Herz herausgerissen wurde, damit man es noch schlagend dem Sonnengott opfern konnte. Auch Frauen wurden geopfert. Angeblich sollen bei der Einweihung eines neuen Tempels in der Hauptstadt Tenochtitlan im Jahr 1487 (also vor der spanischen Eroberung) 80.000 Menschen auf diese Weise geopfert worden sein. Die Opfer sollen in vier Reihen von je vier Kilometern Länge angestanden haben. Zwar hat die Forschung bewiesen, dass dies kaum möglich war, doch besteht kein Zweifel, dass zur Zeit der spanischen Invasion die Menschenopfer einen großen Umfang erreicht hatten. „Nach vorsichtigen Schätzungen wurden jährlich bis zu 15.000 Menschen in Tenochtitlan geopfert" (Steensgård 1984: 205).

Was kann das aztekische Menschenopfer uns über die Vorstellungen und Gefühle sagen, die die Azteken mit dem Herz verbanden? Die Spanier meinten, dass eine Kultur, die ein so bestialisches Vorgehen zuließ, ausgerottet werden müsse. Deshalb zerstörten sie auch einen Großteil der umfangreichen aztekischen Literatur. Ein kleiner Teil blieb jedoch erhalten. Darüber hinaus dokumentierten die Spanier und Mexikaner nach der Invasion im 16. Jahrhundert Teile der mythischen Überlieferung und der aztekischen Geschichte. Die ausführlichste Quelle ist eine zwischen 1558 und 1580 – also zu Montaignes Zeit – von dem Franziskaner Bernardino de Sahagún auf Nahuatl (der heute noch lebendigen Sprache der Azteken) und Spanisch verfasste Realenzyklopädie.

Sowohl Illustrationen als auch schriftliche Quellen zeugen von der Wichtigkeit des Herzens in Mythen und Opferkult der Azteken. Den vielen Menschenopfern liegt die Vorstellung einer Analogie zwischen Kosmos, Staat und Mensch zugrunde, eine Triade, die durch das Herz repräsentiert wird. Die Sonne, die auch als Herz dargestellt wird, ist das Zentrum des Kosmos, Mexiko und seine Hauptstadt Tenochtitlan sind das Zentrum der Erde, das Herz ist das Zentrum des Menschen.

Im aztekischen Schöpfungsmythos geht die Welt mehrmals unter, weil die Sonne erlöscht, und wird dann wieder neu erschaffen. Während der spanischen Eroberung befanden sich die Azteken laut ihrem Kalender im fünften und letzten Zeitalter. Zu dessen Beginn herrschte völlige Dunkelheit, bis sich die Götter versammelten und ein Feuer entzündeten. Erst als einer von ihnen sich in das Feuer warf, erwachte die Sonne wieder zu neuem Leben. Der freiwillig Geopferte wurde als Sonne am Horizont wiedergeboren. Aber schon bald hielt die Sonne wieder ihren Gang über den Himmel an. Erst als sich die Götter erneut ins Feuer stürzten und so der Sonne Nahrung gaben, setzte sie ihren Weg fort. Dieser Mythos erklärt das Menschenopfer der Azteken. Nur durch das Opfer bekommt die Sonne die Kraft, jeden Morgen wieder aufzugehen, zuerst durch das Selbstopfer der Götter und dann analog durch regelmäßige Menschenopfer.

Über die wahren Gründe für das Ausmaß des Menschenopfers bei den Azteken gibt es verschiedene Spekulationen. Manche führen demographische oder ökologische Ursachen an und behaupten, dass religiöse Gründe allein nicht zu so exzessiven Opferungen führen könnten. Aber auch machtpolitische Motive erklären nicht den Umfang der Opfer, denn

Kriegsgefangene hätte man auch weniger umständlich beseitigen können. Außerdem wurden nicht nur Feinde geopfert, sondern auch Männer, Frauen und Kinder des eigenen Stammes. Es ist deshalb anzunehmen, dass die religiösen Vorstellungen, die hinter den Opferungen standen, als wahre Erklärung für den Untergang und die Wiedergeburt der Welt aufgefasst wurden. Dass die Opfer so exzessiv wurden, hängt wahrscheinlich mit den kurzen Intervallen zwischen den Zeitaltern des aztekischen Kalenders zusammen. In den meisten Religionen (z.B. der jüdischen und christlichen) ist die Welt ein für alle Mal erschaffen oder der Schöpfungs- und Untergangszyklus dauert Millionen oder Milliarden Jahre (wie im Buddhismus). Bei den Azteken jedoch waren die Zyklen kürzer und von jeweils unterschiedlicher Dauer. Das Zeitalter der Flamme erstreckte sich über eine Spanne von nicht mehr als zwei Mal 52 Jahren. An seinem Ende sollte die Welt untergehen. Dies hatte zur Folge, dass der Weltuntergang nicht *sub specie æternitatis* erwartet wurde, sondern stets nahe bevorstand. Deswegen musste man ihm aktiv vorbeugen, indem man dem Sonnengott mit reichlich Nahrung in Form von Blut und Herzen versorgte. Je näher der Untergang bevorstand, desto mehr Menschen wurden wahrscheinlich geopfert. Den astrologischen Berechnungen der Azteken zufolge war genau dies der Fall, als die Spanier das Land eroberten. Gleichzeitig sollte der Gott des Abend- und Morgensterns, Quetzalcoatl, von Osten her über das Meer zurückkehren, um die Welt zu retten – eine Vorstellung, die der Eroberer Cortés rasch auszunutzen wusste.

Aufgrund der kosmischen Analogie zur Sonne als Zentrum des Universums machten die Azteken das Herz sowohl physiologisch als auch religiös zum Zentrum des Menschen. Das Bild des menschlichen Körpers als Mikrokosmos existiert auch in anderen Kulturen, aber bei den Azteken galt das Herz bereits ausdrücklich als das Organ, das den Menschen am Leben erhält. Das aztekische Wort für Herz ist von dem Verb *yollotl* abgeleitet, was „leben, (wieder) aufleben, geboren werden" bedeutet. Das Herz lebt, es schlägt, ist warm und gibt dem Menschen Leben. Bei Sahagún heißt es „das Herz regiert alles" (Sahagún 1961: 131). Rein physiologisch betrachtet können wir uns dem als moderne Europäer anschließen. Ein alchimistischer Anatom aus der Renaissance könnte das Gleiche gesagt haben. Eine weitere Gemeinsamkeit mit dem vor-neuzeitlichen Europa besteht darin, „dass die aztekische Sprache keinen Unterschied zwischen Herz und Verstand macht" (Berkemer 1996: 25). Doch durch sein göttliches und kosmisches Potential hatte das Herz auf

Nahuatl eine noch breitere Bedeutung als in anderen Sprachen, die Herz und Verstand verbinden.

Die Rolle des Herzens in Mythos und Religion der Azteken erklärt, warum diese Menschenopfer praktizierten. Sie glaubten, das ihr Staat und ihr Volk ohne Opfer zu Grunde gehen würden. Wer sein Herz den Göttern und der Sonne opferte, dem war ein würdiges Leben im Jenseits sicher; er konnte selbst göttlich werden und würde dem ewigen Dunkel in der Unterwelt – dem schlimmsten Schicksal, das einen ereilen konnte – entkommen. Die Todesart des Individuums war entscheidend dafür, ob es ein Teil des göttlichen Lichts oder des ewigen Dunkels werden würde.

Das Herz war nicht nur in den aztekischen Vorstellungen von Schöpfung, Untergang und Jenseits wichtig. Es stand auch im Zentrum der menschlichen Erkenntnis und des subjektiven Empfindens und ist deshalb ein Hauptmotiv in der säkularen Dichtung der Azteken. Altaztekische Gesänge sind hauptsächlich in den sogenannten *Cantares Mexicanos* überliefert, die ein Anonymus zwischen 1536 und 1565 aufgeschrieben hat und die ein anderes Genre bilden als die von Sahagún aufgezeichneten religiösen Lieder. Die häufigsten Metaphern in dieser „alternativen" Wissensdichtung, die sich oft kritisch über Menschenopfer äußert, sind die Blume, das Herz und die Sonne. Form war wichtig, da diese Dichtung auch den Menschen formen sollte. Die Plastizität des Menschen ist eine Analogie zur Instabilität der Welt und macht deshalb aktive – und künstlerische – Formgebung notwendig, ähnlich wie in anderen ästhetisch geprägten Bilderkulturen, z.B. der altägyptischen.

Blumen und Vögel sprechen das Herz ganz besonders an. Im *Sommergesang, ein Heldengesang* heißt es über das Lied des Prachtvogels Quetzal:

> Bewegten Herzens höre ich es, ich Sänger. Meine Gedanken erheben sich und brechen sich Bahn in die Himmel, und ich seufze voll Sehnsucht. Ich verstehe ihn ganz, den Caquan-Vogel und den Kolibri und was sie dort im Himmel verheißen (Kutscher 1957, Gesang II/3).

Im selben Lied erkennt der Sänger den göttlichen Ursprung des prachtvollen Vogels und wünscht sich, selbst ein Vogel zu sein und in den Himmel fliegen zu können. Er erkennt dies in seinem Herzen, das noch höher fliegen kann, als selbst der Quetzal sich vorstellen kann. Alle Sinne konzentrieren sich in seinem jubelnden Herzen, das ihm Visionen des „Allumfassers" gibt: „Ja, mein Herz blickt dorthin, wo Du nahe bist, zu Dir hin, Ipalnemoa!" (Gesang II/5). Dem Gott wird er die schöne Blume opfern, die seinem strahlenden Herzen gleicht. Hier liegt eine Analogie zwischen Irdisch und Himmlisch vor, ausgedrückt durch die Blume des Herzens, den Vogel und die Sonne. Blume und Sonne werden beide durch das menschliche Herz symbolisiert, jene blutige Blüte des Menschen, die von der göttlichen Sonne am Leben gehalten wird (und umgekehrt). Die Blume ist Sinnbild der irdischen Kraft, der Schönheit und der göttlichen Nähe. Sie erinnert das Herz an seine wahre Heimat. Solche religiösen Gedanken spenden dem Krieger Trost, auch wenn er weiß, welcher Tod ihn erwartet:

Nicht ängstigt sich mein Herz dort auf dem Kampfgefilde, ich ersehne den Tod durch das Steinmesser, ja unser Herz wünscht sich den Tod im Kriege (Gesang XVI/5).

In solchen Vorstellungen finden wir die Erklärung für die aztekischen Herzopfer und vielleicht auch den Grund, warum sich die vielen potentiellen Opfer kaum dagegen wehrten. Dabei waren diese Lieder als Alternative zu oder sogar Kritik an den Opferritualen gedacht. Sie betonen immer wieder den Zusammenhang zwischen Lied und Individuum und erfüllen ihre Funktion nur bei Menschen, die „mit ihrem Herzen reden" können. Wer dies kann, kann auch mit dem Herz des Gottes eins werden und erleben, dass „Blumen und Lieder" in allem existieren.

Dass die Azteken nach unseren Begriffen so herzlos sein konnten, andere Menschen im wahrsten Sinne des Wortes herzlos zu machen, ist ein Beispiel für die Relativität des menschlichen Gefühlslebens. Herzen zu opfern bedeutete für die Azteken, Herzen zu retten. Für sie war das Herzopfer eine Bedingung dafür, dass das Herz sowohl im Individuum als auch im Universum weiterschlagen konnte, während wir im Herztod nur das Sterben sehen. Deshalb tut man in unserer Kultur mit ihrer hoch entwickelten Herzmedizin alles, um das Herz eines Menschen so lange wie möglich am Leben zu erhalten. Deshalb sind wir befangen, wenn wir die Denk- und Fühlweisen anderer Kulturen beurteilen. Wir sehen nicht, dass unsere eigenen Gefühle auch nur eine Funktion unserer Gedanken und Vorstellungen sind, wie Nietzsche in seiner radikalen Kulturkritik betonte. Es gehört zu seinen wichtigsten Erkenntnissen, dass gesellschaftliche Vorstellungen und Vorurteile sowie Religion und andere ideologische Überzeugungen die Gefühle der Menschen bestimmen und dass der Mensch an alles Mögliche glauben und folglich auch alles Mögliche fühlen kann. Was wir als böse auffassen, wird an anderen Orten und zu anderen Zeiten als Tugend betrachtet:

> Die Grausamkeit gehört zur ältesten Festfreude der Menschheit. Folglich denkt man sich auch die Götter erquickt und festlich gestimmt, wenn man ihnen den Anblick der Grausamkeit anbietet, [...] denn das Mitleiden gilt als verächtlich und einer starken, furchtbaren Seele unwürdig (Nietzsche 1993-I: 1025f.).

Wer sich mit archaischen Kulturen befasst, sollte wissen, was Nietzsche meint. Das gilt auch für unsere nordeuropäischen Vorfahren, die Wikinger, und ihren Kult. Sie waren nicht gerade für Weichherzigkeit bekannt und betrachteten ihrerseits das christliche Mitleid eher als Schwäche. Auch Menschenopfer waren den vorchristlichen Nordgermanen nicht unbekannt. Ihr Herzensideal hatte vielleicht mehr mit dem der Azteken als mit dem der späteren christlichen Europäer gemeinsam.

Die Wikinger, ihre Opferrituale und ihr Asenglauben (die Asen sind die altnordischen Götter) sind uns in mancher Hinsicht genauso fremd wie die Ägypter oder Azteken. Deshalb behandeln wir das altnordische Bild des Herzens hier zusammen mit anderen nicht-christlichen und nicht-europäischen Hochkulturen. In diesem Fall ist es besonders schwer, das Fremde und Archaische zu verstehen, weil sich das Christentum wie eine jüngere archäologische Schicht über die altnordische Kultur gelegt hat. Der Sprung von Mittelamerika ins heidnische Nordeuropa kann vielleicht helfen, das Fremde im Vertrauten und das Vertraute im Fremden wiederzuerkennen und so uns selbst und das „Andere" besser zu verstehen. Im Übrigen gab es schon mehrere hundert Jahre vor Kolumbus eine den Wikingern bekannte Route nach Amerika. Diese Verbindung zwischen der Neuen und der Alten Welt wurde jedoch erst in der Neuzeit gemeinsam mit der altnordischen Literatur wiederentdeckt.

„Fett bin ich um die Herzwurzeln" – Altnordische Anthropologie

In der Schlacht von Stiklestad (1030) besiegte König Olaf der Heilige von Norwegen die heidnische Partei und wurde zum Märtyrer. In seinem Gefolge kämpfte der tapfere isländische Skalde (Dichter) Thormod Kolbrunarskald. Alle Norweger kennen die letzten Worte, die der Historiker Snorri Sturluson (1178–1248) dem Skalden in den Mund gelegt hat: Als Thormod den Pfeil, der ihn getroffen hat, aus seinem Herzen zieht, sieht er, dass an der Pfeilspitze Fett hängt und bemerkt: „Gut hat der König uns genährt, noch bin ich fett um die Herzwurzeln." Mut und Loyalität zu einem Anführer bis in den Tod gehörten zum Ehrenkodex dieser Gesellschaft, und genau diese Eigenschaften drücken Thormods Worte aus. Sie sollen ihm für immer ehrenvolle Nachrede sichern. Außerdem verraten sie einiges über das damalige Empfinden der Menschen und das Bild des Herzens im altnordischen Kulturraum. Dass Thormods Worte unsterblich wurden, liegt nicht nur an dessen Heldenmut, sondern auch an dem Zusammenhang zwischen Herz und Mut in den damaligen Vorstellungen. Das Herz galt als Sitz des Mutes. Dies ist eine seiner wichtigsten Eigenschaften im altnordischen Kulturraum und besonders interessant in unserem Zusammenhang.

In der altnordischen Literatur wird das Herz sehr oft erwähnt, was kaum verwundert, führt seine Verletzung im Kampf doch am raschesten zum Tod. Es ist das Zentrum der Lebenskraft. Deshalb bekommt Sigurd Fafnisbani (der nordische Siegfried) den Rat, das Herz des Drachen Fafnir zu essen und dessen Blut zu trinken, nachdem er ihn getötet hat. Dadurch bekommt er Fafnirs Kraft und Fähigkeiten, unter anderem kann er plötzlich den Gesang der Vögel verstehen.

Das Eigentümlichste an der altnordischen Anthropologie ist jedoch, dass die physischen Eigenschaften des Herzens konkret anzeigen, ob ein Mensch tapfer oder feige ist. Eine Strophe aus dem *Atli-Lied*, das wie das deutsche *Nibelungenlied* den Zug der Burgunder an den Hof des Hunnenkönigs Attila schildert, verdeutlicht dies auf lebhafte Weise. Atli/Attila will König Gunnarr (dt. Gunther) zwingen, das Versteck des Burgunderschatzes zu verraten. Er gibt vor, Gunnarrs Bruder Högni getötet zu haben und serviert ihm zum Beweis das Herz eines Knechtes (übers. Felix Genzmer):

So rief da Gunnarr,   der Goten König:
„Hier hab ich das Herz   Hallis des Feigen,
ungleich dem Herzen   Högnis des Kühnen.
nicht schwach bebt es,   da auf der Schüssel es liegt;
es bebte zwiefach,   da in der Brust es lag."

Da bleibt Atli nichts anderes übrig, als dem echten Högnis das Herz herauszuschneiden, das nun ohne Zittern in der Schüssel liegt. (Den Schatz bekommt Atli bekannterweise trotzdem nicht.)

Ein ausführlicher Prosa-Exkurs über das tapfere Herz steht in der isländischen *Saga von den Schwurbrüdern*. Dort wird erzählt, wie die Leiche des gefallenen Thorgeir (übrigens Thormod Kolbrunarskalds Schwurbruder) aufgeschnitten wird, um herauszufinden, wie das Herz eines tapferen Mannes aussieht. Damit soll der Volksglaube bewiesen werden, dass das Herz eines tapferen Mannes kleiner als das eines feigen sei. Man glaubte, dass die Angst mit dem Blut ins Herz stieg. Zuviel Herzblut vergrößert das Herz und lässt es zittern. Ein mutiges Herz dagegen enthält weniger Blut und ist folglich klein, fest und kalt. Das Ergebnis dieser eigenartigen Obduktion lautet, dass Thorgeir auch physiologisch betrachtet ein tapferer Mann war, denn sein Herz stellt sich (laut einer kürzeren Fassung der Saga) als nicht größer als eine Walnuss und *hart* heraus. Deswegen zitterte es nicht vor Furcht. Das hinter dieser Dissektion stehende Ideal erinnert mehr an das altägyptische Bild des Herzens als an das christlich-europäische.

Einen ähnlichen Beleg für die Analogie zwischen der physischen Konsistenz des Herzens und dem Charakter seines Besitzers finden wir im *Ersten Lied von Helgi dem Hundingstöter* aus der *Lieder-Edda*. In Strophe 53 heißt es dort von Helgi (übers. Genzmer):

> Erster im Angriff, verachtend Flucht,
> ein hartes Herz hatte der Fürst.

Im altnordischen Original steht hier für das Herz die Metapher *móðakarn*, was „Mut-Ecker" bedeutet. Helgis Herz war also klein und hart wie eine Eichel. Auch wenn wir es in diesem Fall mit einem literarischen Motiv und nicht mit realen anatomischen Studien zu tun haben, wird doch einiges über das damalige Menschenbild ausgesagt. Das Herz galt als Sitz von Eigenschaften, die in der kriegerischen Kultur hoch geschätzt wurden. Auch Sinn und Gemüt wurden deshalb im Herzen lokalisiert. Der altnordische Begriff dafür, *hugr*, hängt mit dem Intellekt zusammen und lässt sich am trefflichsten mit dem englischen *mind* übersetzen. Eigenschaften wie Mut oder Feigheit kamen in dieser Vorstellung allerdings nicht direkt aus dem Gemüt; sie waren auch nicht bewusst erlernbar, sondern rein anatomisch bedingt, wie Klaus von See schreibt:

> Wesentlich für die vorliegende Argumentation ist nur, dass die genannten Metaphern auf die anatomische Beschaffenheit des Herzens zielen und in seiner Kleinheit, Härte und Blutleere eine Ursache – und nicht nur ein Symptom – der Tapferkeit sehen (von See 1981: 76).

Diese Auffassung wird auch von Schilderungen aus der nordischen Mythologie bekräftigt. Im Streit zwischen dem Riesen Hrungnir und dem Gott Thor steht das Herz im Mittelpunkt. Hrungnir ist der stärkste der Riesen, weil er ein Herz aus Stein hat; er wird nur „Hrungnir mit dem Steinherzen" genannt. Er fordert Thor zum Kampf heraus. Thor lässt sich wie immer leicht von den Riesen provozieren, denn er ist unter den Göttern die Verkörperung emotionaler Primitivität. Die Riesen sind zwar dumm, wissen aber, wer von ihren Feinden am stärksten und gefährlichsten für sie ist. Unter den Asen ist dies Thor, auch wenn er bei weitem nicht so klug wie Odin ist. Thor besitzt ebenfalls ein hartes Herz (er ist im doppeltem Sinn eine harte Nuss für die Riesen), aber vor allem hat er seinen gefährlichen Hammer Mjölnir und seinen magischen Gürtel Megingjord. Deswegen bereiten sich die Riesen gut auf den Kampf vor. Sie formen einen gigantischen Lehmriesen, der bis in den Himmel ragt, und stellen ihn am Eingang zu ihrem Reich Jotunheim neben Hrungnir auf, um Thor Furcht einzujagen. Leider finden sie aber kein passendes Herz für ihren Koloss und es bleibt ihnen nichts anderes übrig, als das Herz einer Stute zu nehmen – ein fataler Fehlgriff, denn dies ist ein großes, mit viel Blut gefülltes Herz und überhaupt nicht mutig. Als Thor sich im Anmarsch befindet, zittert es so sehr, dass der ganze Gigant mit ihm zittert, sich vor Angst bepisst und zu einem Lehmhaufen zusammenfällt. So wird Hrungnir zur leichten Beute für Thors Hammer.

Eine Gemeinsamkeit der altnordischen mit anderen alten Kulturen ist, dass vieles, was heute psychologisch und somit subjektiv erklärt wird, noch auf objektive Gegebenheiten zurückgeführt wird, wie in diesem Fall auf natürliche physiologische Eigenschaften. Auch das Opfer, dass in dieser Kultur existierte, zeugt vom Glauben an Mächte und Umstände, die dem persönlichen Willen und der Kontrolle des Einzelnen entzogen waren. Die altnordische Kultur und der Asenglaube waren in vieler Hinsicht blutig. Beim Opfer wurde Blut auf die Teilnehmer und auf das Inventar eines Hofes gespritzt, denn dem Blut wurde magische Kraft zugesprochen. Auch Menschen wurden im vorchristlichen Nordeuropa bisweilen geopfert, obwohl diese Praxis schon früh nachließ, unter anderem durch den Einfluss des Christentums. Wie wir gesehen haben, ist das Menschenopfer oft ein Kennzeichen von Hochkulturen (während primitive Kulturen eher Kannibalismus praktizieren). Man muss nämlich zwischen *Opfer* und ritueller Tötung unterscheiden, die in primitiven Kulturen verbreitet ist. Einige der ältesten Quellen zur nordgermanischen Kultur berichten von Menschenopfern bei germanischen Stämmen, darunter ein arabischer Reisebericht, der römische Historiker Tacitus und der Mönch Saxo Grammaticus. Adam von Bremen erzählt von einem Menschenopfer in Uppsala. Dazu kommen einige direkte und indirekte Schilderungen in altnordischen literarischen Quellen.

Im Asenglauben wird das Menschenopfer besonders mit Odin verbunden, der selbst der Gott der Gehenkten ist. Er klettert in einen Baum und erhängt sich selbst, um Weisheit zu erlangen, was Georges Dumézil und andere als Hinweis auf die östliche Herkunft des Gottes lesen, da dessen Opfertod deutliche schamanistische Züge trägt. Haine und Bäume waren oft Opferplätze, was auf einen Zusammenhang zwischen Opferblut und Leben hindeutet, denn die Opferbäume wurden wahrscheinlich als Parallele zum Lebensbaum (der Weltesche Yggdrasil) verstanden, an dem Odin hing. Der Opfertod durch Hängen wird auch als doppelter Tod geschildert, wobei dem Opfer zusätzlich ein Holzspeer ins Herz gestochen wird, z.B. in folgenden Versen aus der *Gautreks saga* (übers. Robert Nedoma):

> Ich musste Vikar am hohen Baum,
> den Töter Geirthofs, den Göttern weihen;
> ich stieß dem Herrscher den Speer ins Herz:
> das ist die schmerzlichste meiner Taten.

Möglicherweise waren die beiden Tötungsarten verschiedenen Göttern (Thor und Odin) geweiht, oder sie hatten unterschiedliche Funktionen:

> Der zweifache Tod durch Ersticken und Stiche oder Hiebe muss nicht unbedingt mehr bedeuten, als dass er praktisch bedingt war: Zuerst zapft man das benötigte Opferblut ab und dann hängt man den Körper in den Opferbaum (Näsström 2001: 55, übers. F.Z.).

Oft sind es nicht-altnordische Quellen, die uns den einfachsten Zugang zu dieser speziellen Seite des Asenglaubens bieten, z.B. arabische, lateinische oder aus dem germanischen Sprachraum stammende Texte, die von Begegnungen mit den Wikingern berichten und deren Kult beschreiben.

Rationalität und Reflexion waren wichtige Elemente des differenzierten Menschenbildes der altnordischen Kultur. Odin fragt sich ständig, was aus der Schöpfung der Götter wird, denn nicht alles ist, wie es sein soll. Die Götter des nordischen Pantheons haben die Wahrheit nicht für sich gepachtet wie der christlich-jüdische Gott, der nur eine – *seine* –

Wahrheit kennt. „Wisst ihr noch mehr?" fragt stattdessen die Seherin als Kehrreim in ihrem bekannten Eddalied (*Völuspá*, die Weissagung der Seherin). In der Bibel ist dies keine Frage. Dass noch dazu eine Frau so tiefe Wahrheiten kennt, ist ebenfalls undenkbar in der Bibel. In der altnordischen Gesellschaft hatten die Frauen großen Einfluss und es galt als Schande, einer Frau etwas anzutun.

Die intellektuellen Seiten der altnordischen Anthropologie kommen auch mythisch durch die Namen von Odins Raben Huginn (von *hugr - mind*, s.o.) und Munin („Erinnerung") zum Ausdruck. Der Sinn oder das Gemüt wurden als substantiell begriffen und bildeten das Zentrum des Menschen. Der *hugr* ist rational. Das komplizierte Zusammenspiel unterschiedlicher Dimensionen im Inneren eines Menschen erinnert an das homerische Menschenbild. Im Schöpfungsmythos aus der *Völuspá* werden die drei wichtigsten Bestandteile genannt (übers. Simrock):

Seele gab Odin,
Sinn gab Hönir,
Blut gab Lodur
und blühende Farbe.

Die altnordische Kultur war keine Kultur der Gefühle; die Wikinger waren nicht human in unserem Sinne. Davon zeugen ihre Plünderungszüge und grausame kriegerische Rituale wie dem besiegten Gegner einen „Blutadler" zu ritzen. Snorri Sturluson erwähnt diese wahrscheinlich magische Handlung in der *Saga von Harald Schönhaar* (Kap. 31). Einar, der Jarl von Orkney, tötet den Usurpator Halfdan Hochbein auf diese Weise, wodurch er gleichzeitig seinen Vater rächt. Snorris Schilderung ist kurz und lakonisch:

Da ging Jarl Einar zu Halfdan und schnitt ihm einen „Blutaar" in den Rücken in der Art, dass er das Schwert vom Rückgrat aus in die Bauchhöhle stieß und alle Rippen von oben bis zu den Lenden loslöste. Dann zog er die Lunge heraus. Das wurde Halfdans Tod. (Übers. Felix Niedner.)

Die ausgebreiteten Rippen und Lungenflügel sollten an die Schwingen eines Adlers erinnern. Dass die Lungen als Sitz des Geistes aus dem Opfer gerissen werden, lässt vermuten, dass es sich um einen magischen Akt handelt. Einar wird in der Saga als hässlich und einäugig dargestellt, aber „klüger als andere Leute". Bei der Verfolgung Halfdans entdeckt er auf einer Insel etwas, das einem Mann oder einem Vogel ähnlich sieht und sich ab und zu vom Boden erhebt, worin er als einziger Halfdan erkennt. Die Assoziationen deuten auf Odin den Magier hin, der trotz seiner Einäugigkeit alles sieht.

Die Verknüpfung von Emotionen mit dem Herzen geschah, wie erwähnt, erst mit der Einführung des Christentums, das allerdings schon früh das Bild des Herzens in der altnordischen Kultur beeinflusste. Viele der Herzensausdrücke in der Edda- und Skaldendichtung haben deshalb wahrscheinlich literarische Vorbilder, die sich ins christliche Mittelalter zurückverfolgen lassen. Es sei noch einmal daran erinnert, dass die altnordische Literatur größtenteils im 11. und besonders im 12. Jahrhundert in Island niedergeschrieben wurde, als sich kontinentale Stilelemente bereits bemerkbar machten. In diesen Vorbildern finden wir das Herz als Sitz und Symbol der Liebe und der Sorge. Christliche Herzmetaphorik scheint oft durch das hindurch, was auf den ersten Blick „urnordisch" aussieht, z.B. in der *Hávamál*, den „Sprüchen des Hohen" (Odin). Gerade ein solches Lehrgedicht hat deutliche Vorbilder in der zeitgenössischen europäischen Literatur. Als Fazit dieses äußerst komplizierten und umstrittenen Themas sollen hier Klaus von Sees Worte genügen:

> Die Metaphern und Formeln, die das Herz als Sitz der Tapferkeit bezeichnen, sind scharf zu trennen von den Metaphern und Formeln, die dem Herzen Gemütsregungen wie Kummer, Freude, Liebe und Güte zusprechen: Die erste Gruppe beruht auf rein anatomisch-physiologischen Beobachtungen und Vorstellungen und sieht in der körperlichen Beschaffenheit des Herzens die Ursache für Tapferkeit oder Feigheit eines Menschen (und übrigens auch eines Tieres), die zweite Gruppe dagegen fasst das Herz als geistiges Zentrum des Menschen, lässt typische menschliche Gemütsregungen im Herzen als dem empfänglichsten und empfindlichsten Organ des Menschen konzentriert sein, bezeichnet diese Affektionen deshalb gern als Verwundetsein oder als Bluten des Herzens und setzt allgemein ein verinnerlichtes Menschenbild voraus, das erst mit dem Christentum und der reichhaltigen biblischen Herzmetaphorik zum Norden kommt (von See 1981: 74f.).

Wenn die Herzmetaphorik in den schriftlichen altnordischen Quellen so sehr vom Christentum beeinflusst ist, kann man auch kaum behaupten, dass die Skandinavier heute noch das vorchristliche harte Herz in sich trügen. Die Wildheit von Odins Berserkern wurde durch die Christianisierung gezähmt und umgedeutet. Der Hintergrund für die

Christianisierung war jedoch ein schon lange etablierter, intensiver Kontakt zwischen den Wikingern und dem Rest Europas, der zu dieser Zeit begann, ein gemeinsamer Kulturkreis zu werden. Dazu haben die Wikinger mit Zielstrebigkeit und Dynamik ihren Teil beigetragen. Sie eroberten große Teile der britischen Inseln und des Kontinents. In Frankreich wurden die normannischen Heerführer vielerorts zu lokalen Herrschern, in der Normandie (daher der Name) nahmen sie königliche Lehen an, ihre Nachkommen herrschten sogar in Sizilien und Süditalien. Dass die „hartherzigen" Wikinger ausgerechnet in Frankreich gesellschaftliche Macht erlangten, wo die neue Herzenskultur später entstehen sollte, ist ein historisches Paradoxon. Der kulturelle Einfluss geht jedoch hauptsächlich in die andere Richtung, vom Christentum nach Norden. Die Christianisierung Skandinaviens führte zu einem neuen Menschenbild, was erstens zeigt, wie plastisch formbar der Mensch und sein Herz sind, und zweitens wie viel Kraft zu einer solchen Umformung im Christentum steckte. Dies kommt nicht zuletzt in der neuen Herzmetaphorik zum Ausdruck, die im Hochmittelalter entstand und die in vieler Hinsicht zu einem Generator für die Entstehung des modernen Europäers wurde.

KAMPF UMS HERZ

DIE ENTSTEHUNG DES MODERNEN EUROPÄERS

Die höchste Intelligenz und das wärmste Herz können nicht in einer Person beisammen sein.
(Nietzsche)

Der emotionale Wandel im Hochmittelalter

Die Entstehung des modernen Menschen ist in vieler Hinsicht ein Kampf um die Gefühle und für das Recht jedes Einzelnen, seinem Herzen zu folgen, unabhängig von äußeren Autoritäten und der Macht der Kirche über das Gefühlsleben. Dieser Kampf beginnt im Hochmittelalter. In der „zweiten Runde", d.h. in der Renaissance, wird die Frage nach dem wahren Wesen des Menschen immer lauter. Ist er nach Gottes Ebenbild erschaffen und sein Wesen von Natur aus ein für alle Mal festgelegt – was bis weit in die Neuzeit hinein die vorherrschende Meinung war – oder steht es ihm frei, sich selbst zu formen und sein Wesen zu verändern?

Der Ruf nach dem Recht, seinem Herzen auf emotionalen wie auch erotischen Pfaden folgen zu dürfen, wird genau in der Epoche laut, als die katholische Kirche auf dem Höhepunkt ihrer Macht steht und das Kulturleben Europas dominiert. Wir befinden uns im Hochmittelalter, im 12. und 13. Jahrhundert. In den Städten wachsen die Türme der gotischen Kathedralen in den Himmel. Doch genau zu dieser Zeit, der Zeit des Rittertums, rührt sich auch das Bedürfnis der Menschen, ihr ganz und gar irdisches Leben aus Fleisch und Blut hier und jetzt leben zu dürfen. In der Praxis zeigte sich dieses Bedürfnis als intensives Ausleben einer „natürlichen", diesseitigen und leidenschaftlichen Liebe. Aus diesem Grund markiert das Hochmittelalter einen Wendepunkt in der Kulturgeschichte des Herzens. In der Zeit der höfischen Kultur und des Rittertums nimmt diese Geschichte eine Wende, die ich den *emotionalen Wandel* nennen möchte. Darin deutet sich bereits der eigenständige moderne Mensch an, der auf das Entwicklungspotential vertraut, das ihm die

Natur gegeben hat, um sich selbst nach seinem eigenen Bild zu formen – wobei als negative Nebenwirkung auch hemmungsloser Egoismus entstehen kann.

Der emotionale Wandel hatte viele historische Vorraussetzungen: Nach dem ersten Jahrtausendwechsel geschieht ein wirtschaftlicher Aufschwung und der Lebensstandard wächst, was Optimismus und Zuversicht schafft. Der Bau der großen Kathedralen spiegelt diese Entwicklung. Die Burgen des Mittelalters, das Rittertum und das Wachstum der Städte mit ihren neuen Handels- und Handwerksgilden tragen zu weiterem Fortschritt bei. Dies verändert allmählich auch die Mentalität und Denkweisen der Menschen, denn Überschuss verschafft Gelegenheit zum Selbst-Denken. Viele neue Universitäten werden gegründet, es kommt frischer Wind in die Philosophie und Theologie. Die größere gedankliche Freiheit führt dazu, dass Einzelne oder bestimmte Gruppen die Bibel auf ihre eigene Art auslegen. So entstehen alternative religiöse Bewegungen, die jedoch von der monopolisierenden Kirche rasch als ketzerisch abgestempelt und verfolgt werden. In Kunst und Architektur findet eine nie da gewesene künstlerische Entfaltung statt. Die polyphone Musik bricht mit der Monotonie des gregorianischen Gesanges. Viele dieser Veränderungen gehen mit einem neuen Frauenbild einher. Die Frau wird zum Gegenstand eines für diese Epoche charakteristischen Literaturgenres. Die neue Dichtung und das neue Frauenbild waren mit einer für das Hochmittelalter typischen Gesellschaftsordnung verbunden, nämlich dem Rittertum.

Die Zeit des Rittertums und der höfischen Kultur markiert eine wichtige Entwicklung im Gefühlsleben der Menschen, die von der Dichtung auch weit über die höfische Welt hinaus getragen wurde. Zwei literarische Genres entwickelten und verbreiteten ein neues Liebesideal, das eine durch mündlichen Vortrag mit Musik und Gesang, das andere schriftlich. Die Rede ist von den Liedern der Trobadors und von den Ritterromanen. Beide hatten nicht unerheblichen Einfluss auf die Herzen der Menschen in Europa. Es heißt, dass die Liebe im 12. Jahrhundert erfunden wurde. In der ritterlichen oder höfischen Liebe drehte sich alles um das Herz. Noch heute deuten von „Hof" abgeleitete Liebesbegriffe wie „hofieren, jemanden den Hof machen" oder die „Kurtisane" (von französisch *cour*) an, dass es sich dabei nicht nur um eine soziale Umgangsform, sondern auch um erotische Liebe handelte. Ein Ritter bei Hof war oft (heimlicher) Vasall einer Hoffrau oder Beschützer einer Jungfrau. Die Gefühle, die in den Trobador-Liedern und den Ritterromanen ausgedrückt werden, sind also ursprünglich nicht repräsentativ für alle Menschen dieser Zeit, sondern Teil einer kulturbedingten Ausformung des Gefühlslebens innerhalb einer sozialen Klasse, der Aristokratie.

Das Rittertum gehört zu den extravagantesten und künstlichsten Gesellschaftsformen, die je in Europa geschaffen wurden. Die ritterlichen Umgangsformen gegenüber Gleichgestellten (also anderen Rittern und Adligen) waren bis ins kleinste Detail von Regeln und Ritualen bestimmt. Das Gleiche gilt für die erotischen Spielregeln zwischen dem Ritter und seiner Auserwählten. In der höfischen Liebesliteratur ist es sehr schwierig, zwischen der leidenschaftlichen und der eher platonischen höfischen Liebe zu unterscheiden. Die beiden trennt nur die Frage, ob die Liebe auch sexuell vollzogen werden soll. Tendenziell zielt der ältere ritterliche Liebesbegriff eher auf einen Vollzug der Liebe (z.B. in den frivolen Liedern Wilhelm von Aquitaniens), während die höfische Liebe genau dies als „unhöf(l)ich" ablehnt. Besonders die jüngeren Trobador-Lieder und einige Ritterromane aus dem 13. Jahrhundert propagieren eine stark verfeinerte, platonische Form der Liebe und legen mehr Gewicht auf Ideale wie die beschützende Funktion, den Großmut und die Barmherzigkeit der Ritter. Die *romantische Liebe* wird später zum Sammelbegriff für beide Typen der ritterlich-höfischen Liebe.

Die Historiker und Ideenforscher sind sich jedenfalls einig darüber, dass das Rittertum zur Bildung unseres humanitären Ideals beigetragen hat. Gewalt wird ritualisiert und immer stärker abgelehnt; schöne Worte und gute Manieren lösen den kriegerischen Habitus und die vulgäre Sexualität ab, die im frühen Mittelalter vorherrschend waren. Besonders im 13. Jahrhundert soll der Ritter seine Dame vor allem im Herzen lieben und sich (nur) dessen erfreuen. Die höfische Liebe entwickelt sich so zu einer ausgewogenen Mischung aus *eros* und *agapē*, aus sinnlicher und platonischer Liebe. Mit der Dichtung der Troubadouren wird dieses Ideal als Modewelle über ganz Europa verbreitet, bis in die entferntesten Außenposten.

Die Lieder der Troubadouren

Der Lebensstil bei Hofe ließ Muße für Kunst und Unterhaltung. Dort fanden die fahrenden Sänger, die Trobadors mit ihrer Laute, ein Publikum für ihre Liebesweisen. Die Lieder der Trobadors oder der Minnesang, wie das Genre im deutschsprachigen Raum hieß, begannen im 11.

und hatten ihre Blütezeit im 12. Jahrhundert. Sie entstanden in verschiedenen Ländern und verbreiteten sich durch die fahrenden Sänger – *vagantes*, wie sie auf Latein hießen, *trobadors* auf Okzitanisch und *trouvères* auf Altfranzösisch – über den ganzen Kontinent, von Westen nach Osten, von Okzitanien in andere romanische Gebiete (u.a. durch die Kreuzzüge), von Süden nach Norden und wieder zurück. Noch älter als die französischen Trobador-Lieder und die deutschen Minnelieder ist die spanische Variante, besonders die katalanischen und andalusischen Liebeslieder, die direkt auf orientalische Vorbilder zurückgehen. Dort machte sich der Einfluss der arabischen Kunst und des arabischen Lebensstils besonders stark geltend. Die südfranzösischen (also okzitanischen) Sänger waren die eigentlichen Trobadors. Sie nehmen eine wichtige Stellung in der Geschichte der europäischen Literatur und des europäischen Geisteslebens ein, denn sie haben unsere Mentalität mitgeprägt.

Das Liebesideal dieser Lieder ist eine neue Spielart der Erotik. Es verlangt, dass sich der Mann einer adligen Hofdame – Walther von der Vogelweides „herzeliebez frouwelîn" – unterwirft, die oft mit einem anderen verheiratet ist. Liebe und Ehe sind in diesem Bild nicht nur unterschiedlich, sondern sogar unvereinbar. Die Ehe würde die Spannung zerstören, auf der die Leidenschaft – und mit ihr das gesamte Genre – beruht. Um sich ihrer Liebe würdig zu erweisen und ihr Verehrer zu werden, muss der Mann alle ritterlichen Tugenden besitzen und alle Proben akzeptieren, auf die ihn die Angebetete stellt – und das noch, ohne je das Entscheidende zu erreichen. In diesem Spiel geht es um *verbotene Liebe* mit all ihrer verbalen und bildlichen Doppeldeutigkeit. Gerade weil das Ziel nie erreicht wird, wird das Leid des Verehrers zur echten Leidenschaft, wie diese Strophe von Bernart de Ventadorin veranschaulicht (übers. Franz Wellner, aus Tuchel 1985: 55):

Von meiner Liebe dringt der Strahl
mit solcher Süße mir ins Herz:
sterb hundertmal ich auch vor Schmerz,
erwach vor Lust ich hundertmal.
So holder Art ist meine Pein:
Mehr zählt mein Leid als andrer Lust;
und labt das Leid mir schon die Brust,
wie wird die Lust erst köstlich sein!

Walther von der Vogelweide (ca. 1170–1230), der bekannteste deutsche Minnesänger, sagt es kurz und bündig:

> Mînes herzen tiefiu wunde
> diu muoz iemer offen stên.

(„Meines Herzens tiefe Wunde, die muss immer offen steh'n.") Der ursprüngliche provenzalische Begriff für diese ideale Liebe war *fin'amor*, im Gegensatz zur *fals'amor*, der vollzogenen Liebe. Im deutschen Minnesang wird entsprechend zwischen „hoher" und „niederer Minne" unterschieden, wobei Letztere den erotischen Vollzug einschließt. Erst im 19. Jahrhundert wurde aus dem französischen *amour courtoise* der Begriff „höfische Liebe" geprägt. Die rhetorisch verfeinerte Liebe der Trobador-Lieder geht bis ganz dicht an die Grenze des Vollzugs. Ihr Ziel ist der Genuss des Liebesgefühls trotz oder gerade wegen allen Liebesleides. Dadurch wird die erotische Liebe über die bloße Fortpflanzungsfunktion hinweg erhoben, was als revolutionärer, antiklerikaler Durchbruch zu werten ist. Der komplizierte Kodex, der dieses Spiel mit dem Genuss regelte, stammte keineswegs aus klerikalen Kreisen. So repräsentiert die Dichtung der Trobadors eine neue *erotische Rhetorik*. Man darf sich fragen, ob die Erotik die Dichtung erschafft, oder ob die Rhetorik und die Dichtung die Liebe und Leidenschaft erzeugen, von der sie erzählen.

Aus unserer geistesgeschichtlichen Perspektive muss betont werden, dass dieses dreiste erotische Spiel ohne jedes Schuldbewusstsein und ganz an der kirchlichen Sündenlehre vorbei gespielt wurde. Die Kirche hatte keinen Einfluss auf diesem Gebiet, was auch ihren Machtkampf gegen die höfische Kultur erklärt. Einer der Kreuzzüge, der Albigenserkreuzzug, wurde im eigenen Land gegen Okzitanien und die dort verbreiteten Katharer geführt. Dass er besonders grausam verlief – am 22. Juli 1209 wurden alle 20.000 Bewohner der Stadt Béziers niedergemetzelt –, lag vielleicht nicht nur an der Glaubensbewegung der Katharer, die alle päpstliche Macht und klerikalen Pomp ablehnten, sondern auch an dem in Okzitanien gepflegten Trobador-Kult, der als antiklerikal betrachtet wurde und noch dazu in Verbindung mit dem muslimischen Südspanien stand. John Pedersen meint dazu:

> Es gehört zu den Paradoxa des Mittelalters, dass es zur gleichen Zeit wie die verheerenden Kreuzzüge auch verborgene Verbindungslinien zwischen den Kultu-

ren gab, die sich gegenseitig als Todfeinde darstellten. Vielleicht muss man gerade in diesem muslimisch-christlichen Niemandsland nach einem der Ursprünge der europäischen Kunstdichtung suchen (Pedersen 2001: 16, übers. F.Z.).

Das Herz wird zum Symptom, Bild und Symbol des neuen Gefühlsideales der Ritterzeit. Als Folge wird eine eigene Herzthematik entwickelt, wie in dieser anonymen mittelhochdeutschen Minnestrophe:

Du bist mîn, ich bin dîn,
des solt du gewis sîn.
Du bist beslossen in mînem herzen.
Verlorn ist daz slüzzelîn,
du muost och immer dar inne sîn.

("Du bist mein, ich bin dein, des sollst du gewiss sein. Du bist eingeschlossen in meinem Herzen. Verloren ist das Schlüsselein. Du musst auch immer darin sein.") Wenn die Liebe aus einem „reinen" und von „ganzem" Herzen kommt, kann sie allen sozialen Normen trotzen, auch den religiösen, gegen die sich leidenschaftlich Verliebte versündigen. Dass die Macht der Kirche ausgerechnet an einem in der christlichen Moral so wichtigen Punkt wie der Sexualmoral scheiterte, ist bezeichnend für die Spannungen und Widersprüche des Mittelalters, aber auch für das Potential, das in der neuen höfischen Dichtung und besonders den Ritterromanen steckte.

Der Ritterroman

Dieses epische Genre wird *roman* genannt, weil die zugehörigen Werke nicht auf Latein, sondern in den romanischen Volkssprachen verfasst wurden. Dabei handelt es sich ursprünglich um Versepik. Die meisten Ritterromane bauen auf teilweise vorchristlichen keltischen oder bretonischen Sagenstoffen über den legendären *König Artus* (zu dem im Spätmittelalter die *Ritter der Tafelrunde* hinzukamen) auf. In dieser sogenannten *matière de Bretagne* tummeln sich die keltischen Helden und Heldinnen in einer neuen emotionalen Landschaft, in der christliche Symbolik und Embleme des Rittertums bunt zusammengewürfelt werden. Ein Beispiel für die Verschmelzung heidnischen und christlichen Stoffes ist die Suche nach dem heiligen Gral, der in den Ritterromanen zu dem Kelch wird, in dem Christi Blut aufgefangen wurde. Der christliche Anstrich legitimiert und idealisiert in diesen Romanen oft die erotische und sinnliche Leidenschaft. Im Grunde jedoch repräsentiert diese verklärte Leidenschaft einen Bruch mit der christlichen Moral. Trotzdem setzt sich genau diese romantische Liebe als emotionales Ideal in Europa durch.

Die höfischen Romane sind leidenschaftliche Liebe in Reinkultur. Als ihr „Grundbuch" könnte man Gottfried von Straßburgs *Tristan* (ca. 1205–1215) bezeichnen. Gottfrieds Version des keltischen Sagenstoffes über Tristan und Isolde beruht auf dem allerersten höfischen Tristanroman des *trouvères* Thomas d'Angleterre (ca. 1170). Hier holt die körperliche Leidenschaft, die Augustinus viele hundert Jahre zuvor für immer verdammen wollte, alles Versäumte nach. Und Gottfried war nicht der Einzige, der aus diesen Stoffen höfische Romane machte. Wolfram von Eschenbach schrieb zur selben Zeit über einen anderen Ritter der Tafelrunde, *Parzival*. Auch er hatte ein französisches Vorbild, Chrétien de Troyes' *Perceval*. Von Chrétien stammt auch der erste Artusroman über Lanzelot (*Le chevalier de la charrete*, „Der Karrenritter"), der zu seiner Zeit großen Einfluss hatte und diesen Ritter der Tafelrunde zum Prototypen des höfischen Minneritters machte.

Der mythische Subtext und die vielen Treuebande in den Artusromanen erklären die Faszination für die den höfischen Sitten angepasste Leidenschaft. Wer die Liebe betrügt, betrügt die ganze Welt. Höfische Etikette und ritterliche Tugend werden mit dem edlen Herzen und der Treue zu *der großen Liebe* assoziiert, die alle anderen sozialen und religiösen Normen aufhebt. Die höfische Literatur überträgt die Ideale von Treue und Gefolgschaft zu einem Herren auf das Verhältnis zwischen dem Ritter und seiner Auserwählten, die sozial höher gestellt ist. Der komplexe gesellschaftliche Hintergrund der höfischen Dichtung und der komplizierte soziale Status des Ritters erklären viele der Restriktionen, die den Liebenden in diesem Genre auferlegt sind.

In Gottfrieds *Tristan* jedoch scheinen alle diese Restriktionen aufgehoben. Wenn Tristan und Isolde sich tief im Wald in ihrer Liebesgrotte treffen, wird nicht mehr zwischen erotischer und religiöser Liebe unterschieden. Die Liebesgrotte ist eine Mischung aus Kathedrale und Schlafzimmer, alles in ihr dient der Erotik:

Si enâzen niht dar inne
wan muot unde minne.
[…]

das was diu reine triuwe;
diu gebalsemete minne,
diu lîbe unde sinne
als innecliche sanfte tuot,
diu herze vuoret unde muot.
diu was ir bestiu lîpnar.

(„Sie aßen dort nichts als Liebe und Verlangen. [...] Das war die unbedingte Treue, die balsamisch süße Liebe, die Leib und Seele so innig beglückt, die Herz und Geist ernährt. Das war ihre beste Speise." Übers. Rüdiger Krohn.) Die vollzogene Liebe überwindet in diesem Werk den Dualismus zwischen Körper und Seele und macht die Erde zum himmlischen Paradies:

swaz ieman kunde ertrahten,
ze wunschlebene gahten
in allen landen anderswâ,
das haeten s'allez bî in dâ.

(„Was man sich nur ausdenken und für herrliches Leben halten konnte überall in der Welt, das alles hatten sie dort bei sich.") In diesem sexfixierten Liebesparadies brauchen die beiden weder Priester noch Messe, denn sie haben alles in der Kathedrale der Natur, wo die Vögel für sie die Messe singen. Wenn sie ihre Lust befriedigen, ist der Sinn des Lebens erfüllt:

Waz solte in bezzer lîpnar
ze muote oder ze lîbe?
dâ was doch man bî wîbe,
sô was ouch wîp bî manne.
wes bedorften si danne?
si haeten daz si sollten,
und wâren dâ si wollten.

(„Wozu brauchten sie bessere Nahrung für Körper und Geist? Dort war der Mann bei der Frau, die Frau beim Manne. Was brauchten sie mehr? Sie hatten, was sie brauchten, und sie waren, wo sie sein wollten.") Es ist bemerkenswert genug, das Gottfried ca. 1210 solche Gedanken formulierte, aber noch bemerkenswerter ist, dass sein leidenschaftliches Credo sich so verbreitete, dass es zum emotionalen Wandel in der europäischen Kultur beitrug. *Tristan* ist das erste Werk seit der Antike, das den *eros* zu einem absolutem Wert erhebt, dem der Mensch unterworfen ist. Das Herz ist darin nicht nur die wichtigste Metapher für die Leidenschaft, sondern auch die Quelle der Kraft, die die Welt bewegt und alles am Leben erhält. Wie kein anderer beschwört Gottfried diese Herzenskultur; allein im Prolog wird das Herz fast dreißig Mal genannt.

Die Zeit des Rittertums führt durch ihr Liebesideal zu einer Art Standardisierung des Gefühlslebens. Gleichzeitig zeigen die strengen Regeln der höfischen Kultur, wie artifiziell das Liebesleben der Menschen geprägt wird und welch künstliche Ausdrucksformen ihm gegeben werden. Es ist schwer zu sagen, was Natur und was Kultur ist, was von Herzen und was von Konventionen kommt. So ist es z.B. ein literarisches Klischee, wenn ein Liebender bei Hofe in Ohnmacht fällt. Die Ohnmacht aus Liebeskummer ist nur ein Vorgeschmack auf den Tod, wie in vielen Versionen der Geschichte von Tristan und Isolde. Beide sterben zum Schluss vor Liebe, besser gesagt vor Liebeskummer.

In der höfischen Dichtung hört auch das Herz zu schlagen auf, wenn die Liebe aufhört oder unterbunden wird, was oft aufgrund von Missverständnissen, Intrigen, Betrug oder gesellschaftlichen Konventionen geschieht, die den Liebenden im Weg stehen. Für diejenigen, die sich lieben, ist jedoch alles zugelassen: Betrug, Ehebruch und mehr – in den Ritterromanen noch mehr als in der Trobador-Dichtung. Es fragt sich, wie rein das Herz wirklich ist, wenn Liebende sich immer wieder in Lüge und Betrug verwickeln. Tristan hat vieles auf dem Kerbholz, auch nach zeitgenössischen Normen. Er tötet Isoldes Onkel im Zweikampf, bevor er sie trifft. Als Spielmann erlangt er die Gunst ihrer Mutter, als Brautwerber verführt er die Braut und lässt sich von ihr verführen (was allerdings auf dem Zauber des Minnetranks beruht). In der französischen Fassung (also auch bei Gottfried) endet er nicht als Eremit, sondern flüchtet in die Normandie, nachdem er entlarvt worden ist, und findet dort eine andere Isolde und vieles mehr.

In König Artus' Gefolge gibt es noch mehr romantische Liebespaare, Treue und Untreue zum König halten sich dort die Waage. Seine eigene Frau, Königin Guinevere, ist ihm untreu und nimmt den edlen Ritter Lanzelot zu ihrem Liebhaber. Während Tristan der Prototyp des leidenschaftlichen Liebhabers ist, ist Lanzelot der Prototyp des höfischen Liebhabers. Er weigert sich konsequent, ein Verhältnis mit anderen Frauen einzugehen, nachdem er – wie es das Genre fordert – Guinevere zu seiner heimlichen Auserwählten gemacht hat, mit allen Spannungen und Schwierigkeiten, die dazugehören.

Hindernisse gehören zu den Konventionen sowohl des Genres als auch der romantischen Liebe selbst, behauptet der Schweizer Kulturphilosoph Denis de Rougemont (1939). Je größer das Hindernis, desto größer die Passion. Deshalb werden Hindernisse auch künstlich erschaffen und die Liebenden voneinander getrennt, um das Leiden und die leidenschaftliche Sehnsucht zu steigern und die Liebenden in einen sich selbst verstärkenden Kreislauf zu schicken, der nur mit ihrem Tod enden kann. Tristan und Isolde lieben nicht einander, sie lieben die Liebe, behauptet Rougemont. Nach seiner Theorie hat der „Tristanismus" seine eigene innere Logik. Die Liebe zur Liebe verbirgt darin eine noch fürchterlichere Passion, nämlich die Todessehnsucht. Ohne es zu wissen, haben die Liebenden nur den einen Wunsch, zusammen zu sterben. Die Ursprünge dieser Todesmystik gehen bis in den Mittleren Osten zurück, auf den Manichäismus und dessen dualistische Scheidelinie zwischen Hell und Dunkel oder Gut und Böse.

Doch braucht man sich gar nicht in der Ideengeschichte auszukennen, um die Schwächen des ritterlichen Liebesideals zu sehen. Schon in der Antike wurde blinde Liebe als Wahnsinn betrachtet, und nun, im Hochmittelalter, wird dieser Wahnsinn plötzlich zur Norm. Jeder gesunde Menschenverstand erkennt die Widersprüche und absurden Ziele dieser Art von Liebe. Denn der in die Liebe verliebte Ritter liebt eigentlich nur sich selbst und suhlt sich in seinem Leid und Selbstmitleid. Er will seine Angebetete auf dieselbe Weise erobern, wie er seine Gegner auf dem Schlachtfeld besiegt. Krieg und Erotik sind in der ritterlichen Liebe eng verbunden, nicht nur rhetorisch. Auf diese Weise hat die romantische Liebe auch den Egoismus in der Liebe gefördert, nämlich die Eroberungs- und Konkurrenzmentalität in unserer Kultur. Die Eifersucht wurde dadurch zum Gefährten der Leidenschaft.

Das Hofieren war auch Teil des täglichen Machtkampfes im höfischen Leben. Die Ritter waren Rivalen im Kampf um Prestige und Ehre ebenso wie im Kampf um die Hofdamen, die zum Mittel und Objekt ihrer Rivalität wurden. Dennoch war es ein Schritt bei der Humanisierung der Gesellschaft und der Verinnerlichung der Gefühle, dass ein Teil des Kampfes vom Schlachtfeld in die Adelshöfe verlagert wurde. Die Kampfmetaphorik überlebte; der Ritter liebt es, eine Dame zu erobern und zu gewinnen, um sich eine Feder an den Hut zu stecken oder ihren Seidenschal an seinen Helm oder seine Lanze zu knoten.

Die neue Sicht auf die Erotik hätte nie dieselbe Durchschlagskraft gehabt, wenn sie nicht auch christlich motiviert gewesen wäre, zumindest im Unterbewusstsein. Die Verknüpfung von Religion und Erotik war (wie die sufische Dichtung zeigt) nicht nur ideengeschichtlich durchaus gegeben und verstärkte sowohl Leid als auch Leidenschaft.

Erotik und Religion: Abélard und Héloïse

Einige Attribute des Christentums und der mittelalterlichen Kirche wurden auf merkwürdige Weise auch zu Fundamenten der romantischen Liebe. Die religiöse Glut, die die Menschen zu dieser Zeit erfüllte und antrieb, wird unter anderem durch die sublimen gotischen Kirchtürme symbolisiert. Dieselbe Leidenschaft, mit der die Menschen dem Himmel entgegen bauten, trieb auch die Kreuzfahrer im 12. und 13. Jahrhundert in mehreren Wellen ins Heilige Land, inspiriert durch das päpstliche Versprechen von wirtschaftlichem und seelischem Reichtum – eine Kombination, die nach Christi Lehre eher unglückselig als seligmachend ist. Die Kreuzritter trugen ein rotes Kreuz auf ihrer Brünne. *Deus lo vult!* („Gott will es!") war ihr Schlachtruf und das Motto, das den Westen zum ersten Mal als vereinigten Block über 200 Jahre lang Krieg gegen Muslime und andere „Ungläubige" führen ließ, die oft in den reinsten Blutbädern niedergemetzelt wurden und dies wiederum mit gleicher Münze heimzahlten.

Das rote Kreuz stand für das Leiden, das in der höfischen Dichtung unter anderem durch das Herz und das Blut symbolisiert wurde. Zur selben Zeit, als die Trobadors die erotische Leidenschaft lobpreisen, wird auch das religiöse Leid betont und kultiviert – kein Zufall, sondern ein innerer Zusammenhang. Im Hochmittelalter wird nämlich Christi Leiden am Kreuz neu interpretiert. Während er vorher meist als der siegreiche und *lebendige* Jesus dargestellt wurde, wird er nun vermehrt als sterbend und leidend abgebildet. Die Kreuzigungsdarstellungen der Gotik zeigen unermessliche Qualen, was sich bis zum 14. Jahrhundert zu hemmungslosen, ja leidenschaftlichen Schilderungen des Leides steigert. Auf diese Weise treffen die erotische und die religiöse Leidenschaft im Leid aufeinander, bis zu dem Grad, dass Religion und Erotik fließend ineinander übergehen. Aus dem Mittelalter sind viele delikate Texte überliefert, die von einem Übergangstadium zwischen religiöser und erotischer Leidenschaft zeugen. Selbst die christliche Dichtung ist von

Die älteste Herzenskultur ist die ägyptische, in der die Eigenschaften des Herzens entscheidend für die Auferstehung der Toten im paradiesischen Jenseits waren. Das meistverbreitete Herzenssymbol war der Skarabäus, der sich in allen möglichen Ausfertigungen von Stein bis Edelmetall als Grabbeigabe findet. Hier ein besonders schönes Mosaik aus dem Grab Tut-anch-Amuns.

Dieses Vasenbild aus dem 6. Jh. v. Chr. stellt den gefesselten Prometheus dar und zeigt deutlich, was das Herz (oder nach den damaligen Vorstellungen die Leber) in der griechischen Antike symbolisierte. Dem Mythos zufolge hatte Prometheus die Menschen aus Lehm erschaffen und sie viele Künste gelehrt. Unter anderem stahl er den olympischen Göttern das Feuer und brachte es den Menschen. Zur Strafe dafür wurde er an den Kaukasus gekettet, wo ein Adler jeden Tag seine Leber auffraß. Prometheus' Leid war endlos, denn seine Leber wuchs jede Nacht wieder nach. Wissen wird in diesem Mythenkreis mit Strafe und Leid verbunden, wie wir es auch aus dem biblischen Mythos vom Sündenfall kennen.

Für den homerischen Menschen war es eine irrelevante Frage, wo die Seele ihren Sitz hatte. Für ihn war die Psyche nichts Anderes als ein bleicher Schatten des Körpers. Das Schlimmste, was der herzlose Achilles dem getöteten Trojanerhelden Hektor und dessen Vater König Priamos antun kann, ist die Leiche Hektors mit seinem Streitwagen durch den Staub zu ziehen, wie auf dem oberen Vasenbild aus dem späten 6. Jh. v. Chr. zu sehen ist. Für Priamos ist es so wichtig, die Leiche seines Sohnes zu bekommen und sie korrekt zu begraben, dass er sich vor Achilles demütigt und ihn bittet, den Leichnam (sōma) seines Sohnes herauszugeben, der auf dem unteren Vasenbild von ca. 490 v. Chr. zu Achilles Füßen liegt.

Die Griechen erkannten, dass die Erotik viele Dimensionen vom tierischen bis zum göttlichen Niveau hatte, ohne dass dies – wie im Christentum – zu ihrer Abwertung führte. Diese Skulptur von ca. 100 v. Chr. illustriert die verschiedenen Ebenen der Erotik durch zwei Liebesgottheiten: Aphrodite mit ihrem kleinen, lächelnden Begleiter Eros und der wilde Pan, der für die tierische und triebhafte Seite der Erotik steht.

In allem Mystizismus ist das Herz das Medium des Göttlichen. Im Islam und besonders im Sufismus ist die Verwandlung des Herzens eine Voraussetzung zur Teilhabe am Göttlichen. Das blühende Herz und der Feuerkranz um den Kopf des Erleuchteten illustrieren, dass die göttliche Kraft und Glut des Herzens als objektiv betrachtet und von einem Geist entfacht wurde, der den Menschen überkommt.

Ein aztekisches Herzopfer auf einer Tempelpyramide, Zeichnung aus dem 16. Jh. Die Azteken schnitten tausenden von jungen Männern die Herzen aus der Brust und opferten sie dem Sonnengott. Die spanischen Konquistadoren reagierten darauf mit einer Brutalität, die in der Weltgeschichte ihresgleichen sucht.

Nicht nur die Azteken kannten Herzopfer. Sie übernahmen sowohl Götter als auch Opferrituale von den Mayas und anderen von ihnen eroberten Völkern. Hier eine Zeichnung aus der toltekischen Periode, auf der ein besonders tapferer gefangener Krieger mit gebundenen Händen sein Herz mit einem Steinmesser herausgeschnitten bekommt.

Können wir eigentlich die Gefühle unserer fernen Vorfahren verstehen, die dem kriegerischen Thor (links) oder dem Fruchtbarkeitsgott Freyr (rechts) opferten und Odin, dem Gott der Gehenkten (und der Weisheit) sogar Menschenopfer darbrachten? Vergleichen wir diese beiden Götterfiguren aus dem altnordisch-heidnischen Kulturkreis mit Christusbildern aus derselben Zeit oder mittelalterlichen Darstellungen von Rittern, ahnen wir, dass wir es mit zwei vollkommen verschiedenen Menschenbildern zu tun haben. Eins davon können wir verstehen, das andere vielleicht nicht.

Es heißt, dass die Liebe zur Zeit des Rittertums im Hochmittelalter erfunden wurde, und zwar zuerst als literarisches Motiv in der Dichtung der Troubadouren und Minnesänger, in der das Herz ein zentrales Symbol war. In der höfischen Kultur thematisierten und ritualisierten die Lieder der *trobadors* und das neue Genre des *roman* die Liebe. Die physische Eroberung der Frau durch Waffengewalt wurde durch »Hofieren« und das physisch unerreichbare Ideal einer »hohen Minne« ersetzt. Hier eine Illustration aus der großen Heidelberger Liederhandschrift *Codex Manesse*.

Dass zwei Personen dieselben Gefühle füreinander empfinden, wurde ab dem Hochmittelalter durch das Herz symbolisiert. Zwei Liebende konnten deshalb auf rituelle Art und Weise ihre Herzen tauschen, wie der höfische Roman *Cligés* erzählt und diese Buchmalerei aus dem 13. Jh. illustriert.

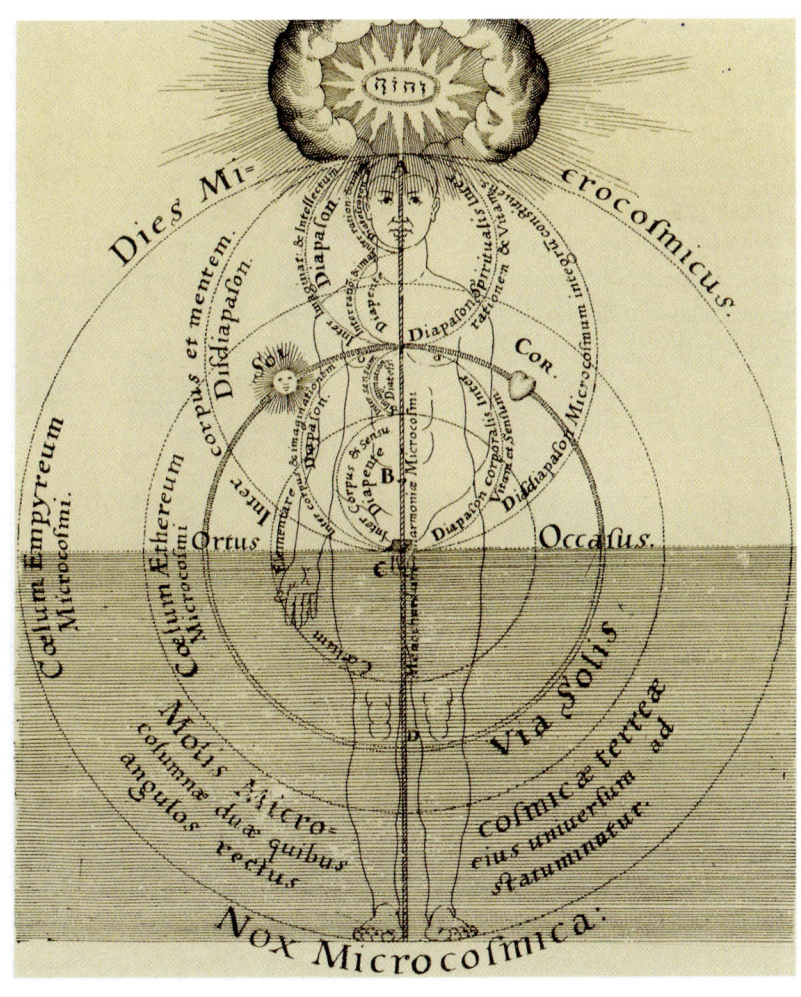

Die Analogie zwischen Sonne und Herz spielte eine wichtige Rolle bei den Alchimisten im Mittelalter und wirkte noch bis weit in die Renaissance und die Neuzeit hinein. Hier wird der Mensch als Mikrokosmos dargestellt, in dem das Herz (*cor*) der Sonne (*sol*) entspricht. Aus Robert Fludd: *Utriusque Cosmi Historia*, Oppenheim 1617.

Leonardo da Vinci: *Leda und der Schwan* (1510, Ausschnitt), eines der sinnlichsten Gemälde der Renaissance. Nur wenige Renaissancekünstler konnten so gut wie Leonardo Sinnlichkeit mit Sublimierung vereinen. Seine allegorischen Figuren suggerieren, worum es hier wirklich geht: Der hofierende Schwan mit seinem erigierten, aufdringlichen Hals und dem weich umarmenden Flügel ist mehr als eine Andeutung. Hier werden Liebe und Sexualität nicht als Sünde dargestellt (auch wenn Untreue und Verführung das Thema sind), sondern als etwas Göttliches und als Quintessenz aller Lebensfreuden. Das Bild zeigt den Mythos des Verführers Zeus, der in Gestalt eines Schwans aus dem Wasser steigt und sich in den Schoß der badenden Leda legt, die mit dem Spartanerkönig Tyndareos verheiratet ist. So wird die göttlich schöne Helena empfangen, deren erotische Anziehungskraft schicksalsschwere Folgen hat – wie der Trojanerprinz Paris nach ihrer Entführung erfahren muss.

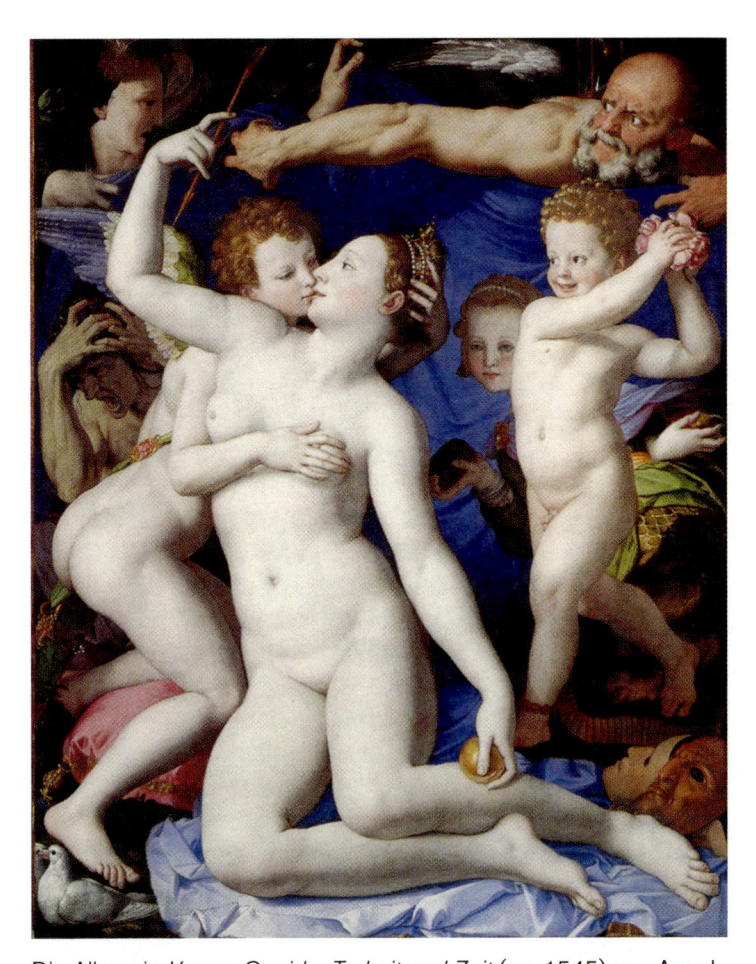

Die Allegorie *Venus, Cupido, Torheit und Zeit* (ca. 1545) von Agnolo Bronzino demonstriert den formalen und inhaltlichen Sprung von der griechischen und römischen Antike bis zur Renaissance. In der Renaissance wird die Liebe intimer und anthropomorpher dargestellt als in der Antike. Der realistische sensuelle Aspekt wird aufgrund der starken Stilisierung und des oft überladenen allegorischen Kontextes doppeldeutig. In diesem Beispiel erinnert die Verbindung von Leidenschaft mit Wahnsinn, Zeit und Tod daran, dass alles früher oder später den Weg des Fleisches gehen muss.

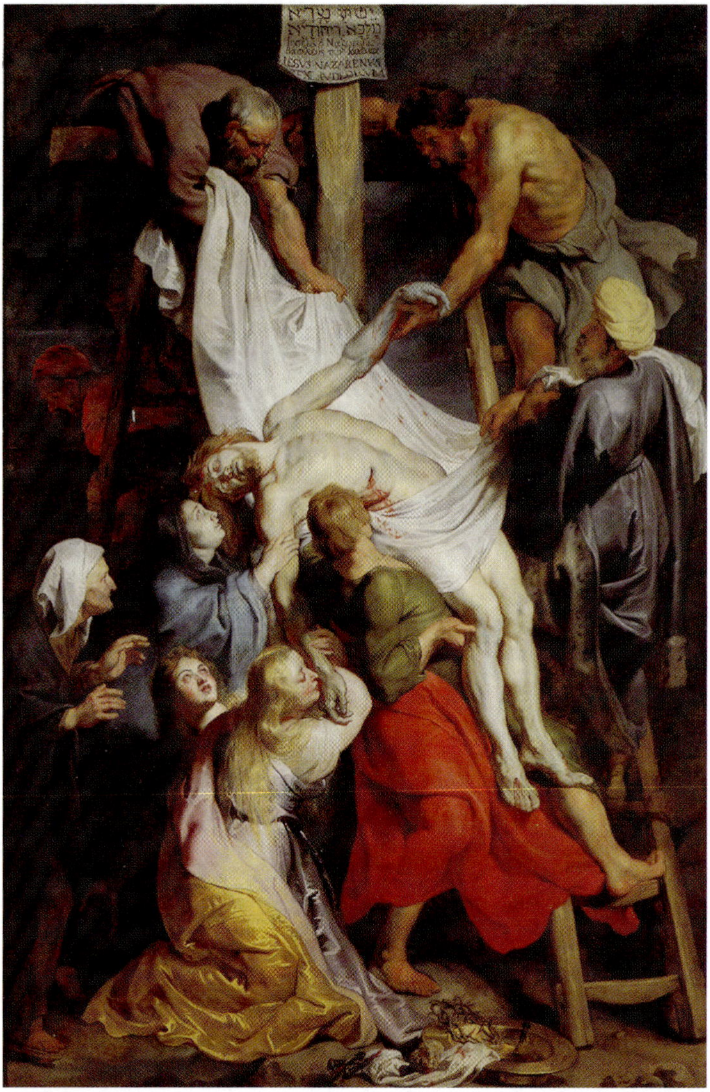

IESVS NAZARENVS

Leidenschaft, Leid und Mitleid: Peter Paul Rubens' *Kreuzabnahme* (1616–17) vermittelt auf expressive Weise die verschiedenen Seiten der christlichen Nächstenliebe. Rubens' Realismus ist so wirkungsvoll, dass er beinahe die allegorische Darstellung der Sakramente überschattet. Das Bild zeigt, dass das Blut ursprünglich den Platz innehatte, den das Herz in der christlichen Emblematik nach und nach übernahm. Auf dramatische Weise illustriert es hier das Leid als notwendigen Aspekt der Liebe und der Leidenschaft. Die Personen, die Jesus am meisten liebten, haben engen körperlichen Kontakt mit seinem Leichnam und seinen Wunden; sie trinken geradezu sein Blut (vgl. die Sakramente). Die Mutter Maria steht für das Mitleid, Maria Magdalena repräsentiert die erotische Liebe und küsst die Hand ihres Geliebten. Rubens hat ihr einen auffälligen, zentralen Patz gegeben und die hellen Farben ihres Kleides passen zu Jesus. Jesus wird in die Arme seines geliebten Jüngers und Freundes Johannes herabgelassen, der die freundschaftliche Liebe repräsentiert, die Sokrates *philia* nannte.

Augustinus, Gemälde von Bartolomé Esteban Murillo (1618–1682). Dieses Bild verdeutlicht, welche Metamorphosen das Herz seit der Antike durchlaufen hat. Hier wird Amor mit seinem Pfeil als Jesuskind dargestellt, als Gefährte Marias, ähnlich wie Eros und Aphrodite. In der Antike zielten Amors Pfeile nicht auf das Herz. Erst im Hochmittelalter, der Renaissance und besonders im Barock wird dies ein beliebtes Motiv.

Die Ekstase der heiligen Theresa von Giovanni Lorenzo Bernini (1598–1680), eines der größten und bekanntesten religiösen Kunstwerke des Barock, zitiert allegorische Attribute aus der weltlichen erotischen Kunst. Bernini bezieht sich damit auf Theresia von Ávilas (1515–82) eigene poetische Schilderung ihrer *unio mystica*, in der Liebe, Leidenschaft und Leid miteinander verschmelzen. Jesus in Gestalt von Amor trifft Theresas Herz und löst so ihre ekstatische Liebe zu ihm aus.

© akg-images/Erich Lessing

Im Barock läuft die christliche Blut- und Herzenssymbolik buchstäblich über. In Berninis Kunst übertrifft sie sich selbst. Weniger bekannt als dessen Statue der Heiligen Theresa in Ekstase ist dieses Ölgemälde, das Francois Spierre 1699 nach Berninis Zeichnung *Jesu Blut* malte. Der fromme Bernini stellte sich bildlich vor, wie man seine Sünden in einem Meer aus dem Blut des Heilands von sich abwaschen könnte.

Die Anbetung von Jesu heiligem Herzen mit St. Ignatius Loyola und Aloysius Gonzaga von José de Páez (1720–90). Die Jesuiten verehrten das Herz als Symbol der göttlichen Liebe, des Leides und der Erlösung, wie dieses spektakuläre Bild zeigt. Es darf schon paradox genannt werden, dass es in Mexiko gemalt wurde, wo das Herzblut vor, während und nach der spanischen Eroberung in Strömen floss.

In den Werken des größten Dichters des Hochmittelalters, *Dante Alighieri* (1265–1321), verschmelzen die ritterliche und die göttliche Liebe im ethisch und ästhetisch edlen Herzen, dem *cor gentil*, das hier vom plötzlichen Anblick der unschuldigen Schönheit Beatrice – die den Dichter in seiner *Divina Commedia* durch das Paradies führt – handfest gerührt und inspiriert wird. Im Vergleich zu Edvard Munchs *Trennung* auf der gegenüberliegenden Seite scheint Henry Holidays (1839–1927) *Dante und Beatrice* (1883) aus einer anderen Zeit und einer anderen Welt zu stammen. Was ist mit dem europäischen Herzen in der kurzen Zeit zwischen diesen beiden Bildern geschehen?

© akg-images

Edvard Munch (1863–1945) war in den 1890er-Jahren einer der ersten europäischen Künstler, der expressive und modernistische Bilder des vielschichtigen modernen Menschen malte, der zwischen hellen und dunklen Mächten hin- und hergerissen war, zwischen vitalen und irrationalen, destruktiven Leidenschaften. Auch theoretisch formulierte Munch ein Menschenbild mit verschiedenen Triebzentren, in deren Mitte das Herz als Symbol der Emotionen stand. Ein künstlerischer Ausdruck dieser Theorie ist das Bild *Trennung* (1896), in dem die blutige Hand zum Bild des Herzens und seiner emotionalen und erotischen Funktionen wird. Das Bild ist ein Gegenstück zu Henry Holidays Bild von Dante (1883), der sich an sein wild klopfendes Herz fasst, als er die reine und weiß gekleidete Beatrice in Florenz auf der Straße trifft.

© The Munch Museum/The Munch Ellingsen Group/VG Bild-Kunst, Bonn 2005

Henri Matisse: *Ikarus* (1943/1947). Mit einfachen Strichen zeigt der geniale Künstler, dass sich im Leben der Menschen alles um das Herz dreht. Das Bild spielt auf den Mythos von Ikarus an, der sich, inspiriert von der Glut seines Herzens und seiner Schöpferkraft, in den Himmel hinauf schwingt. Im hochmütigen Glauben, die Schwerkraft mit seinen künstlichen Flügeln aus Wachs und Federn überwinden zu können, steigt er immer höher, bis er der Sonne zu nahe kommt und seine Flügel schmelzen. Aber das Bild heißt nicht »Ikarus' Fall«, sondern nur *Ikarus*. Entstanden ist es während des zweiten Weltkrieges, aber es ist ebenso aktuell in den wahnwitzigen Kriegen der heutigen Zeit. Die Sonne ist durch Sterne ersetzt, die eher an explodierende Granaten erinnern und das Herz treffen. Jedes glühende Herz ist auch ein blutendes und leidendes Herz. Ikarus ist ein Märtyrer der menschlichen Intelligenz, ein Opfer dessen, was Nietzsche den »Geist der Schwere« nennt, der die schöpferischen Kräfte tötet und alles Gute zu Fall bringt.

© Succession H. Matisse/VG Bild-Kunst, Bonn 2005

Auch in der Volkskunst ist das Herz eins der meistgebrauchten Symbole. Hier eine filigrane Gürtelschnalle und das Schürzenband einer Frauentracht aus der Telemark in Norwegen. Der Hemdkragen einer Männertracht aus Bø in der Telemark stammt aus dem Jahr 1830.

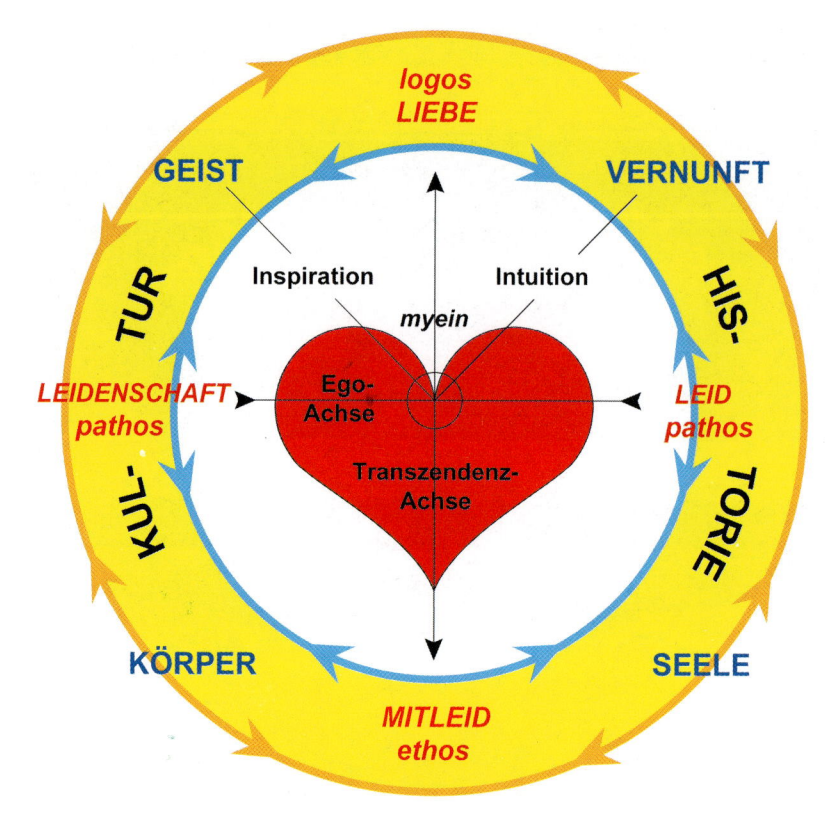

Der emotionale Kreislauf (Grafik: Trond A. Lerstang)

dieser allumfassenden Leidenschaft und deren Symbolik geprägt. *Love was in the air.* Es ist kaum verwunderlich, dass viele Ausdrücke, Metaphern und Symbole, die zur Zeit des Rittertums in der Liebe üblich waren, auf die Liebe zu Jesus übertragen wurden. Aus diesem Grund wird das Herz Jesu gegen Ende des Mittelalters zu einem immer häufiger auftretenden Motiv. Die Passion Christi und die Erlösung, die sie brachte, werden direkt mit seinem Herzen verbunden. Allmählich entstand ein regelrechter Herz Jesu-Kult, auch in den protestantischen Ländern, wo Luthers *theologia cordis* galt und Johann Arndt mit seinem Erbauungsbuch *Vom wahren Christentum* (1610) eine die Mystik (u.a. Bernhard von Clairvaux) rezipierende lutherische Frömmigkeit verbreitete. Seit dem 14. Jahrhundert ist in Deutschland das Motiv des Herzens als Symbol des liebenden und leidenden Christus zu finden. Zu diesem Kult gehört auch das flammende Herz, das direkt von der Liebe Jesu entzündet wird. Die ersten Abbildungen des flammenden Herzens tauchen im frühen 16. Jahrhundert auf und verbreiteten sich im Barock und im 18. Jahrhundert. Das Herz Jesu wurde zum Lieblingsmotiv in zahllosen Altartafeln, Gemälden und Illustrationen. Parallel zu diesem Herz Jesu-Kult entwickelte sich eine ikonographische Tradition um das Herz Marias, das oft von Schwertern oder Pfeilen durchbohrt dargestellt und von einem Blütenkranz umgeben wird. Gelegentlich flammt es auf und entfacht die Glut der anwesenden Gemeinde. Auch heute verzeichnen in einigen Ländern christliche (teils fundamentalistische) Bewegungen, die einen gefühlsbetonten Glauben predigen, wieder großen Zuwachs, z.B. die Charismatiker oder die Pfingstbewegung. Auch sie beziehen sich damit auf eine Tradition, die im Mittelalter begann.

Schon im Frühmittelalter hatte es ein christliches Werk gegeben, das Erotik und Religion sowie Leidenschaft und Leid miteinander verbindet. In diesem Werk ist zum ersten Mal der unglückselige Reim Herz – Schmerz belegt und wird sogar als Schlüsselbegriff benutzt. Es handelt sich um das althochdeutsche *Evangelienbuch* des elsässischen Mönches Otfried von Weißenburg, ein Bibelepos von über 7104 Langzeilen über das Leben Christi aus der Mitte des 9. Jahrhunderts. In keinem anderen Werk dieser Zeit wird so viel über das Herz gesprochen. Hier wird das Herz zum ersten Mal als Kosename benutzt. Dabei geht es jedoch nicht nur um das Herz Jesu, der Jungfrau Maria und der Heiligen (wie später im Mittelalter und der Renaissance), sondern auch um das Herz der Frau, die Jesus beweinte, weil sie ihr Herz an ihn verloren hatte, nämlich Maria

Magdalena. Hier treffen wir auf eine Liebe zwischen Mann und Frau, die genauso weit von Paulus' Ideologie entfernt ist wie Jesus' eigene Haltung gegenüber der Prostituierten in den Evangelien:

> Sie eigun mir ginoman / liabun druhtin minan,
> thaz min liaba herza / bi thin ruari mih thin smerza.
> („Sie haben mir genommen / meinen geliebten Herren,
> mein geliebtes Herz. / Deshalb durchwühlt mich der Schmerz."
> Nach Morus 1959: 70.)

Die religiöse Glut – ob sie nun in großer Kunst, Kathedralen oder Kreuzzügen resultierte – war seit dem Mittelalter eine Aufforderung zur Leidenschaft und somit auch eine Legitimierung subjektiver Gefühle einschließlich der erotischen. Der emotionale Wandel ist also nicht allein auf die höfische Dichtung zurückzuführen. Denn sobald die Leidenschaft zur Vorraussetzung für den Glauben und die Gnade wird, ist es auch kein großer Schritt mehr bis zur Anerkennung der erotischen Leidenschaft als positive und natürliche Grundlage der christlichen Liebe.

Der bedeutendste Vertreter der religiösen Glut und eines gefühlsbetonten Christentums war St. Bernhard von Clairvaux (1090–1153). Der charismatische Gründer des Zisterzienserordens – der einflussreichste Mönchsorden des Hochmittelalters – repräsentierte alle Tugenden des Klosterwesens: Gehorsam, Glaube, Gebet, Entsagung und Keuschheit, Frömmigkeit (*pietas*) und Demut (*humilitas*). Aber sein Name steht auch für eine herzliche Innerlichkeit, die ebenfalls zum neuen Liebesideal des Hochmittelalters beigetragen hat. Bernhards Predigten handeln im Grunde nur von der Liebe, *caritas*. Um Liebe geben und empfangen zu können, legt Bernhard mehr Gewicht auf das persönliche Empfinden und auf emotionale Einfühlsamkeit (*affectus*) als auf intellektuelle Erkenntnis. *Amor est affectio naturalis* („Die Liebe ist ein natürliches Gefühl") schreibt er in seiner Abhandlung *De deligendo Deo* („Über die Liebe zu Gott"). Sie wird vor allem im Herzen, dem Sitz der Seele, verspürt. Bernhard bezieht sich hier auf die biblische Unterscheidung zwischen einem warmen und einem kalten Herzen. Es hilft nichts, Lippenbekenntnisse abzulegen, wenn sie nicht auch gefühlt sind. Augustinus' *cor inquietum* wird bei Bernhard durch die Sicherheit beruhigt, dass seine Glut von Gott stammt. Für Bernhard ist es absolut ausgeschlossen, dass ein Mensch mit kaltem Herzen, der nicht lieben kann, Gottes Worte versteht. Er verkündet somit eine Herzenstheologie, in der das komplementäre Paar *cor caritatis* und *caritas cordis* eine diesseitige und anthropologische Bedingung für die göttliche Liebe ist.

Diesen Gedanken hat Martin Luther 400 Jahre später wieder aufgenommen, wodurch auch das protestantische Nordeuropa von einer Herzenstheologie erfasst wurde, in welcher der emotionale Zugang zu Glauben und Erlösung zählt. Davon zeugt unter anderem die umfassende Herzmetaphorik im protestantischen Liederschatz des 17. und 18. Jahrhunderts. Im gleichen Geist behauptete Luther, der Verstand sei warm. Wenn die Seele auf Jesus trifft, stellt Bernhard dies als eine Zusammenkunft von Braut und Bräutigam dar. Beide werden eins durch die Liebe des Herzens, eine Emblematik, die wir sowohl in der mystisch-alchimistischen Literatur der Renaissance als auch im protestantischen Liederschatz wiederfinden.

Bernhard von Clairvaux lebte wie er lehrte, mit einem flammendem Charisma – oder Fanatismus –, das seine Zuhörer als unwiderstehlich empfanden. In asketischer Entsagung und Frömmigkeit sprengte er von Mal zu Mal die physischen Grenzen seines Körpers und verschonte sich nie, wenn die „gute Sache" einen Schildknappen brauchte. Die Kehrseite seines missionarischen Eifers war, dass seine religiöse Glut auch den Anlass zu politischem Aktivismus gab, denn Bernhard war der große Ideologe hinter dem zweiten Kreuzzug. Er überredete europäische Fürsten und Könige, gegen die „ungläubigen" Muslime in den Krieg zu ziehen. Es wurde ein Kreuzzug, der in jeder Hinsicht in Verwüstung und Niederlagen endete, in Bernhards Fall auch persönlich. Einen anderen Kreuzzug gewann er jedoch, nämlich den, den er gegen seinen Kollegen und Zeitgenossen Abélard führte, der aufgrund von Bernhards theologischer Kritik als Ketzer verurteilt wurde.

Alle Merkmale des emotionalen Wandels im Hochmittelalter vereinen sich in der Lebensgeschichte des Rittersohnes, Scholastikers und Theologen Petrus Abélard (1079–1142). Seine Autobiographie *Historia calamitatum* (frei als „Leidensgeschichte" übersetzt) verbindet die religiöse mit der erotischen Liebe. Hier spielt sich der Konflikt zwischen Ritter und Mönch, zwischen Troubadour und Scholast, zwischen *cupido* und *caritas* in ein und derselben Person ab und spiegelt die moderne Verinnerlichung der zweigeteilten Liebe.

Abélard war einer der größten Denker der ersten Hälfte des 12. Jahrhunderts. Er war berühmt für seine Dialektik und seine rhetorische Begabung und nicht zuletzt auch ein bekannter Dichter. Im Alter von 38 warf er ein Auge auf die achtzehnjährige Héloïse, die kluge und schöne Nichte des Pariser Domherren Fulbert. In Héloïse (1099–1164) sah er alles vereint, „was einen Mann zur Liebe locken mag." Die weitere Geschichte ist bekannt. Abélard nahm Héloïse zu seiner Liebhaberin im Haus ihres Onkels, der ihm volle Befugnis als Privatlehrer gab, unwissend, welche Begierde Abélard wirklich antrieb. Als Héloïse schwanger wurde, reagierte Abélard nicht besonders nobel, sondern kirchlich konventionell und schickte sie zu seiner Schwester in die Bretagne. Dort blieb sie bis zur Geburt ihres Sohnes. Auf Druck des wütenden Onkels hin erbot sich Abélard schließlich, Héloïse zu heiraten. Sie lehnte ab – aus Liebe zu ihm, damit sie keine Schande über ihn bringen und seine Gelehrtenlaufbahn nicht behindern würde. Doch geschändet wurde Abélard, und zwar seine Männlichkeit. Der Onkel nahm bittere Rache für seine und seiner Nichte Entehrung. Eines Nachts überrumpelten mehrere Mann Abélard in seinem Schlafzimmer und kastrierten ihn. Der Eunuch verzog sich mit seiner Schande in ein Kloster. Eine kirchliche Karriere war für einen Eunuchen tabu. Héloïse ging ebenfalls in ein Kloster, wo sie nach einiger Zeit Äbtissin wurde.

Wir kennen diese Liebesgeschichte von beiden Seiten, weil Abélard sie einige Jahre später in seiner Autobiographie niederschrieb, die durch einen Zufall in Héloïses Hände geriet. Als sie die „Leidensgeschichte" las, fasste sie den Mut, Abélard zu schreiben, obwohl er in all den Jahren keinen einzigen Versuch unternommen hatte, sie zu erreichen. So entstand ein Briefwechsel, der zu Weltliteratur wurde. Abélards und Héloïses autobiographische und antiautoritäre Bekenntnisse sind sowohl vom Genre als auch vom emotionalen Inhalt her wie eine Fortsetzung von Augustinus' 750 Jahre vorher entstandenen *Confessiones* – jedoch mit umgekehrtem Vorzeichen in der Beurteilung des Körpers und des Gefühlslebens. Héloïse erklärt in ihren Briefen ihre noch andauernde Liebe und erklärt, warum sie Abélard nicht im wahren romantischen Geist heiraten wollte. Sie will lieber voll und ganz seine Liebhaberin sein, denn in der Ehe würde die Liebe durch Zwang verdrängt. Daran hält sie während ihrer gesamten Zeit im Kloster fest, wo sie mehr in Liebe zu Abélard als in Liebe zu Gott lebt, wie es einer Nonne gebühren würde.

Héloïse fasst die Aspekte der Liebe in ihren Briefen zusammen: Leidenschaft, Leid und Mitleid. Die Sorge und der Schmerz über ihr Unglück sind nicht kleiner als das Liebesglück, das die beiden einmal geteilt haben. Sie schreckt nicht davor zurück, Abélard des Betruges an der Liebe zu beschuldigen. In wohlgewählten Worten entlarvt die Äbtissin den Herzensbrecher, der seine Begabungen als Lehrer, Sänger und

Dichter zur Verführung eines unschuldigen Kindes missbraucht hat (wie Tristan mit seiner Leier vor Isolde), und fordert ihn auf:

> Gib Antwort, wenn Du eine hast, oder *ich* muss reden, reden von meinem Verdacht, von aller Welt Verdacht! Was Dich zu mir getrieben, es war wohl mehr Leidenschaft als Freundschaft, mehr wollüstige Gier als echte Liebe (übers. Eberhard Brost).

Die Tragödie ist doppelt so schlimm für Héloïse, weil sie nicht aus Pietät oder Liebe zu Gott ins Kloster gegangen ist, sondern aus Liebe zu Abélard:

> Es war doch nicht fromme Ergebung, die mich junges Ding ins finstere Kloster führte; nein; Dein Wille allein stieß mich ins Kloster. Ernte ich von Dir keinen Dank für mein Opfer, dann musst Du es selbst als vergeblich bezeichnen; von Gott habe ich doch keinen Lohn zu erwarten; dass ich nicht aus Liebe zu Gott getan, was ich getan, das kann niemand bestreiten. [...] Ich wäre doch, weiß Gott, ohne Zaudern auf Dein Geheiß in die Hölle Dir sogar vorausgeeilt oder doch nachgestürzt.

Diese Haltung ist charakteristisch für den im Hochmittelalter beginnenden emotionalen Wandel: In vollem Bewusstsein gibt Héloïse der körperlichen, menschlichen und diesseitigen Liebe den Vorrang vor der Gottesliebe. Es verwundert deshalb kaum, dass sie zu einem Ideal der Romantiker wurde. Rousseau fühlte sich von ihrer Liebesgeschichte so angesprochen, dass er 1759 ein Buch über die verklärte und selbstaufopfernde Héloïse schrieb: *La nouvelle Héloïse*. Es gibt also eine direkte Verbindung zwischen dem Gefühlsideal der Romantik und den religiösen und weltlichen Idealen des Hochmittelalters, wie sie Héloïses Liebesgeschichte repräsentiert, die fast so bekannt wurde wie die etwas jüngeren Tristan-Romane. Der Briefwechsel zwischen den beiden Liebenden wirft erneut die Frage nach dem Huhn und dem Ei auf: Steht die Schrift hinter ihrer Liebe oder ist es Liebe, die hinter ihrer Schrift steht?

Héloïse ist zu einer Symbolgestalt für das westliche Verständnis von wahrer Liebe geworden: Wahre Liebe ist mehr als erotische Leidenschaft und sexuelle Begierde. Zu lieben bedeutet, sich für einen anderen Menschen in Fleisch und Blut aufzuopfern. Héloïses Gegenstück, der Theologe Abélard, ist eher abstrakt und prinzipiell in seiner Liebeserklärung, die nur ein Deckmantel für seine Selbstgerechtigkeit und seinen

Egoismus ist. Dank ihres Charakters kann Héloïse jedoch trotzdem auf Erlösung hoffen – aus menschlicher Sicht. Sie trotzt dem sexuellen Egoismus des Mannes, seinem doppelten Betrug *und* der kirchlichen Verdammung der körperlichen Liebe, die doch im Grunde ihr Ziel ist. So jedenfalls interpretieren wir sie. Ihre Zeitgenossen dagegen sahen dies anders. Manche behaupten, ihre Briefe seien gefälscht und in Wirklichkeit von einem Geistlichen geschrieben, der Héloïse als abschreckendes Beispiel darstellen wollte. In diesem Fall wäre es ein historisches Paradoxon und ein Triumph der Gesinnungsethik, dass die Nachwelt Héloïses Briefe als das genaue Gegenteil ansah.

In Wort und Tat hebt Héloïse den Dualismus zwischen Körper und Seele auf, der das mittelalterliche Denken ansonsten bestimmte, ein Dualismus, den auch Abélard mit seiner nominalistisch inspirierten Theologie herausforderte. Der Nominalismus war eine theologisch-philosophische Denkrichtung des Hochmittelalters, die die reale Existenz von Universalien (Allgemeinbegriffen, Ideen) ablehnt. Die Nominalisten behaupteten, dass in der Welt nur Einzeldinge existieren, die individuelle Qualitäten haben. Die Universalien sind Ergebnis des Denkens und spiegeln nicht die Qualitäten der konkreten Dinge. Der Nominalismus vertritt also die Auffassung, dass Allgemeinbegriffe bloße Namen (*nomina*) sind. Für den Nominalisten existieren Allgemeinbegriffe deshalb nur durch unsere Erfahrungen oder sie werden im Verstand konzipiert, wie Abélard behauptet. Damit wertete er sowohl die Welt der realen, sinnlich erfahrbaren Dinge als auch die der Begriffe auf. Es ist geradezu modern, wenn er behauptet, dass die Begriffe in unserer Vernunft und unserem Abstraktionsvermögen entstehen und keine direkte Entsprechung in der Welt der Dinge oder der göttlichen Schöpfung haben. Diese Spielart des Nominalismus nennt man Konzeptualismus. Abélard wurde dafür der Ketzerei beschuldigt und verurteilt. Sein Leben war ruiniert, auch wenn er dem Scheiterhaufen entging. Indirekt starben Héloïse und Abélard beide dafür, dass sie ein intensives diesseitiges Leben geführt hatten. Lange Zeit später wurden sie im Tode wiedervereinigt, denn im 19. Jahrhundert begrub man ihre sterblichen Überreste gemeinsam in einem Sarg auf einem Pariser Friedhof.

Die Liebesgeschichte von Abélard und Héloïse repräsentiert nicht nur den emotionalen Wandel des Hochmittelalters, sondern auch den Trotz gegen die kirchliche Allmacht. Sie deutet bereits auf das freie Individuum hin, das keine anderen Götter außer der Vernunft, der persönlichen Erfahrung und der selbsterlangten Erkenntnis akzeptiert. Abélards und noch mehr Héloïses Treue zu der Stimme ihres Herzens förderte einen Mut, der charakteristisch für das europäische Geistesleben der Zukunft werden sollte: Der Mut, seiner persönlichen Überzeugung und der Stimme seines Herzens zu folgen, auch wenn diese sich gegen alle Traditionen und Autoritäten richtet. Diese Befreiung und die *Pflicht*, selbst zu denken, beginnt bei den Emotionen.

Neu an Abélard war auch, dass er als erster Theologe Luther vorwegnahm, indem er die Absicht oder den Zweck als ausschlaggebend für eine moralische Handlung oder Denkweise bezeichnete. Es kommt also darauf an, mit welcher Gesinnung oder welchem Motiv eine Tat ausgeführt wird, ob sie gut gemeint ist. („Gott achtet nicht darauf, was geschieht, sondern in welcher Gesinnung es geschieht.") Die Analyse der inneren Einstellung verlangt ebenfalls Selbstreflexion und die Hinterfragung der eigenen Motive. Abélards *Ethik* trägt deshalb den sprechenden und ansprechenden klassischen Untertitel *Erkenne dich selbst*.

Abélard und Héloïse sind das geistliche Gegenstück der Trobador-Dichtung, die im selben Jahrhundert ihren Höhepunkt erreichte. Abélard selbst schrieb sowohl Liebes- als auch Kirchenlieder. Was gemeinsam hinter diesen beiden Strömungen steht, erklärt den emotionalen Wandel und warum dieser in ein Liebesideal mündete, das für den Rest des Jahrtausends in einem gesamten Kulturkreis gelten sollte. Deshalb hier noch ein paar zusammenfassende Worte über das neue europäische Herz.

Das Herz in der romantischen Liebe

Wir haben die Naturalisierung der Liebe in der Tristan-Tradition hervorgehoben. Die Liebenden tun das, was „natürlich" ist, sie folgen ihrem Herzen. Aber dieses neue Herz ist keineswegs natürlich, sondern künstlich erschaffen. Es ist eine Metapher und ein Symbol. Kurz gesagt steht die romantische Liebe für den Triumph der Kunst über die Natur. Sie ist ein Ergebnis der Metamorphosen, denen das Herz im Mittelalter unterzogen wird.

Im Mittelalter wird das Herz geteilt und der Mensch bekommt *zwei* Herzen. In der griechischen Antike hatte der Mensch viele Herzen mit verschiedenen Namen und Eigenschaften, die alle konkret körperlich erlebt wurden. Im Mittelalter wird das symbolische Herz nach und nach vom physischen Herzen getrennt. Herz und Liebe werden eins, aber nicht auf dieselbe Art, wie Herz und Mut im altnordischen Menschenbild zusammengehören. Das Herz ist kein Liebesorgan im physischen Sinn, sondern ein *Symbol* der Liebe. Die Liebe ist nicht vom Herzschlag abhängig. Sie gehört dem nicht-körperlichen Herzen, mit dem sie identisch wird, und ist folglich ein künstliches oder sogar ganz speziell literarisches Produkt. Wenn Liebe und Erotik „Herz" genannt werden, werden sie von Tabus befreit und weniger anstößig, so dass die Menschen freier über sie reden können. Dies war nicht nur für die Dichter, sondern auch für die Liebenden selbst ein Gewinn.

Hinter dieser Verbildlichung des Herzens steht ein viel älterer Herzenskult, der auf der magischen Kraft des Herzens und des Blutes beruhte. Eine Variante dieser Herzmagie war die Blutsbrüderschaft durch Vermischen des Blutes, die bis in den Tod verpflichtete. Der Treueeid, bei dem der Ritter vor seiner Dame auf die Knie fällt und ihr mit der Hand auf seinem Herzen Treue schwört, ersetzt einen älteren rituellen Tausch der Herzen, bei dem sein Herz in ihrer Brust Platz nehmen sollte und umgekehrt, damit beide stets die Gefühle des Anderen teilen sollten – wie Héloïse für Abélard fühlte. Die Vorstellung, dass sich zwei Herzen austauschen, überlebte als symbolischer Ausdruck gegenseitiger Liebe. Als Tristan und Isolde nach einem heimlichen nächtlichen Liebestreffen voneinander scheiden, sagt Isolde: „Mein Leib bleibt hier, du nimmst mein Herz mit dir." Auch dieser Gedanke – dass die Herzen zweier Liebender in der vollkommenen Liebe eins werden – findet sich sowohl in der weltlichen als auch der religiösen Literatur. Er spiegelt sich auch in der nach christlichem Verständnis unauflösbaren Ehe, in der die Herzen der treuen Eheleute verschmelzen, *duo in corde uno*, so wie bei Bernhard die Seele und Jesus als Braut und Bräutigam eins werden.

Einer von Chrétien de Troyes' Romanen, *Cligès*, handelt von einem solchen Tausch zweier Herzen. Er enthält lange Exkurse darüber, was es bedeutet, sein Herz einem anderen Menschen zu schenken. Der rituelle Tausch der Herzen ist ein Ausdruck von Empathie. In der höfischen Kultur konnte dieser Tausch, der eigentlich ein Verschmelzen zweier Herzen ausdrückte, rituell oder symbolisch durch einen Kuss vermittelt werden. Der Kuss besiegelte die Verschmelzung der Herzen und sensibilisierte den Ritter für die Gefühle der Frau, die er vom Moment des Kusses an als seine eigenen empfand. An dieser Stelle treten die neue Literatur und die höfische Liebe auf den Plan und machen das Herz zum Symbol der Liebe. Die engere erotische Bedeutung, die der Kuss heute in unserer Kultur hat, ist leichter zu verstehen, wenn wir ihren Ursprung in der romantischen Liebe kennen. In Gottfrieds *Tristan* kommt der Kuss aus den Tiefen des Herzens:

Ein kus in liebes munde,
der von des herzen grunde
her ûf geslihen kaeme,
ôhî waz der benaeme
seneder sorge und herzenôt!

(„Ein Kuss von der Geliebten Munde, der von des Herzens Grunde heraufgeschlichen käme, oh, wie der von mir nähme Sehnsucht und Herzensnot!" Übers. F.Z.) In der Regel jedoch war der Kuss der erste und der letzte Körperkontakt zwischen Ritter und Hofdame. Der Rest war reines Hofieren – und Kunst. Kein Wunder, dass bei solcher Sublimierung die Liebe und ihre Symbole zum häufigsten Motiv der Kunst wurden. Verstärkung bekam das Herz in dieser produktiven Dichtung durch subtile, fein abgestufte Bilder und allegorische Formen wie die Blume und vor allem die Rose, wie der Titel des populären *Rosenromans* aus dem 13. Jh. bezeugt, der bis ins 17. Jahrhundert Frankreichs meistgelesenes Buch blieb. (Wieder spukt dabei im Hintergrund der Einfluss der arabischen Dichtung.) Weitere metaphorische Attribute der Liebe waren z.B. Vögel wie die Nachtigall und die Lerche.

Der *Roman de la rose* wurde 1230–45 von Guillaume de Lorris geschrieben und stellt die höfische Liebe allegorisch dar. Im Grunde ist dieser Versroman ein erotisches Lehrbuch. Er schildert die Abenteuer eines jungen Mannes, der in den burgähnlichen Garten der Liebe eindringt, um eine schöne Rose (junge Frau) zu pflücken, die bald in voller Blüte steht. Aber so einfach darf er das nicht. „Nur anschauen, nicht berühren", lautet die Botschaft dieses unvollendeten Textes. Als jedoch Jean de Meung eine entscheidende Generation später 1270–85 den zweiten Teil des Romans schrieb, durfte der junge Mann seine Rose endlich pflücken. Die Liebe (die erst im zweiten Teil als allegorische Figur auftritt!) hat nun die Burg verlassen und lebt in einem Garten, wo die „Natur" und „Genesis" regieren. Die natürlichen und kosmischen Kräfte haben wieder die Macht übernommen, die sie in der Antike besaßen. Diese Entwicklung stand in einer Linie mit manchen neuen Lehren, die zur gleichen Zeit an den neugegründeten Universitäten verbreitet wurden, besonders in Paris. Außerdem ist das Objekt der Liebe nun keine verheiratete Frau mehr, sondern ein junges, schönes Mädchen, das der junge Mann erreichen und heiraten kann.

Der zweite Teil des *Rosenromans* ist ein scharfer Angriff auf die christliche und die höfische Liebe mit ihrer Heuchelei und ihrem affektiven Gehabe, die nur Wahnsinn hervorrufen und die natürliche Liebe unterdrücken. Jean de Meung plädiert für die „wahre" Liebe, die durch Freundschaft und Respekt zwischen den Partnern bestimmt ist. Sexualität ist darin keine Sünde, sondern natürlich. Gott und die Natur sind wiedervereint.

Aus unserer Perspektive ist es besonders interessant, dass plötzlich Amor mit seinen Pfeilen wieder auftaucht, und zwar als allegorischer Ausdruck der Leidenschaft. Und nun zielen seine Pfeile direkt aufs Herz – um dort die seligmachende Glut zu entzünden, sei sie nun erotischer oder religiöser Natur. Dass er im *Rosenroman* mit verschiedenen Pfeilen operiert, ändert nichts am Prinzip. Die Symbolik des Herzens wird somit vollständig. Um das Jahr 1300 erreicht die Synthese aus menschlicher und göttlicher Liebe einen neuen Höhepunkt in der italienischen Dichtung, im *dolce stil nuovo*, dessen großer Meister Dante Alighieri war. Auch für ihn ist das edle Herz (*cor gentil*) die Quelle der Liebe und der Inspiration.

Als die Malerei eine neue Blüte erlebt, die in den großen Ölgemälden der Renaissance kulminiert, stehen also das Herz und andere Motive – nicht zuletzt der nackte menschliche Körper – bereit für die Darstellung des neuen Menschen. Das Hochmittelalter und die Renaissance sind die Epochen, die unsere europäischen Herzen am stärksten geprägt haben. Als Martin Luther ein Briefsiegel als Identitätsbeweis auswählt, ist er ganz ein Kind seiner Zeit und entscheidet sich für ein Kreuz in einem Herzen, das in eine Rosenblüte gebettet ist. Alles in Einem! Unsere Identität liegt in unseren Bildern und Symbolen, denn der Mensch ist ein Symbolwesen, das in einer Welt aus Symbolen lebt. Deshalb ist es unmöglich, zwischen unseren Bildern des Universums und unserem Bilderuniversum zu unterscheiden. Das Herz ist identisch mit den Bildern, die wir zu verschiedenen Zeiten von ihm haben.

Mit der Romantik wird die moderne Symbolik des Herzens komplett und entspricht dem zeitgenössischen Gefühlsleben, das im selben Takt angepasst wird wie die Bilder als Ausdruck von Tatsachen akzeptiert werden. Vergessen sind die faktischen Verhältnisse; sie sind anti-romantisch. Die Bilder und Symbole formen, wenn sie erst einmal erschaffen sind, auch unser Gefühlsleben. Genau das ist das Magische an der Sprache, auch an der künstlichen Symbolsprache: Sie erschafft das, was sie benennt. Wenn man vom Teufel redet, ist er nicht weit. Die Bilder und

Symbole erschaffen einen *Code*, mit dem Liebe und Gefühle vermittelt werden. Gleichzeitig werden diese Gefühle von genau diesen Symbolen mitgeformt. Der Code trägt zum Entstehen entsprechender Gefühle bei oder fordert dazu auf. Ohne diesen Code würde es die meisten Gefühle gar nicht geben (Luhmann 1994: 51).

Die Metaphorisierung des Herzens und die Entwicklung einer Sprache des Herzens im Mittelalter gehen mit einer Aufwertung der Sinne einher. Die Philosophie (durch den Nominalismus), die neu entstehenden Wissenschaften und die Kunst trugen das Ihre dazu bei, der sinnlichen Erfahrung ihren angemessenen Platz im Leben der Menschen zu geben – wieder im Gegensatz zur christlichen Beurteilung des Sinnlichen. In der Trobador-Dichtung öffnen die subjektiven Gefühle und Sinne der Liebe den Weg. Besonders der Blick entzündet die erotische Glut und das Verlangen im Herzen, wie der Trobador Guiraut de Borneilh (1138–ca. 1200) exemplarisch schildert (übers. Franz Wellner, aus Tuchel 1985: 105):

> Sie nahm mein Auge, nahm mein Herz gefangen,
> und all mein Denken kehrt sich, all mein Sinn
> seither zu ihr allein in Sehnsucht hin.

Eine neue Welt öffnet sich denjenigen, die es wagen, der kirchlichen Verdammung des Sinnlichen zu trotzen, eine Welt voller schöner Anblicke, anregender Düfte, wohlgeformter, graziöser Körper, die sich danach sehnen, die Glut der Liebe miteinander zu teilen. Die Trobador- und Minnedichtung hat diese Sehnsucht nach der körperlichen und verführerischen Liebe freigesetzt. Die Befreiung führt oft in den Tempel der Natur hinaus, weg von den engen und einengenden Räumen des Hofes und der Kirche. Mit ihrer Verehrung der paradiesischen Natur nimmt die Dichtung der Ritterzeit die Romantik voraus. In den Hainen der Natur gibt es weiche Liebesbetten unter beschützenden Zweigen und unter freiem Himmel. Der Slogan „Hinaus in die Natur" bekommt zu dieser Zeit eine neue Bedeutung, die die Popularität des *Tristan* erklärt. Nicht ohne Grund wurde *Under der linden* Walther von der Vogelweides berühmtestes Lied – hier nur die erste Strophe in Christian Morgensterns Übersetzung:

> Unter der Linden,
> an der Heide,

da unser zweier Bette was,
da möget ihr finden
hold sie beide
gebrochen Blumen so wie Gras.
Vor dem Walde in einem Tal
tandaradei!
lieblich sang die Nachtigall.

Die ritterliche Liebe setzte nicht nur emotionale Energie frei, sondern förderte auch die Freiheit des Ausdrucks. Dieser Befreiungsprozess deutet bereits auf die Zeit der Aufklärung und besonders auf die Romantik hin. Der emotionale Wandel im Hochmittelalter war eine Vorraussetzung für den *expressiven Wandel* der Romantik: Der Mensch erlangt erst dann seine Identität, wenn er sich selbst ausdrückt, insbesondere seine Gefühle. So geht eine direkte Linie von der Dichtung der Troubadouren über die Romantik bis in die Gegenwart, unter anderem zur Hippiebewegung der Sechzigerjahre, die mit *Flowerpower* und dem Slogan *Make love, not war* alle religiösen Fundamentalisten herausforderte, die mit den ewigen Qualen der Hölle drohten oder selbsternannten Märtyrern und „Rechtgläubigen" das ewige Leben an irgendeinem fiktiven Ort versprachen. In den Liedern der Trobadors und den Ritterromanen des 12. und 13. Jahrhunderts gibt es nur eine Welt, ein Leben und ein Glück, nämlich das der Liebenden im Hier und Jetzt.

Aber dieses Ideal ist so totalisierend, dass es schon fast totalitär zu nennen ist. Es lässt wenig Platz für andere Ideale neben sich. Indem die kulturbedingte Leidenschaft als natürlich, ewig und unabänderlich dargestellt wird, wird sie über jeden Zweifel erhaben und allen anderen Formen der Liebe vorgezogen. Wer die Natur auf seiner Seite hat, hat immer einen Vorsprung gegenüber der Konkurrenz. Dies gilt nicht nur für die Evolution, sondern auch für die Rhetorik. Der Anspruch des Tristanismus, die natürliche Liebe zu repräsentieren, erklärt seinen Erfolg in unserem Kulturkreis, auch wenn er im Widerstreit mit der Lehre der Kirche steht.

Die Reaktion der religiösen Instanzen auf die emotionalen „Befreiungsbewegungen" des Mittelalters belegen, dass die Kirche ihre Macht bedroht sah: Inquisition, Ketzerprozesse, Exkommunikationen und Androhung von Höllenqualen. So werden Abweichler und „Ungläubige" zu allen Zeiten in Gottes Namen verfolgt. Unrecht und Machtmissbrauch berufen sich auf Gott und die Moral; „Heiliger Krieg" und Hexenprozesse richten sich immer gegen diejenigen, die das Körperlich-Sinnliche oder Himmel und Hölle anders beurteilen. (Das irdische Leben wird dabei übersehen.) Fundamentalisten, Machtmenschen und Moralisten sind stets auch Feinde des Witzes und des Gelächters. Die Befreiung des Körpers ist deshalb immer noch mit der Befreiung des Lachens verbunden. Das institutionalisierte Christentum hat bis heute noch keine ausgewogene Balance zwischen Körper und Seele gefunden und unterdrückt noch immer das befreiende Gelächter des homerischen *asbestos gelōs*. Es herrscht weiterhin Grabesstille. Dies gilt nicht zuletzt auch dem Verhältnis der Kirche zur Homosexualität. Sie wird weiterhin verdammt, obwohl die Kirche selbst durch ihren Kampf gegen die fleischliche Lust, das Zölibat und die Einrichtung geschlossener Institutionen wie Klöstern die Homosexualität stärker gefördert hat als irgendjemand. Dies geschah unter Umständen sogar mit geistlichem Segen. St. Aelred von Rivaulx verherrlichte die Homosexualität als eine Methode, die göttliche Liebe zu erforschen (Zeldin 1998: 123). Und Richard Löwenherz verlor durch seine homosexuellen Neigungen weder an Frömmigkeit noch an Kampfeslust.

Alltägliche Liebesgeschichten

Das höfische Liebesideal war absolut heterosexuell; es betonte die weibliche Tugend und die männliche Stärke. Die alltägliche Erotik dagegen ist eine andere Geschichte. In der ritterlichen Freundschaft zwischen Männern ging es sexuell betrachtet keineswegs immer ritterlich zu. Auch das keusche Leben unter Gleichgeschlechtlichen in den Klöstern war nicht immer tugendhaft. Es gehört zu den großen Paradoxa der Geschichte, dass die Kirche die Homosexualität verdammte, aber gleichzeitig indirekt förderte. Diese inoffizielle Geschichte ist nicht nur ein moralisches und kulturelles Crux, sondern auch eine Erinnerung daran, dass es im Sexualleben der Menschen vielleicht gar nichts „Natürliches" gibt und dass Moralismus nicht immer der Moral dient. Man könnte sogar behaupten, dass die Homosexualität im Mittelalter demonstriert, wohin die Unterdrückung des Körpers und seiner Bedürfnisse führen kann. Die eigenen Archive der Kirche sprechen Bände, da die Inquisition mehrere hundert Jahre lang ausführliches Material über das Sexualleben der Menschen gesammelt hat.

Ein Klassiker der Mentalitätsgeschichte ist Emanuel le Roy Laduries *Montaillou. Ein Dorf vor dem Inquisitor 1294 bis 1324*. Ladurie zitiert Quellen aus erster Hand aus dem Dorf Montaillou in den Pyrenäen, nämlich die Protokolle des Inquisitors Jacques Fournier, der später in Avignon als Benedikt XII. Papst wurde. Die Ursache der Inquisition in Montaillou war die Häresie der Katharer, die nach ihrer südfranzösischen Hochburg Albi auch Albigenser genannt werden. Die Katharer waren möglicherweise vom griechischen Manichäismus beeinflusst und glaubten an die Seelenwanderung. Ihre Lehre war stark dualistisch geprägt, sie betrachteten die äußerliche Welt als im Verfall befindliches Werk des Teufels. Eine paradoxe Nebenwirkung dieser Weltsicht war, dass irdische Dinge wie die Einstellung zur Sexualität keinen wesentlichen Einfluss auf das Seelenheil hatten. Solchen ketzerischen Gedanken begegnen wir in Montaillou, weshalb Fournier ein rechtmäßiges Verhör aller Einwohner durchführte, bei dem er ihr Privat- und besonders ihr Sexualleben unter die Lupe nahm.

Was Fournier über das Liebesleben von Montaillou rapportiert, weicht radikal von der offiziellen kirchlichen Moral ab, aber auch vom überzogenen Liebesideal der höfischen Dichtung, die nichtsdestotrotz ihre Spuren hinterlassen hat. In Montaillou treffen wir auf die trivialen Alltagsgeschichten der Liebe, auf die gewöhnliche Last mit der Lust. Hier berührt die Liebe wieder den Boden, auf dem das einfache Volk sein diesseitiges Leben führte und pragmatische Kompromisse zwischen den Bedürfnissen des Körpers und den Dogmen der Kirche schloss. In Montaillou war das Geschlechtsleben keineswegs tabu, und ein Großteil der Einwohner verstieß (laut Fournier) gegen die geltenden Sexualnormen. Sie hatten vor- und außerehelichen Sex auf verschiedenste Art und Weise und zu jeder Tageszeit, auch am helllichten Tag, betrieben Inzucht und verführten junge Mädchen vor deren Hochzeit. Und unter den Geistlichen war Homosexualität – Sodomie, wie es bei Fournier heißt – verbreitet. Der größte Schürzenjäger des Dorfes war Pater Pierre Clergue, der unter dem Einfluss der „Ketzer" stand. (Das Wort ist übrigens von „Katharer" abgeleitet.)

Eine der Frauen, die der Inquisitor verhörte, Grazide Rives, war mit jenem Clergue verwandt. Mit dem stillschweigenden Einverständnis ihrer Mutter verführte Clergue Grazide im Alter von 14 oder 15. Nach Grazides eigenen Worten war von Vergewaltigung keine Rede. Sie erzählt:

> Er entjungferte mich in der Scheune, wo das Stroh liegt. Er brauchte keine Gewalt dabei. Danach kannte er mich weiterhin im Fleische bis zum folgenden Januar. Das ging immer im Ostal meiner Mutter vonstatten. Die wusste es und

billigte es. Wir machten es hauptsächlich tagsüber. Danach, im Januar, verheiratete mich der Pfarrer mit meinem [inzwischen] verstorbenen Mann Pierre Lizier; und nachdem er mich diesem Mann gegeben, fuhr er doch fort, mich im Fleisch zu erkennen, und schlief oft bei mir während der vier Jahre, die mein Mann noch zu leben hatte. Und dieser wusste das und billigte es (Ladurie 1983: 184f.).

Aus unserer Perspektive ist es besonders interessant, wie Grazide ihr „sündiges" Verhältnis mit einem Mann erlebt, den sie nicht liebt und mit dem sie sich (nach damaligen Normen) sowohl der Blutschande als auch des Ehebruchs schuldig macht. Ohne die in ihrer Zeit so populäre Ritterdichtung zu kennen, benutzt sie in ihrer Aussage Begriffe, die an diese Dichtung erinnern:

Sie dachte offensichtlich wie das *Bréviaire d'amour* und die *Flamenca*: „Eine Dame, die mit einem wahren Geliebten schläft, ist aller Sünde rein ... Die Freude der Liebe beweist die Unschuld des Akts, denn sie kommt nur aus reinem Herzen." Freilich drückte sie sich weniger theoretisch aus: „Mit Pierre Clergue hat es mir Spaß gemacht. Wie konnte es da Gott keinen Spaß machen? Es war also keine Sünde" (ebd.).

Ladurie zufolge ist Grazides fehlendes Schuldgefühl nicht in erster Linie auf die ritterliche Dichtung zurückzuführen, sondern vor allem auf ihren kulturellen Hintergrund. In Okzitanien herrschte große sexuelle Toleranz. Erst wenn das Begehren von Grazides Seite ausgeblieben wäre, wäre der Sex mit dem Priester zur Sünde geworden. Der gemeinsame Wille zum Vollzug der Leidenschaft dagegen garantierte die Unschuld der beiden.

Der Fall Grazide zeigt, dass die Herzen der Menschen und das Geschlechtsleben in Form und Funktion kulturell bedingt sind. Wenn Grazide auf Basis gewöhnlicher christlicher Normen behaupten kann, dass sie mit Clergue nicht gesündigt, sondern aus reinem Herzen gehandelt habe, beweist dies nur die Relativität des Gefühlslebens. Grazides Herz ist offenbar eine Funktion sowohl ihrer sexuellen Begierde als auch ihres kulturellen Hintergrundes.

Homosexualität ist ein weiteres Beispiel dafür, dass die Sexualität des Kulturwesens Homo Sapiens nicht von Natur aus festgelegt ist. In Montaillou wie in anderen ländlichen Gegenden war sie im Allgemeinen nicht verbreitet, denn sie war im Hochmittelalter ein eher urbanes Phänomen, das besonders an kirchlichen Institutionen vorkam:

> Dass Sodomie ein städtisches Laster war, geht jedenfalls aus Bischof Fourniers Vernehmungsprotokollen mit aller wünschenswerten Deutlichkeit hervor. [...] Den Vernehmungsprotokollen des inquisitorischen Bischofs ist diesbezüglich eine vollständige psychologische Biographie zu entnehmen. Die Geschichte spielte sich im Parmiers ab, dem Bischofssitz der Diözese, zu der Montaillou gehörte (ebd., 174 u. 172).

Ein Einwohner Montaillous, der auf diese Weise homosexuell wurde, war Arnaud de Verniolles, ein Subdiakon und Franziskanermönch, der wegen Regelbruchs aus dem Orden ausgeschlossen wurde. Auf der Schule in Parmiers hatte der Sohn eines Ritters einige Wochen lang mit ihm das Bett geteilt und so Arnauds latente Homosexualität aktiviert. Arnaud blieb keine andere Wahl. Er wurde ein aktiver, wenn auch nicht notorischer Homophiler, der mit großem Erfolg sechzehn- bis achtzehnjährige Jünglinge verführte. Das geschah nicht immer auf ritterliche Art und Weise: „Manchmal genoss Arnaud seine Eroberungen ohne viel Umstände auf dem nächstbesten Misthaufen" (ebd., 173).

Das Sexualleben des homophilen Arnaud war nicht besonders herzlich. Er erlebte in seinen homosexuellen Verhältnissen trotz der Toleranz seiner Mitbürger keinerlei Liebe. In seinen Aussagen redet er so gut wie gar nicht über die Gefühle zu seinen Freunden, denn in dieser Hinsicht hatte das Christentum klare Grenzen gezogen.

Der Fall Arnaud zeigt, dass der offiziell akzeptierte Liebesbegriff zu seiner Zeit nur zwei Einstellungen zur Homosexualität kannte: Sie galt entweder als Perversion oder als primitive Begierde, was im Mittelalter beides Sünde war. Arnaud selbst scheint seine Homosexualität als Makel zu begreifen, weshalb er für seine Partner nicht die Gefühle hegt, die heute in einer solchen Beziehung normal wären. Trotzdem widersetzt er sich der Sexualmoral seiner Zeit, genau wie Grazide. Deren Rechtfertigung entspricht eher den Idealen ihrer Zeit: Wenn beide Partner dasselbe fühlen und sich an der erotischen Beziehung erfreuen, kann dies keine Sünde sein. Sowohl Arnaud als auch Grazide – und mit ihnen viele andere – taten das, wozu sie Lust hatten. Dies war schon zu allen Zeiten so. Sobald jedoch die subjektive erotische Lust als allgemeine Rechtfertigung für das benutzt wird, was offiziell als Sünde gilt, kündigt sich eine neue Zeit an. Europa befindet sich auf dem Weg in ein neues Zeitalter, in dem das *Subjekt* einen völlig neuen Status bekommt. Ohne diesen Subjektivismus und das Recht, selbst und unabhängig von äußeren Autoritäten zu denken, hätten auch die wissenschaftliche Revolution und die Renaissance nie stattgefunden. Gleichzeitig jedoch lebt das Alte weiter. Europa ist und bleibt eine christliche Kultur. Diese Spannungen zwischen Alt und Neu kamen ganz besonders im Dualismus zum Ausdruck, der scheinbar alle Epochen und Wandlungen in der europäischen Kultur überlebt. Dabei bildet die Renaissance keine Ausnahme. In ihr scheinen sich der Dualismus und das neue subjektive Denken sogar gegenseitig zu stärken.

Das neue Subjekt

Zwei Seelen wohnen, ach! in meiner Brust.
(Goethe: *Faust*)

Im Allgemeinen wird behauptet, der moderne Mensch sei ein Produkt der Renaissance. Dies ist durchaus korrekt, sofern man von der Kunst, der Philosophie und der wissenschaftlich-technischen Revolution ausgeht. Ein neues, nach außen gekehrtes und expansives Weltbild macht sich breit und führt dazu, dass die Europäer den Rest der Welt entdecken, auf andere Hochkulturen stoßen und sie zerstören. Aber die Vorraussetzungen für diese Geschichte wurden im Hochmittelalter und durch den emotionalem Wandel geschaffen. Und dahinter steht wiederum Augustinus, der in vieler Hinsicht alles in Gang gesetzt hat.

Aus mentalitätsgeschichtlicher Perspektive ist die wichtigste Auswirkung von Augustinus' Leben und Werk eine psychologische Verinnerlichung oder *Internalisierung* der Mächte, denen der Mensch ausgesetzt ist oder sich ausgesetzt fühlt. Aber es dauerte mehrere Jahrhunderte, bis diese Mentalität sich in unserer Kultur durchsetzte. Zu seiner Zeit ist Augustinus mit seinem Verständnis des inneren Seelenlebens noch ein Rufer in der Wüste. Der Prozess der Selbsterkenntnis im Inneren, den wir von Odysseus über Sokrates und Platon bis zu Augustinus verfolgt haben, verschwindet (im westlichen Kulturkreis) für einige Jahrhunderte von der Erdoberfläche, bis er in der Zeit nach 1050 wieder auftaucht. Von da an wird wieder Gewicht auf das Innere gelegt und die Reue (*contritio*) wird zum zentralen Begriff des Seelenlebens.

Die christliche Bekenntniskultur nimmt besonders im 12. und 13. Jahrhundert Gestalt an. 1215 gebietet die Kirche, dass jeder Christ mindestens einmal im Jahr zur individuellen Beichte zu gehen hat. Dadurch wird der Mensch des Mittelalters gezwungen, „ich" und „mein" zu sagen:

Es ist *meine* Schuld (*mea culpa*), es sind *meine* sündigen Gedanken, ich muss *mich* selbst erkennen, um Frieden für *meine* Seele zu erlangen usw. Der Blick wird verstärkt auf das innere Selbst gerichtet, was ein neues subjektives Selbstverständnis schafft und die Individualisierung in der europäischen Mentalität fördert.

Die Zentralperspektive in der Malerei, die im 15. Jahrhundert aufkommt, ist in doppelter Hinsicht ein Beispiel für die neue Sichtweise. Auch die neue, lineare Zeitauffassung weist in die gleiche Richtung und ermöglicht es dem Individuum, aus der Perspektive der Gegenwart zu erkennen, dass es nicht immer so war wie jetzt, und dass die Zukunft nicht nur apokalyptischen Untergang und das Jüngste Gericht bringt, sondern auch größeres materielles und mentales Glück im irdischen Diesseits. Zwar dachten die Menschen im Mittelalter kaum in Begriffen historischer oder persönlicher Entwicklung – dies begann in vollem Maß erst mit der Romantik und mit Hegel –, aber der lineare Zeitbegriff birgt einen progressiven Gedanken in sich, der eine Entwicklung impliziert. Die meisten Neuerungen sind paradoxerweise ein Ergebnis christlicher Denkweisen und Daseinsformen: Die Betonung der individuellen Seele, die Selbsterkenntnis (wenn auch in Form von Sündenbekenntnis und schlechtem Gewissen) und die lineare Zeitauffassung als Grundlage rationellen Planens – all das ist christliches Gedankengut.

Der Begriff der persönlichen und individuellen *Schuld* wird im Mittelalter zu einem Leitgedanken in der europäischen Kultur. Im Gegensatz zu älteren Kulturen, in denen Ehre und Schande maßgebliche Werte waren (wie der griechischen, altnordischen oder arabischen), lässt sich die europäische Kultur als „Schuldkultur" bezeichnen. Unsere Rechtspraxis kennt keine Kollektivschuld. Alle unsere Konzepte von Verantwortung, Moral und Integrität stammen aus dem christlichen Mittelalter. Schuld ist die weltliche Variante dessen, was das Christentum als Sünde bezeichnet. Dass im Christentum jegliche Sünde erkannt und bekannt werden muss, übt enormen Druck auf den Prozess der Selbsterkenntnis aus. Kurz und gut: die Selbsterkenntnis wird zum festen Bestandteil unserer Ethik, wie es Abélard im Untertitel seiner *Ethik* ausdrückte (und wie schon in der Antike über den Eingang des Tempels von Delphi eingemeißelt stand): *Erkenne dich selbst*. Gott sieht alles. Wir können unsere Mitmenschen oder die weltlichen Autoritäten und Gerichte belügen, aber nicht Gott – und nicht uns selbst (auch wenn wir laut Dr. Freud genau dies tun, wenn die Selbsterkenntnis zuviel von uns verlangt).

Mentalitätsgeschichtliche Veränderungen gehen meist langsam vor sich. Oft funktionieren sie wie Krankheiten mit sehr langer Inkubationszeit. Der Samen ist ausgesät, das Potential ist vorhanden und wartet nur auf die passenden Bedingungen, um aufzukeimen, wenn die Zeit reif ist. Genau dies geschieht in der Renaissance: Die Energien, die sich im Mittelalter im Inneren der Menschen aufgestaut haben, treiben auf allen Ebenen der Kultur expansiv aus. Die energische Implosion des Mittelalters übersteigt den Höchstdruck und explodiert. Das Innere wird nach außen gewendet. Auf lange Sicht führt dies zu einer Auflösung der Seele im christlichen Sinn.

Trotz des neuen Verständnisses von Körper und Gehirn aufgrund anatomischer Forschung ist auch die Renaissance eine Kultur des Herzens. Sie öffnet die Tore für ein neues Bild des Herzens, da gerade die Anatomie mit ihren Dissektionen des menschlichen Körpers und andere Neuerungen eine bahnbrechende Disziplin der wissenschaftlichen Revolution war. In der ersten Runde jedoch führten die anatomischen Neuerkenntnisse zu einer Verschärfung des Gegensatzes zwischen Köper und Seele anstatt zu einer Aufhebung des Dualismus.

Descartes und der Körper-Seele Dualismus

Seit Platon hat jede Reflexion über den Menschen ihren Ausgangspunkt *entweder* in der Seele *oder* im Körper. Diejenigen, die von der Seele und deren Rationalität ausgehen, sind offenbar alle Dualisten, während diejenigen, die vom Körper ausgehen, keine Dualisten sind. Dies gilt auch für die Renaissance und ihre beiden hier ausgewählten Repräsentanten, den Philosophen und Dualisten René Descartes (1596–1650) sowie den Essayisten und körperbezogenen Nicht-Dualisten Michel de Montaigne (1533–1592). Wir beginnen mit dem Jüngeren, weil er die philosophische Richtung repräsentiert, die ideengeschichtlich „gewann". Montaigne dagegen repräsentiert die Unterströmung in der Geistesgeschichte, eine Strömung, die von Homer über den Zyniker Diogenes in seinem Fass, die volkstümliche Karnevalskultur des Mittelalters, den großen Geschichtenerzähler Boccaccio und den grotesken Realisten Rabelais bis zu Montaigne geht.

Ein guter Ausgangspunkt für die Analyse des Dualismus ist der enge Zusammenhang zwischen Herz und Seele. Konventionell wird die Seele im lebendigen Leib lokalisiert. Wenn ein Mensch stirbt, stellt dies der

Volksglaube so dar, dass die Seele den Menschen verlässt, um das Jenseits außerhalb seiner irdischen Existenz aus Fleisch und Blut zu erreichen. Diese Vorstellung von zwei Welten ist die christliche Grundlage des Dualismus, der die europäische Kulturgeschichte dominiert. Das Christentum etablierte nicht nur einen Dualismus zwischen Diesseits und Jenseits, zwischen Geist und Körper, sondern auch zwischen Gut und Böse, repräsentiert durch die symbolischen Absoluten „Gott" und „Satan". Ein solches fundamentalistisches Verständnis des Bösen hat selbst schon zu viel Bösem geführt – im Namen des Guten. Die verschiedenen Varianten des Dualismus haben uns Europäer in so manches Dilemma getrieben, sowohl ideengeschichtlich als auch politisch, sowohl ethisch-existenziell als auch praktisch-pädagogisch. Der Dualismus ist deshalb eine immer noch lebendige Herausforderung, nicht zuletzt weil sich diese Denkweise immer noch stark in Medizin, Wissenschaft und Technologie bemerkbar macht – auch wenn heutzutage kaum noch jemand den Dualismus theoretisch oder philosophisch verteidigt.

Dass die Medizin seit Dr. Barnards erster Herztransplantation im Jahr 1967 im Stande ist, ein Herz von einem Menschen in einen anderen zu verpflanzen, hat ebenfalls Auswirkungen auf unser Bild des Herzens. Mit der Transplantation eines fremden Herzens wird es unmöglich, die Seele im Herzen zu lokalisieren. Auch unsere Auffassung des Herzens als emotionales Zentrum wird von der Kenntnis beeinträchtigt, dass es bloß ein Muskel ist, der unser Blut durch den Körper pumpt. Hier liegt ein weiteres großes Paradoxon der europäischen Kultur: Der Dualismus überlebte die wissenschaftliche Revolution der Renaissance und dominierte noch lange danach unser Selbstbild. Dies hängt mit der gewohnheitsbildenden Macht der Sprache zusammen. Die Etablierung alternativer Bilder und Definitionen ist ein langwieriger Prozess, wofür die medizinische Geschichte des Herzens ein gutes Beispiel ist.

In der Renaissance wird der Dualismus durch Galileis universelle Physik gestärkt, die Descartes philosophisch legitimierte, ähnlich wie es später Kant mit Newton tat. René Descartes ist in diesem Zusammenhang besonders wichtig, weil er versuchte, das Christentum und die neue Wissenschaft zu vereinen, anstatt den Dualismus aufzulösen. Seine Erklärungen sollten sowohl wissenschaftlich als auch philosophisch haltbar sein. Dies gelang ihm insofern, dass er dem Dualismus quasi post mortem neues Leben einhauchte. Descartes unterscheidet auf seine Weise zwischen Wissenschaft (d.h. Naturwissenschaft) und Religion, indem er das menschliche Denkvermögen (*res cogitans*) mit der Seele verbindet und als grundlegend verschieden vom Körper betrachtet, den er im „wissenschaftlichen" Sinn als reine Natur und Materie (*res extensa*) versteht. Descartes vergleicht den Körper mit einem mechanischen Uhrwerk. Parallel zu dieser Abwertung des Körpers als bloße mechanische Materie wird das Denkvermögen als abstrakte Fähigkeit aufgewertet. Entsprechend wird das moderne Subjekt nach Descartes über sein Selbstbewusstsein und sein rationales Vermögen definiert: *cogito ergo sum* – „Ich denke, also bin ich." Diese berühmtesten Worte Descartes' markieren einen Wandel im europäischen Bewusstsein. Der verstärkte Blick auf das autonome Selbst begann zu dieser Zeit, Wörter wie „Egoismus" tauchen zum ersten Mal in der Sprache auf, ebenso neue Begriffe für „Bewusstsein" und „Selbstbewusstsein". Der englische Philosoph John Locke benutzt 1632 als Erster das Wort *consciousness* in diesem Sinn. Seit Descartes ist die gesamte philosophische Tradition gezwungen, zum Menschen als selbstbewusstem Wesen Stellung zu nehmen. All dies drückt aus, dass der Europäer die Welt nun ganz von innen heraus betrachtet.

Doch Descartes selbst ist nicht eindeutig in seinem Dualismus zwischen Seele und Körper, zwischen Subjekt und Objekt, Bewusstsein und Materie. Es gehört zu den Kuriosa der Ideengeschichte, wie er (im Widerspruch zu seinem eigenen Dualismus) die Verbindung und Wechselwirkung zwischen Körper und Gedanke erklärt. Er betrachtete die Zirbeldrüse (*glandula pinealis*, das einzige unpaarige Organ des Gehirns) als Schnittstelle zwischen Leib und Seele. Ein weiteres Paradoxon ist, dass der Vater der Rationalität und des modernen Selbstbewusstseins gleichzeitig als Vater des modernen Emotionalismus gelten kann, und zwar durch sein großes Werk über die Leidenschaft *Les passions de l'âme* von 1649. Allein der Titel ist eine Studie wert, weil er das Problem des Dualismus demonstriert: „Die Leidenschaften der Seele" vermittelt als Titel den Eindruck, als würde die ansonsten so rationale Seele erst durch die Gefühle passioniert, das heißt geradezu durch etwas Irrationales „beseelt". Folglich wird es zur Aufgabe der Vernunft, sich den Gefühlen zu widersetzen, welche die Seele paralysieren und sie für das Irrationale, Sinnliche empfänglich machen. Auch allgemeine (d.h. nicht durch rationale Selbsterkenntnis erlangte) Werte lehnt Descartes als die Vernunft verwirrend ab.

Das Herz spielt in Descartes' Kategorisierung der Leidenschaften und Gefühle keine Rolle, weil die Leidenschaften seiner Deutung nach zur rationellen Seele gehören. Es wird deshalb als bloßer Generator präsentiert, der für die Zufuhr von Wärme an Gehirn und Körper sorgt. Damit ist Descartes mit seinem Bild des Herzens noch nicht weiter als Galen gekommen und kann behaupten,

> dass es eine beständige Wärme in unserem Herzen gibt, solange wir leben, die eine Art Feuer darstellt, welches vom Blut der Venen unterhalten wird, und dass dieses Feuer das körperliche Prinzip aller Bewegungen unserer Glieder ist (übers. K. Hammacher 1984).

Weil die Gefühle zur Seele gehören und Tiere keine Seele (im Sinn von rationalem Bewusstsein) haben, haben sie auch keine Gefühle. Deshalb dürfen sie bei lebendigem Leid seziert werden. Denn Schmerz – wie auch Freude – fühlen nur Wesen mit einer Seele. Sinnliche Wahrnehmung und Gefühle sind körperlichen Ursprungs und funktionieren mechanisch-körperlich. Erst wenn sie als seelisch empfunden werden, erlangen sie Bedeutung. Dieses Dilemma des Dualismus wird auch durch die Herz-Hirn-Beziehung bei Descartes illustriert. Er plaziert das Denkvermögen der Seele im Gehirn, bezieht sich aber auf die Anatomie der Renaissance, in der das Gehirn eindeutig als körperlich galt.

Die Unterscheidung zwischen Gefühlen und Gedanken bleibt also in der Anthropologie der Jahrhunderte nach Descartes weiterhin unklar. Bei Descartes ist die Seele der Träger der *ratio*, traditionell jedoch wurde die Seele in der Herzgegend lokalisiert und so in das Gefühlsleben integriert. Genau dies kommt in dem Ausspruch von Descartes' jüngerem Zeitgenossen Blaise Pascal zum Ausdruck, dessen Wortspiel in der Übersetzung verloren geht: *Le coeur a ses raisons, que la raison ne connaît point* – „Das Herz hat seine [Vernunfts-]Gründe, die die Vernunft nicht kennt". Pascal vertrat übrigens eine *theologia cordis*, die dem Herzen die Fähigkeit der Gotteserkenntnis zusprach. Auch Luther betonte, dass der menschliche Verstand warm sei und nicht kalt, wie die Rationalisten behaupten.

Das Wichtigste und meines Ermessens aus aktueller Perspektive Korrekte an Descartes' Seelenbegriff ist, dass er die Seele an den praktischen Verstand und die bewusste Entscheidungsfreiheit koppelt. Der vor-kartesianische Seelenbegriff versteht sie als substanziell, beinahe mit dem Herzen identisch. Aber die Seele ist kein Körperorgan, sondern ein Ausdruck der persönlichen Integrität eines Menschen, der als Resultat unserer Gedanken und unseres Bewusstseins sowie unserer Haltungen und Handlungen entsteht. Wenn diese als Integrität eins bilden und Lehre und Leben übereinstimmen, besitzen wir persönliche Integrität im moralischen Sinn. Wenn wir im Einklang mit unseren tiefsten Gedanken und Haltungen leben, fühlen wir uns als integer. Verstoßen wir dagegen, empfinden wir dies als Stiche im Herzen, als Gewissensbisse. Deshalb ist es recht, dass Descartes die Seele mit dem bewussten Denken verknüpft, denn sie ist unser eigenes Werk und unsere eigene Verantwortung. Indem Descartes das Denkvermögen als subjektive Leistung und Existenzgrundlage des Individuums beschreibt, impliziert er auch die normative Forderung, diese Gabe zu gebrauchen: *Denke selbst!* Mit diesem Appell ist Descartes Teil des antiautoritären Projektes, das die Renaissance mit ihrer einzigartigen Freisetzung schöpferischer Kräfte in vielen Ländern darstellte.

Descartes taucht in vieler Hinsicht *post festum* auf der Bühne auf und stellt die Dinge in ihren Zusammenhang, indem er erkenntnistheoretisch oder methodisch erklärt, was im Hochmittelalter und vor allem in der Renaissance bereits geschehen ist. Andere dagegen reißen sich in der Renaissance vom christlichen Dogma los und tragen zur Etablierung eines neuen Menschenbildes nach anderen Prämissen als Descartes bei. Dazu zählen Pico und Montaigne. Beide sind aus unserer Perspektive wichtig, weil sie in der Renaissance die ersten Vertreter der Tradition der *Selbstdarstellung* sind.

Montaigne: Der Mensch ist sein eigenes Werk

Es reicht, sich das Gesicht zu schminken,
das Herz bedarf dessen nicht.
(Michel de Montaigne)

In der Renaissance erlebte auch die sophistische Theorie des veränderlichen Menschen eine Wiedergeburt, die in einer Huldigung an den selbsterschaffenen Menschen kulminierte. Mit dem geozentrischen Weltbild der Kirche fiel auch das theozentrische Menschenbild und der Mensch machte sich selbst zum Schöpfer eines anthropozentrischen Universums. Genau davon handelt Pico della Mirandolas (1463–94) bekannte und päpstlich verurteile Rede *De dignitate hominis* („Von des Menschen Würde"): Sich selbst in seinem eigenen Bild zu erschaffen. Genau wie der Ingenieur der Renaissance die äußere Natur umformte, nachdem er die technischen Hilfsmittel dazu erfunden hatte, sollte der

Mensch seine eigene Natur umformen können. In seiner Rede behauptete Pico, dass Gott den Menschen zwar geschaffen habe, dies jedoch *unbestimmt*, ohne Gestalt und Funktion und ohne ihm einen angestammten Platz in der Welt zu geben. Nichts kann den Menschen zurückhalten, weil er mit dem freien Willen, den Gott ihm gegeben hat, seine Natur selbst bestimmen kann.

Neben Pico ist Michel de Montaigne (1533–92) die zentrale Figur in der Tradition der Selbstdarstellung, die das Erbe der Sophisten weiterführt. Montaigne ist in diesem Zusammenhang wichtig, weil er über die Natur des Menschen reflektiert, ohne sich in den geschlossenen Systemen der Theologie oder anderer Theorien zu fangen. Stattdessen stützt er sich auf eigene Erfahrungen und auf schriftliche Quellen der Antike, die ebenfalls von dem ausgingen, was der Mensch am eigenen Leib erfahren konnte und im Vertrauen auf seine eigene Natur herausgefunden hatte.

Montaigne war ein ausgesprochener Renaissance-Mensch und konkurriert mit Descartes um die Ehre, der philosophische Urheber des modernen Subjekts zu sein. Dagegen macht niemand ihm den Rang als Begründer eines neuen literarischen Genres streitig. Als solches entstand der Essay nach dem Beispiel von Montaignes dreibändigen *Essais* (wörtlich „Versuche"), die 1580 und 1588 erschienen. Montaignes Menschenbild lässt sich nicht von seiner Schreibweise trennen. Schon der Titel ist ein Angriff auf die Vorstellung, dass der Mensch ein festgelegtes Wesen hat.

Das Genre des Essay erhielt seinen Namen nach der Methode, die Montaignes Selbstreflexionen zugrunde liegt. Er gibt sich beim Schreiben dem spontanen Einfall und dem Zufall hin und lässt seine Gedanken der freien Assoziation folgen. Das Ergebnis sind genau jene „Versuche", mit denen Montaigne herausfinden wollte, wer er war: „Dies hier sind lediglich Versuche, meine natürlichen Fähigkeiten zu erproben [...]. Dies hier sind vielmehr meine persönlichen Überlegungen, durch die ich nicht die Kenntnis von Dingen zu vermitteln suche, sondern von mir" (alle Zitate aus Montaigne 1999, mit Buch- und Essaynummer und Seitenzahl, hier II, 10: 201). Das experimentelle Prinzip hinter Montaignes informellen Versuchen eröffnet von selbst ein anderes Menschenbild als Descartes' formell-methodisches Prinzip, das Kant später übernahm.

Die bahnbrechende Entdeckung an Montaignes Selbstfindungsversuchen ist, dass die in seinen essayistischen Entwürfen formulierte Erkenntnis auch ihn selbst als Menschen formt. Das Schreiben und die Schrift formen den Schreiber. Vieles deutet darauf hin, dass Montaigne sein essayistisches Lebenswerk zunächst auch mit der klassischen Vorstellung begann, das Wesen der Menschen sei naturgegeben und festgelegt und somit begrifflich definierbar und sprachlich feststellbar. Doch jedes Mal, wenn er glaubt, es sprachlich eingefangen zu haben, entgleitet es ihm noch während des Schreibens. Kein sprachlicher Begriff reicht ihm aus, um das Menschliche zu erfassen. Die Sprache hat von sich aus die Eigenschaft, dass jeder Begriff ein Gegenteil hat und jede Definition Widerspruch erlaubt, wodurch immer wieder Neues entsteht, das wiederum neue Definitionen verlangt, usw. bis ins Unendliche. Existenz bedeutet Veränderung und Bewegung anstatt Versteinerung: „Zu sein ist Bewegung und Tun" (II, 8: 191); „unser ganzes Leben ist Bewegung" (III, 13: 553). Diese Einsicht ist nach Jean Starobinski (1989, Originaltitel *Montaigne en mouvement* – „Montaigne in Bewegung", im Folgenden meine wichtigste sekundäre Quelle) die Grundlage von Montaignes Identitätssuche. Alles Menschliche befindet sich in ständiger Bewegung und ist der dauernden Verwandlung unterzogen. Um diese persönliche Unbeständigkeit zu bewältigen, schreibt Montaigne seine Essays. Wenigstens auf dem Papier kann er das festhalten, was sich im „echten" Leben nicht festhalten lässt, und so Gegensätze in dynamische Modelle fassen und miteinander versöhnen. Das glaubt er zumindest am Anfang.

Die unaufhaltsame Bewegung in allem Menschlichen hebt die Konstanz so weit auf, dass Montaigne die *Gewohnheit* – im positiven wie negativen Sinn – als einzigen stabilen Faktor im Menschen ausmacht. Sie hält das unbeständige Herz trotz aller widerstreitender Impulse in Balance. Weil aber die Gewohnheit relativ und kulturbedingt ist, kann sie nie zu einer festen Norm werden, die die Gefühle und Individualität der Menschen regelt. Dies ist nur möglich, wenn eine Gewohnheit durch *Aneignung* und ständige Besinnung zur zweiten Natur gemacht wird. Diese Fähigkeit spricht Montaigne seinen Idolen Sokrates und Cato zu, die beide starben, ohne ihre Gemütsruhe zu verlieren: „Man sieht an den Seelen dieser beiden Männer und ihrer Nachahmer (denn dass es ihnen ebenbürtige gegeben habe, bezweifle ich sehr) eine derartige Aneignung der Tugend, dass sie ihnen in Fleisch und Blut übergegangen ist" (II, 11: 212). Die Gewohnheit und die sich selbst anzueignende Tugend werden zum Wesen der Seele. Mit der Hervorhebung der Gewohnheit, die zum sozialen Gesetz wird (griechisch *nomos*) greift Montaigne nicht ganz überraschend auf sophistisches Gedankengut zurück. Die Sophisten verfochten schon in der Antike ein kulturrelatives und konstruiertes Menschenbild im Gegensatz zu einem universellen, naturgegebenen (*physis*). Als Gegengift zum sophistischen Relativismus legt Montaigne Wert auf Menschenverstand und Urteilsvermögen, wie der Pragmatiker nie müde wird zu betonen.

Die menschliche Natur ist also nur scheinbar konstant. Denn jedes Mal, wenn Montaigne sich dem „Natürlichen" nähert, stellt sich heraus, dass dies bereits manipuliert ist und die reine Menschennatur gar nicht existiert: „Nichts ist so ausgefallen, dass es nicht bei irgendeinem Volk gang und gäbe wäre" (II, 12: 289). Montaigne geht so weit, zu behaupten, dass im Menschen nichts mehr Allgemeingültiges, Natürliches existiert. Daraus zieht er den paradoxen Schluss, dass der Mensch das Natürliche wieder erlernen muss, z.B. von den Tieren:

> Dass es Naturgesetze gibt, ist durchaus glaubhaft – man sieht es ja an anderen Geschöpfen; in uns aber sind sie abgestorben, da der so großartige menschliche Verstand sich überall vordrängt, um Herrschaft und Kommando zu übernehmen, wobei er durch seine Eitelkeit und Unrast die Gestalt der Dinge immer weiter verunstaltet (ebd.).

Montaigne bemerkt als einer der Ersten in unserer Kultur, dass diese „zweite Natur" des Menschen (Verstand und bewusster Wille) kein Wesen, sondern Schein ist – und dass dieser Schein keine Verfallsform oder inauthentisch ist, sondern im Grunde das eigentliche Wesen des Menschen. Damit nimmt er Nietzsche voraus. Die Maske ist das Gesicht. Es ist ein unauflösbares Paradoxon im menschlichen Bildungsprozess: Sobald das Individuum glaubt, seine Form gefunden zu haben, wendet sich die Form gegen sich selbst und entlarvt sich als Schein. Dies wird besonders deutlich im sprachlich formulierten Prozess der Erkenntnis, der für Montaigne der wichtigste Bildungsprozess ist. In dem Moment, in dem wir uns selbst bestimmen und definieren, werden wir unser eigenes Werk. Aber es ist ein Scheinwerk, denn alle Werke sind künstlich und können durch andere Werke ersetzt werden: „Nun, ich stelle hauptsächlich meine Denkbewegungen dar: etwas Unausgeformtes, das sich nicht in Werktätigkeit niederschlagen kann. Allerhöchstens vermag ich ihm die Luftgestalt eines Wortes zu geben" (II, 6: 188). Der Mensch wird erst als sprachlich vermitteltes Werk wirklich. Als Wesen der Sprache wird er jedoch automatisch vieldeutig und wendet sich gegen seine eigenen Begriffe. Durch die sprachliche Mitteilung kompromittiert er sich sozusagen selbst als konsistentes Wesen. Eine Alternative gibt es nicht, denn der Mensch kann sich nur in seinen Werken und durch seine Werke zeigen. Deshalb sind Montaignes Essays mehr als nur ein literarisches Genre.

Angesichts dieser Unbeständigkeit legt Montaigne Wert auf Erziehung und Bildung, durch die das Individuum in seiner Kindheit zum ersten Mal geformt wird. Auch die Elternliebe betrachtet er von der schöpferischen Seite: Kinder sind das Werk ihrer Eltern, nicht nur biologisch, sondern vor allem auch kulturell betrachtet. Die Eltern prägen ihre Kinder und schaffen die Bedingungen dafür, dass die Kinder sich selbst weiter formen können. Ganz pragmatisch und unsentimental vergleicht Montaigne die Elternliebe mit der Liebe eines Handwerkers zu seinen Kunstwerken. Der Mensch ist sein eigenes Werk, lautet Montaignes für seine Zeit außergewöhnlich moderne Schlussfolgerung: „So lebt jeder auch in dem, was er werkt" (II, 8: 191). Die Lebensaufgabe des Menschen ist, sich selbst wie ein Kunstwerk zu formen: „All meine Bemühungen dienten dem Ziel, mein Leben zu gestalten: Das ist mein Metier, das ist es, woran ich arbeite" (II, 37: 389). Damit nimmt Montaigne bereits Herder und den expressiven Wandel der Romantik sowie Nietzsches radikale Selbstdarstellungs-Theorie voraus.

Für alle Anhänger eines traditionellen Menschenbildes, das den Glauben an ein inneres Wesen beinhaltet, ist Montaignes Entdeckung enttäuschend: Das Innere, auf das er immer wieder seinen Blick richtet, ist leer. Ein Mangel, sowohl am Subjekt als auch am Objekt der Erkenntnis. Nie schreibt Montaigne über das, was sein neugieriger Blick im Inneren des Menschen erspäht. Je tiefer seine Introspektion geht, desto weiter zieht sich das wahre Selbst zurück. Es widersetzt sich jeglicher Objektivierung: „Je mehr ich aber mit mir Umgang pflege und mich kennenlerne, desto mehr frappiert mich meine Ungestalt, desto weniger werde ich aus mir klug" (III, 11: 518). Hier wird uns der Unterschied zwischen dem klassischen und dem modernen Menschen demonstriert. Das Selbst liegt dem Essayisten zwar nahe, ist aber gleichzeitig auf unbestimmte Weise abwesend und nicht greifbar. Der Mensch scheint den vielen Masken ausgeliefert zu sein, mit denen ihn seine Erfahrung und seine Sprache ausstatten. Überall lauert der Verrat gegen das wahre Ich. Jede Demaskierung erschafft eine neue Maske. Nur der Körper und das Körperliche können der unbeständigen Persönlichkeit Montaignes in diesem Maskenspiel Beständigkeit und Individualität geben.

Der Text des Körpers und der Körper des Textes

Die christlich-mittelalterliche Verdammung des Körpers und der Sinnlichkeit scheint geringen Einfluss auf Montaigne gehabt zu haben. Dies rührt unter anderem daher, dass seine Vorbilder aus der Antike und der körperorientierten griechisch-römischen Kultur stammen.

Montaigne entwickelt sein Körperbild, indem er über seinen eigenen Körper schreibt (was er ziemlich oft tut), besonders über seine körperlichen Plagen. Er besitzt die seltene Gabe, über seine Krankheiten und seinen gebrechlichen Körper zu schreiben, ohne dabei aufdringlich zu wirken – trotz gewisser Züge von Hypochondrie und Narzissmus. Dies liegt an seinem phänomenologischen Blick, der den Körperteilen oder bestimmten körperlichen Empfindungen eine Stimme gibt, die unabhängig von der Privatperson ist. Die Art und Weise, wie Montaigne sich seinem eigenen Körper annähert, wird dadurch zum Exempel seiner literarischen und wissenschaftlichen Methode, die in starker Opposition zur zeitgenössischen Medizin stand. In seinem längsten Essay, der *Apologie für Raymond Sebond*, legt er seine Meinung über die damalige Medizin dar.

Montaigne besteht darauf, dass sein Körper ihm allein gehört und individuell ist. Aus diesem Grund kann sein Körper niemals allgemein oder universell sein. Stets schreibt er *„mein* Körper", man liest nichts Allgemeingültiges, woraus man naturwissenschaftliche Gesetze ableiten könnte. Es geht nur um das Individuum, das seinen eigenen Körper fühlt. Der Körper *ist* die Persönlichkeit und die persönliche Identität. Und kein Körperteil ist mehr oder weniger wert als ein anderer; jeder einzelne macht ihn zu dem, der er ist. Mit diesem Körperbild ist er ebenfalls seiner Zeit voraus und nimmt Nietzsche und die philosophische Anthropologie des 20. Jahrhunderts vorweg, die den Körper als erkennend betrachten.

Sich selbst erkennen – Montaignes eigentliches Ziel – heißt seine eigene körperliche Existenz fühlen. Das klassisch metaphysische Ideal (der Geist) wird zum klassisch physischen Ideal gewendet: „Ich studiere mich mehr als irgend etwas andres – das ist meine Metaphysik, das ist meine Physik" (III, 13: 541). Physik wird Metaphysik und umgekehrt. Der Körper ist der Mikrokosmos im Makrokosmos. Deshalb bedeutet Weltenkenntnis dasselbe wie seinen eigenen Körper zu kennen und zu fühlen. Nur wer seinen Körper kennt, kennt die Welt – egal wie Philosophen und Wissenschaftler die körperlichen Sinne durch abstraktes Raisonnement komplizieren. Montaigne verschiebt also die Perspektive vom Wissen zum *Fühlen*, vom Abstrakten zum Sinnlichen, er gibt den Emotionen und Sinnen den primären Zugang zur Welt. Und wenn er seinen Blick nach innen richtet, trifft er nicht auf die Seele, sondern wieder auf den Körper, der alle Gedanken und Gefühle in sich trägt. Vielleicht war es Montaignes nicht wörtlich ausgesprochenes, aber durchaus impliziertes *sentio ergo sum* („ich fühle, also bin ich"), das Descartes zu seinem berühmten *cogito ergo sum* provozierte. Denn Montaigne ordnet das rationale Raisonnement den sinnlichen Gefühlen unter; er beurteilt sich selbst nur nach wirklichen Sinneseindrücken, nicht nach verallgemeinerten Maßstäben. Er weigert sich, den Geist (die seelische Fähigkeit) vom Körper zu trennen, den er am besten kennt: „Was aber die körperliche Gesundheit angeht, vermag niemand mit in der Tat nützlicheren Erfahrungen aufzuwarten als ich, da ich sie rein und durch keinerlei Vorbedacht und Vorurteil getrübt oder entstellt unterbreite" (III, 13: 544).

Montaigne spricht dem Körper nicht nur erkenntnistheoretisch und anthropologisch den ersten Rang zu, sondern auch ästhetisch. Im Unterschied zur modernen Naturwissenschaft, die den Körper entseelt, will er dem Körper seine poetische Funktion bei der Selbsterkenntnis und Selbstbestimmung der Menschen zurückgeben. Der Körper ist das metaphorische Repertoire, aus dem wir schöpfen, wenn wir unsere Gefühle und Gedanken ausdrücken. Im Grunde lässt sich Montaignes essayistisches Projekt durch folgenden Chiasmus auf den Punkt bringen: Der *Text des Körpers* wird durch die essayistische Metamorphose als *Körper des Textes* wiedergeboren:

> Den Körper aussprechen heißt wirklich und wahrhaftig zur Quelle zurückkehren, weil eine Vielzahl von Gegenständen – und im Grenzfall alles, was sich sagen lässt – vom Körper sagbar sind (Starobinski 1989: 252).

Nicht alles, was den Weg des Körpers geht, geht auch den Weg des Fleisches. Die Entwürfe in Montaignes Essays können als Auswürfe und Projektionen seines eigenen Körpers gelesen werden, sie sind gewissermaßen Aussonderungen körperlicher Erkenntnis. Mit dieser „Abführ-Metaphorik" erinnert er an Rabelais: „Dies hier sind nun, wenn auch etwas dezenter dargeboten, die Exkremente eines vergreisten Geistes: mal hart, mal weich, und stets unverdaut" (III, 9: 475). Aber ohne die Hilfe des Intellekts hätten diese körperlichen Auswürfe kaum dieselbe Gestalt wie seine Essays annehmen können. Deshalb preist Montaigne die Dienste, die Körper und Geist einander leisten und betont, dass beide gleich veredelt werden sollten. Genau aus diesem Grund lehnt er auch den Dualismus ab:

> Und könnten wir nicht sagen, dass es während dieser irdischen Gefangenschaft nichts rein Körperliches und nichts rein Geistiges in uns gibt und wir daher einen lebendigen Menschen zu Unrecht auseinanderreißen? (III, 5: 446).

Meines Ermessens ist dies einer der ansprechendsten Gedanken in Montaignes Werk: Das Leben in all seiner Vielfalt beruht anthropologisch und existenziell betrachtet auf Gegenseitigkeit. Montaigne schreibt selten „entweder-oder", sondern „sowohl als auch" – und noch mehr. Das Leben baut auf komplementären Verhältnissen auf, die sich gegenseitig ermöglichen. Die Anerkennung dieser Wechselwirkung charakterisiert den modernen Menschen.

Es ist kaum möglich, die Gefühle der Menschen in Begriffe zu fassen, ohne die mit ihnen assoziierten Körperteile oder körperlichen Reaktionen zu nennen. Technisch betrachtet sind die Bilder, die wir zu diesem Zweck benutzen, meist Metonymien: Ein Teil steht für das Ganze, in unserem Fall ein Körperteil für das Gefühl, das er beherbergt oder vermittelt, genau wie die Glieder und Organe für den homerischen Menschen funktionierten. Das gilt ganz besonders für das Herz. Auch auf diesem Gebiet macht Montaigne eine für seine Zeit sensationelle Entdeckung: Die Wörter und Bilder, die er benutzt, wenn er über seinen Körper schreibt, wirken auf den Körper und seine Sinne und Gefühle zurück. Sobald die Wörter durch die Sprache des Körpers Gestalt angenommen haben, wirken sie auf den Körper zurück und beeinflussen die Gefühle, die er beherbergt und ausdrückt. Die Sprache (besonders die Kunstsprache) löst Gefühle aus, die körperlich gebunden sind und den Körper zu bestimmten Reaktionen veranlassen, die wiederum von der Sprache neu erfasst, kanalisiert und geformt werden müssen. Ob man dies nun Dialektik oder einfach nur Gegenseitigkeit nennt, sowohl die Sprache als auch die Gefühle der Menschen befinden sich in ständiger, unaufhaltsamer Bewegung. Die Bilder sind ebenso vieldeutig wie die Gefühle fließend sind.

Aber das ist nicht alles. Der Körper ist trotz allem grundlegender als die Sprache und die Gefühle. Er existiert vor der Sprache. Er ist das, was alle Menschen gemeinsam haben. Wir begegnen uns als Körper und erleben einander als Körper. Der Körper kommt uns immer zuvor, er verrät uns. Genau wie die gesprochene Sprache. Denn Sprache hat immer eine

Stimme, und die Stimmung im gesprochenen Wort durchdringt sowohl die wörtliche als auch die bildliche Bedeutung der Sprache.

Eros und Thanatos: *Ars moriendi*

Zu den größten Herausforderungen eines Essayisten zählt seine Fähigkeit, mit dem beschränkten Werkzeug der Sprache die körperliche Leidenschaft und die Sexualität in den Griff zu bekommen. Dass die sexuelle Leidenschaft so schwer in Worte zu fassen ist, liegt daran, dass sie einerseits eine Naturkraft jenseits der Vernunft ist und andererseits in vielen Kulturen zu den traditionellen Tabus gehört. Montaigne bricht dieses Tabu und schreibt freizügig über das, woran alle denken, besonders in seinem Essay *Über einige Verse des Vergil* (III, 5), wobei es sich um erotische Verse handelt. Dass er so lebendig über Sexualität schreibt, liegt nach seinen eigenen Worten daran, dass das erotische Feuer des alten, kranken Mannes (in seinen Vierzigern!) langsam erlischt. Um so mehr flammt es in seinen Essays wieder auf, als Aufruhr gegen den Verlust der größten Freude im Leben und in der Hoffnung, noch einmal indirekt die Kraft zu verspüren, die das Leben aufrechterhält (auch wenn Eros wohl nie ganz erlöscht).

Auch die erotische Sehnsucht wird für Montaigne zum sprachlichen Dilemma, und zwar durch den Konflikt zwischen Wort und Tat. Worte sind ein schwacher Trost für den Verlust der aktiven erotischen Liebe. Doch der Adelsmann verwandelt diesen Trost des armen Mannes durch ein echtes Kunststück in den Schlüssel zur Liebe: Die Sexualität ist selbst Sprache. Montaigne vergleicht sie mit einem verbotenen Buch, das erst aufgrund des Verbotes besonders begehrenswert wird. Alle wollen dieses Buch haben und lesen. Und alle haben Zugang zu ihm, denn die Liebe ist eine Geheimsprache, eine innere Schrift; sie besteht aus den stillen Worten, die uns allen eingeprägt sind. Jedoch nur die göttlichen Musen und die höchste Poesie können diese Kraft wirklich ausdrücken. Die Poesie ist die beste Waffe der Liebe und umgekehrt. Phantasie und Fiktion schenken uns den vollen Wert der Liebe. Es ist ein wichtiger Standpunkt Montaignes, dass die Sprache die Liebe nicht nur freisetzt, sondern sie noch wertvoller macht, als sie von Natur aus schon ist:

> Soweit ich mich aber darauf verstehe, kommt die bezwingende Macht dieses Gottes [Eros] in den Darstellungen der Dichtkunst noch lebendiger und ein-

dringlicher zur Geltung, als sie es an sich schon ist, denn *Verse haben Finger*. Die Dichtkunst überflügelt deswegen mit ihrem mir unergründlichen Liebeszauber die Liebe selbst, ist Venus doch in ihrer ganzen Nacktheit und vor Lust keuchenden Wirklichkeit nicht so schön wie hier bei Vergil (III: 5, 424f., das Zitat stammt von dem römischen Dichter Juvenalis).

Durch seine phänomenologische Schilderung des körperlichen Arsenals demonstriert Montaigne, dass die Sprache sowohl natürliche Impulse als auch neue Gedanken freisetzt. Keiner wird bestreiten, dass erotische Schilderungen entsprechende Phantasien erwecken können, dass die Poesie „Finger hat". Dies ist (um auf ein primitives Beispiel zurückzugreifen) die anthropologische Grundlage der Pornographie. Aber der Mensch kann den sinnlichen Genuss auch durch die Kunst sublimieren und verlängern, er braucht ihn nur in den ästhetischen Genuss zu integrieren. Dann wird Eros zu Ästhetik, Lustspiel und Kunst.

Das bekannteste Beispiel schicksalsschwerer „fingernder Verse" der Weltliteratur ist im *Inferno* aus Dantes *Göttlicher Komödie* nachzulesen. Auf seiner Stippvisite in der Hölle trifft der Dichter im zweiten Höllenkreis (wo die Wollüstigen vom einem ständigen Wirbelwind rastlos umhergetrieben werden) ein Liebespaar, das sich durch die Lektüre von Liebesromanen verführen lassen hat. Jedenfalls gibt dies die schöne Francesca da Rimini als Grund an, warum sie und ihr Schwager Paolo der Sünde verfielen. Sie lasen zu zweit den Artusroman *Lancelot du lac*. Als sie beim Treffen zwischen Königin Guinevere und ihrem heimlichen Verehrer Lanzelot angelangten, konnten sie sich nicht mehr zurückhalten (5. Gesang, 127–138, übers. Bernhard Schuler 1921):

> Wir lasen eines Tags zum Zeitvertreib
> von Lanzelot, wie Liebe ihn umstrickte;
> wir waren ganz allein und ohne Arges.
> Oft hatten schon die Augen sich gefunden,
> oft ward die Wange bleich bei diesem Lesen,
> bis eine Stelle dann uns ganz besiegte.
> Da, wo ersehntes Lächeln der Geliebten
> geküsst ward von dem minniglichen Ritter,
> da küsste mich, der nie sich von mir trennt,
> ganz bebend auf den Mund vor Liebeswonne. –
> Zum Kuppler ward das Buch und der's geschrieben.
> An jenem Tage lasen wir nicht weiter.

Dass Francesca die Schuld auf den Dichter und dessen Buch schiebt und zudem den Ritterroman falsch nacherzählt, ändert nichts daran, dass Dichtung und Erotik eng verbunden sind. Die literarische Schilderung der Leidenschaft kann die Erotik entfesseln und mit ihren „fingernden Versen" verführen und verkuppeln, wie es bei Abélard und Héloïse der Fall war. Der Dichter und Sänger Abélard hatte bereits Héloïses Gefühle geweckt und benutzte nun die Bücher als Vorwand für ihr erotisches Verhältnis:

> Die Bücher lagen offen da, Frage und Antwort drängten sich, wenn die Liebe das bevorzugte Thema war, und der Küsse waren mehr als der Sprüche. Meine Hand hatte oft mehr an ihrem Busen zu suchen als im Buch (übers. Eberhard Brost).

Die Fleisch- und Körperwerdung des Wortes ist in Montaignes Essays kein religiöser oder metaphysischer Vorgang, sondern eine anthropologische Trivialität. Die Sprache ist trotz allem nicht in der Lage, ein vollständiges Bild der Liebe zu vermitteln; sie verschleiert mehr als sie enthüllt. Ihre Inkarnationskraft hängt Montaigne zufolge mit der großen Bedeutungsfülle zusammen, die jedes Wort wie eine Aura umgibt. Diese Aura kann die Kluft überwinden, die er fast immer zwischen einem Wort („nur Luft") und dem, was es bezeichnet, sieht. Montaigne macht in einem Atemzug die Natur zu Kunst und die Kunst zu Natur. So huldigt er zwar einerseits der sublimen Liebesdichtung (z.B. Vergil und Ovid), gibt aber andererseits den Trieben den Vorrang im Liebesleben:

> Nun denn, lasst uns die Bücher vergessen und einfach zur Sache sprechen: Ich finde, dass die Liebe letzten Endes nichts anderes ist als das Dürsten nach dem Genuss eines begehrten Menschen, und die von Venus verkörperte Sinnenlust uns Männern nichts anderes als das Wonnegefühl beim Entleeren der Hoden (III, 5: 438f.).

Wieder öffnet sich die Kluft zwischen Natur und Kunst – nur um erneut versuchsweise mit Wörtern überbrückt zu werden. Liebe und Leidenschaft lassen sich nicht festhalten; übrig bleibt nur die Erinnerung in Form des poetischen Genusses. Das Natürliche muss dem Schein weichen. Die äußere Form, die des Poeten und Essayisten, wird zum Wesentlichen und Wirklichen. Aber nicht nur die Potenz, auch die Geisteskraft lässt nach, wenn der Körper nicht mehr mitmacht und die Sprache nicht mehr in die Tat umsetzen kann, und umgekehrt. Die lebendige Sprache regt die Sinne an und erhellt die Dinge metaphorisch, sie gibt dem Gedanken Fleisch und Blut, sie weckt und stimuliert den erotischen Drang, so dass Eros ohne sie um einiges ärmer wäre. Die sprachliche Stimulation erfüllt Montaignes Körper und Seele mit Leben, sie ist für ihn eine Analogie zur körperlichen Stimulation, zur Berührung eines geliebten Menschen, die auch im Herzen ein Echo hervorruft. Bei Montaigne bildet das Herz das Zentrum des Menschen und nicht das Gehirn, wie bei seinem Beinahe-Zeitgenossen Descartes. Und das Herz ist ein körperliches Phänomen sowie Symptomträger der menschlichen Gefühle und Leidenschaften.

Der Körper ist für Montaigne seine eigene Behausung. Aber dieses Haus hat offenbar leere Räume. Jeder Versuch, sein inneres Wesen zu ergreifen ist dasselbe, wie mit bloßen Händen Wasser zu schöpfen (vgl. II, 12: 299). Der äußere Körper, nichts abstraktes Inneres, verleiht dem Essayisten seine Identität. Das Konkrete und Sinnliche in Montaignes Körpersprache bewirkt die *Imagination* einer inneren Wirklichkeit, die dann als „Luftgestalt eines Wortes" wieder nach außen gelangt. Vielleicht hat das Innere (Seelische) sogar überhaupt keine andere Existenz als die sprachliche. Und selbst diese sprachgegebene Existenz ist bei Montaigne äußerst zweideutig. Das Konkreteste, was er am Inneren belässt, ist die positive Energie, die ein Subjekt in seine Selbsterforschung investiert und in Form von Selbstbewusstsein zurückbekommt. Als wahrer Essayist kreist Montaigne um das Wesentliche und nähert sich ihm über das Unwesentliche.

Die Erkenntnis, dass das Innere leer ist, erklärt vielleicht, warum der Skeptiker Montaigne seine Essays auch als Übung für das Sterben schreibt. Verglichen mit seinen Zeitgenossen hat er eine originelle Meinung über den Tod. Der Renaissance-Karnevalist Rabelais zum Beispiel stellt den Tod als soziales Phänomen dar, der das Individuum im Sozialen auflöst. Der Christ Pascal dagegen beurteilt die individuelle Erlösung mit Blick auf die Ewigkeit; bei ihm ergibt sich der Sterbende einer absoluten, transzendenten Macht. Montaigne nimmt eine paradoxe Mittelstellung ein und inszeniert den Tod als ausschließlich diesseitiges und individuelles Werk von sozialer Bedeutung für den Sterbenden. Schön und ehrenhaft zu sterben macht den Tod absolut individuell und überschreitend. Um die Überschreitung zu bewerkstelligen, müssen Leben und Lehre übereinstimmen: „Wer die Menschen sterben lehrte, würde sie leben lehren" (I, 20: 49). Sterben bedeutet, sich durch einen spontanen Einfall von allen Bindungen in der Welt zu befreien: „Wer sterben gelernt hat, hat das Dienen verlernt" (ebd., 48). Der letzte Einfall ist der spontane Ausfall der Seele – hinaus aus dem Körper, aufgelöst im Alles und Nichts. Der Tod ist der letzte Essay, der durch alle anderen vorbereitet wurde: „Dem Tod stelle ich deshalb die Bewertung der Frucht meines Sinnens und Trachtens anheim. Dann wird sich zeigen, ob meine Worte nur Lippenbekenntnisse sind oder mir aus dem Herzen kommen" (I, 19: 45). Auf der Schwelle aus dem Leben reicht die Sprache nicht aus. Sich „herauszureden" ist entweder unmöglich oder gerade das letzte große Kunststück des Lebens – mit einem Machtwort, das alle Macht entmachtet. Darin besteht die letzte seelische Aufgabe des Herzens. Vor dem Tod haben die Worte und Gedanken des Sterbenden bereits das Ihre getan und seine Seele in ihrer sprachlichen Existenz soweit geformt, dass sie sich nun vom Körper und aller Substanz lösen kann. Montaigne hält sich für absolut fähig, sich selbst zu erlösen: „Noch nie hat ein Mensch sich resoluter und rückhaltloser auf das Verlassen der Welt vorbereitet und ihr vollkommener entsagt, als ich es zu tun gedenke" (I, 20: 49).

Das Herz ist das Organ des Lebens. Im geistigen Sinn ist es bei Montaigne auch eine Funktion der Seele und verrät durch seine Reaktionen die moralischen Eigenschaften eines Individuums. Wer im Leben den spontanen Ausdruck des Herzens (des Bewusstseins und Gewissens) zu sehr unterdrückt hat, gibt beim Sterben ein schlechtes Bild ab. Dann ist es zu spät, Spontaneität und Treue zu seinem Herzen einzustudieren. Keiner kann den Tod betrügen; im letzten Akt der Komödie kann man sich nicht verstellen, sondern muss man selbst sein. Ob man dies wirklich ist, verrät nicht zuletzt die Sprache:

> In diesem letzten Auftritt jedoch zwischen dem Tod und uns ist es aus mit dem schönen Schein; jetzt gilt es, die Dinge beim Namen zu nennen, jetzt gilt es, vorzuzeigen, was sich an Gutem und Purem auf dem Boden des Topfes findet. [...] Darum bildet diese Schlussszene den Prüfstein, an dem sich alle anderen Handlungen unsres Lebens messen lassen müssen. Sie ist der Tag der Tage, der Richttag aller andern (I, 19: 45).

Der Tod ist der letzte Essay, der letzte Entwurf und „Auswurf", die Vollendung einer schönen Seele in reiner Form. Er ist die Krone auf dem Meisterwerk des Lebens: „Das Ziel unserer Laufbahn ist der Tod – auf ihn sind unweigerlich unsere Blicke gerichtet. Wie können wir, wenn er uns Angst und Schrecken einjagt, auch nur einen Schritt ohne Schaudern nach vorne tun? Der Notbehelf des gemeinen Volks besteht darin, nicht an ihn zu denken" (I, 20: 46). Sterben hat für Montaigne eine passive und aktive Bedeutung. Bis in den Tod hinein beharrt er auf der Dialektik zwischen Handlung und Reflexion, zwischen greifen und ergriffen werden, die den Pulsschlag des Lebens ausmacht. Das Leben ist uns einerseits vor jeglicher bewusster Handlung gegeben, andererseits besteht es aus Handlung, es ist das Werk der Werke, das über allen anderen Werken steht. Auch wenn Montaigne seine Essays schrieb, um sich auf den Tod vorzubereiten, ist er (wie sein geistiger Nachfolger Nietzsche) bis zu seinem letzten Atemzug das, was Hugo Friedrich „der bejahte Mensch" nennt, ganz nach dem Ideal: Sei voll und ganz du selbst, erkenne dich selbst und vertraue der Natur, die dich so geschaffen hat (vgl. Friedrich 1967: 137).

Die Lebensaufgabe, die Montaigne sich stellt, ist stets dialektisch zusammengesetzt: Man sollte sich selbst zwar unmittelbar akzeptieren, aber gleichzeitig jederzeit bereit sein, sich spontan von sich selbst zu befreien. Ein solches Lebenswerk wird durch einen phänomenalen physischen Tod vollendet, der schwierig und doch leicht ist, leer und doch erfüllt, weil er von aller metaphysischen Last befreit ist. Das Leben, das Montaigne lebte und kritisch aus den Augenwinkeln heraus betrachtete und schilderte, lässt sich als ein Wechselspiel einander ergänzender Gegensätze darstellen:

> Somit werden, jenseits der Idee des Seins, das uns fehlt, und des Scheins, der uns täuscht, jenseits der Idee der Nichtigkeit des Menschen und der Hinfälligkeit des Lebens, die einfache Existenz, die uns gegeben ist, und der vergängliche Körper, der unser ist, zu dem Ort, an dem sich eine Wahrheit enthüllt; meine Wahrheit, dürftig, aber absolut; einzigartig, aber von der allgemeinen Natur getragen; nicht mitteilbar, aber Teilhaber aller Bewusstseinsformen der Menschen. Wir haben das *essentielle* Sein eingebüßt, aber das relative und *phänomenale* Sein ist uns zurückgegeben (Starobinski 1989: 368).

Alles Menschliche ist nach Montaigne relativ und auf unendlich viele Arten konstruierbar. Aus dieser Erkenntnis ergeben sich ein gesunder Skeptizismus und eine Toleranz gegenüber dem oder den „Anderen", die ihresgleichen in der Geschichte sucht. Montaignes eigene Gegenwart war mit ihren Religionskriegen alles andere als tolerant. Aber Montaigne und die Renaissance markieren den Beginn der Abrechnung mit dem

Absolutismus und dem Fundamentalismus, die auf lange Sicht zu mehr individueller und politischer Freiheit und zur Anerkennung grundlegender Menschenrechte führen sollte. Der Fokus wurde immer mehr vom Religiösen ins Anthropologische verschoben.

In der europäischen Kultur kulminiert diese Entwicklung in den zwei Geistesrichtungen, in denen wir alle mit je einem Bein verwurzelt sind, nämlich in der Aufklärung und der Romantik. Auf welcher der beiden Seiten unser Herz schlägt, ist eine Frage der individuellen Veranlagung und des persönlichen Menschenbildes. Der Konflikt zwischen beiden Richtungen gestaltet sich metaphorisch ausgedrückt als Kampf zwischen Kopf und Herz, zwischen Vernunft und Gefühlen. Dieser Gegensatz zwischen der rationalistischen Tradition und der Romantik inklusive ihrer Vorläufer und Nachfolger ist aber auch ein Streit über Methoden und Denkweisen. Dies wird meist weniger beachtet, obwohl es heute noch entscheidend ist. Viele für die Romantik typische Denkweisen – besonders die von Montaigne praktizierte analogische, deren Ursprünge bis ins Mittelalter und die Antike zurückgehen – sind nämlich seit der Renaissance und dem Rationalismus des 18. Jahrhunderts, besonders aber durch den Positivismus der letzten beiden Jahrhunderte, bis heute in der Wissenschaft verpönt. Dies hatte nicht nur Auswirkungen darauf, wie wir des Herzens Gründe verstehen, sondern auch, ob wir sie überhaupt als Quelle der Erkenntnis akzeptieren.

Von Renaissance und Alchimie zur Romantik

Zwischen den Hämmern besteht
unser Herz, wie die Zunge
zwischen den Zähnen, die doch,
dennoch, die preisende bleibt.
(Rainer Maria Rilke)

Die antike und mittelalterliche Vorstellung vom Menschen als Mikrokosmos und Analogie zum Makrokosmos des Universums lebte in der Renaissance weiter, auch in den neuen Naturwissenschaften, deren führende Experimentierschule die Anatomie war. William Harvey (1578–1657) entdeckte anhand anatomischer Studien an Tieren und Menschen den Blutkreislauf. 1628 veröffentlichte er sein bahnbrechendes Werk

Anatomische Studien über die Bewegung des Herzens und des Blutes bei Tieren. Darin stellt er eine Analogie zwischen der Sonne und dem Herzen auf. Genau wie die Planeten die Sonne umkreisen und von ihr lebensspendende Energie erhalten, zirkuliert auch das Blut um das Herz. Von Aristoteles' These über den universellen Kreislauf der Natur inspiriert, schreibt Harvey im Kapitel *Über die Zirkulation des Blutes*:

> So dürfte es wahrscheinlich auch im Körper zustande kommen, dass alle Teile durch die Blutbewegung mittels eines erwärmten, vollkommenen, dunstigen, geistigen und (um mich so auszudrücken) nährkräftigen Blutes genährt, durchwärmt und belebt werden, dass das Blut hingegen in den Körperteilen abgekühlt, verdichtet und geschwächt wird, daher es zu einem Ursprung und zwar zum Herzen, gleichsam zu seiner Quelle bzw. zum Hausaltar des Körpers zurückkehrt, um seine Vollkommenheit wieder zu erlangen [...]: und all das ist von der Schlagbewegung des Herzens abhängig. So ist das Herz der Urquell des Lebens und die Sonne der „kleinen" Welt [*sol microcosmi*], so wie die Sonne im gleichen Verhältnis den Namen Herz der Welt [*cor mundi*] verdient (Harvey 1910: 55).

Seine große Entdeckung hätte Harvey jedoch nicht ohne das mechanische Weltbild machen können. Genau wie Galen 1500 Jahre vor ihm war er in und von den Metaphern gefangen, die seine Gegenwart ihm bot, denn erst Metaphern machen es möglich, Zusammenhänge und Ähnlichkeiten zu erkennen. Neue Metaphern offenbaren neue Zusammenhänge und erschließen auf analogische Weise Neues. Die Metapher, die Galen fehlte, aber Harvey zur Verfügung stand, war die Pumpe. Harvey war im Kielwasser der technischen Revolution von mechanischen Pumpen und technischen Zeichnungen derselben umgeben, besonders von Wasserpumpen für den Bergbau oder zur Brandbekämpfung. Als er untersuchte, wie sich der rhythmische Schlag des Herzens auf die schlauchähnlichen Adern auswirkte, lag die Analogie zu einer Pumpe mit Schläuchen nah. Sein Erkenntnisprinzip war folgendes: Metapher + Experiment = Wahrheit. Harvey stellte unter anderem verblüffend einfache Versuche am eigenen Körper an. Indem er sich z.B. eine Schlagader mit dem Finger zudrückte, konnte er erkennen, dass sein Blut nur in eine Richtung strömte und nicht hin und zurück. Damit war der Weg frei, um die Funktion des Herzens und sein Zusammenspiel mit den anderen Organen, besonders der Leber und der Lunge, zu verstehen und zu erklären. Der entscheidende Punkt ist, dass Harveys Denkweise sowohl mechanistisch als auch analogisch war. Die Mechanik gab ihm das metaphorische Arsenal, die Sprache, die er brauchte, um die praktische Funktion des Herzens zu entdecken und zu beschreiben. Die geistesgeschichtlichen Auswirkungen dieses metaphorischen Wandels waren radikal. Schließlich gibt es einen großen Unterschied zwischen einer mechanischen Pumpe und einem göttlich inspirierten Organ, das den Rest des Körpers beseelt. Wieder bekommen wir den unauflösbaren Zusammenhang zwischen der Sprache und dem Herzen demonstriert, der auch für das rein physiologische Herz gilt.

Das organische Analogiedenken lebt also im mechanistischen Weltbild weiter. Es basiert auf der Idee, dass alles zusammenhängt und Gleichartiges sich wesensgleich verhält. Dieses Denken lag auch der Alchimie zu Grunde, die über die arabische Kultur nach Europa gelangte, da die Araber die griechisch-hellenistische Alchimie weiterentwickelt hatten. Aus deren umfassender Literatur geht übrigens auch hervor, dass die Araber schon lange vor Harvey den Blutkreislauf kannten. Seit dem Hochmittelalter war die Alchimie ein Laboratorium für gedankliche Brücken zwischen Wissenschaft, Religion und Mystizismus gewesen. Zu ihren bekanntesten Errungenschaften zählen das Schießpulver und die Destillation. In der Renaissance wurde die Alchimie erneuert.

Harveys Analogie zwischen Herz und Sonne war für die Alchimie grundlegend. Obwohl sie sich in vielen Kulturen findet, müssen wir auch hier darauf achten, keine voreiligen Schlüsse zu ziehen. Das Herz- und Blutopfer ist, wie wir gesehen haben, im Christentum nicht dasselbe wie in der sumerischen Innana/Ischtar-Tradition, der altnordischen Mythologie oder bei den Azteken. Form und vor allem Funktion sind in den jeweiligen Kulturen unterschiedlich, auch wenn die dahinter stehende Analogie ähnlich ist. Die Sonne-Herz-Analogie zieht sich durch die gesamte Kulturgeschichte, von der sumerischen und altägyptischen bis zur aztekischen Kultur zur Zeit der spanischen Invasion im 16. Jahrhundert und bis zur Herz Jesu-Mystik und der Alchimie derselben Epoche.

Ein großer Name in der alchimistischen Tradition ist Paracelsus (1493–1541), den Goethe übrigens studiert hatte, bevor er seinen *Faust* schrieb. Paracelsus repräsentiert eine alternative, weniger dualistische Tradition innerhalb der Kirche. Er war ein Universalgenie und nicht nur Alchimist, sondern auch Naturforscher, Arzt und Reformator der Medizin, Philosoph und Theologe. Er fand unter anderem heraus, dass Galens Aderlass nutzlos war, weshalb er auch dessen Theorie der Körperflüssigkeiten anzweifelte. Auch der Einsatz von Narkotika als medizinische Schmerzmittel ist Paracelsus' Verdienst, was kaum bekannt ist.

In Paracelsus' ganzheitlichem Denken spielt die Herz-Sonne-Analogie eine zentrale Rolle. Seine Lehre von Mikrokosmos und Makrokosmos enthält unter anderem aristotelische, neuplatonische und alchimistische Elemente. Die wichtigsten Körperteile sind darin das Herz, das Gehirn und die Leber, wobei das Herz Zentrum des Lebens ist. Die menschlichen Organe entsprechen den Planeten, die um die Sonne kreisen. Das Herz ist auf geheimnisvolle Weise mit dem Herzen der Welt, der Sonne, verbunden. Genau wie die Sonne den Makrokosmos bewegt und der Erde Leben schenkt, belebt und beseelt das Herz den ganzen Körper und hält ihn am Leben. An einer Stelle schreibt er, dass das Herz dem Gehirn untergeordnet sei: „Das Hirn geht allein zum Herzen und vom Herzen zurück auf sein geistiges Zentrum" (nach Nager 1993: 61).

Paracelsus führt eine christlich-mystische Tradition fort, die im Hochmittelalter trotz der Inquisition einigen Einfluss auf das christliche Geistesleben hatte. Einer der großen Namen dieser Tradition ist Hildegard von Bingen (1098–1179). Sie hatte schon in jungen Jahren Offenbarungen ekstatischer Natur. Manchmal schlugen flammende Blitze in ihr Gehirn ein und entfachten die innere Glut, mit der sie dichtete und die mittelalterliche Musik erneuerte. Als Äbtissin ging sie ihre eigenen Wege, z.B. mit einem positiven Körper- und Naturbild, in dem das Sinnliche keine Sünde war. Ihrer Meinung nach war Sexualität heilig, sie bezeichnete sogar den erigierten Penis als eine Blume zu Ehren des Schöpfers. Auch sie behauptete, dass die Kälte des Gehirns die Wärme des Herzens brauche, um die Harmonie der Gedankenwelt zu erhalten.

Viele christliche Mystiker waren gleichzeitig bodenständige Denker und beschäftigten sich intensiv mit der Frage, welches Verhältnis der Elemente und Kräfte notwendig war, um das Leben in einer positiven und schöpferischen Balance zu halten. Deshalb gaben sie der Frau einen höheren Status und stellten sie Seite an Seite mit dem Mann. Nur gemeinsam bildeten Mann und Frau ein Ganzes. Wie Hildegard lokalisiert auch Paracelsus die Seele im Herzen, das im Takt und im Pakt mit Gott schlägt. Deshalb war das Herz in zweifacher Hinsicht das Zentrum des Lebens. In dieser Tradition stand auch der protestantische Mystiker Jakob Böhme (1575–1624). Dieser nach Meister Eckhart (ca. 1260–1327) vielleicht bekannteste Mystiker bediente sich häufig und gerne der Herz-Sonne-Analogie in seinem Werk, das großen Einfluss auf den Pietismus hatte. Das analogische Denken der Mystiker und Alchimisten wurde jedoch in der Ideengeschichte von den streng dualistischen Theorien Descartes' und der mechanistisch-kausalistischen Denkweise verdrängt. Schon zu Meister Eckharts Zeiten beschuldigte die Inquisition den Mystiker aufgrund seiner pantheistischen Ideen der Ketzerei.

Der Weg des Mystikers zur *unio mystica* mit Gott geht über das Herz, sowohl in der arabischen als auch in der christlichen Kultur. Der Mystiker sucht die Quelle des offenbarenden Lichts in der Glut des Herzens, das von Dunkelheit umgeben ist. Wenn er seine Augen schließt (gr. *myein* „sich schließen [Augen und Mund]") öffnet sich sein innerer, visionärer Blick und er hört kontemplativ auf die Stimme seines Herzens. Dann wird er oder sie (Hildegard von Bingen ist nur eine von vielen Mystikerinnen) von der großen Passion überwältigt, in der alles im Erlebnis der Einheit mit Gott verschmilzt. In der mystischen Union sprengt die Herzmetaphorik den psychologischen und den ethisch-existenziellen Rahmen: Das Herz wird zum Schlüssel uralter Rituale religiös-mystischer, numinoser Natur. Numinos ist alles, was den menschlichen Verstand und die Ausdruckskraft der Sprache übersteigt, was gleichzeitig faszinierend, überwältigend und erschreckend ist, was sich jeder Kontrolle entzieht und dem der Mensch ausgeliefert ist, kurz der „heilige Schauer" (vgl. Rudolf Otto 1979). Je geringer der Einfluss des Christentums wird, desto mehr verlagert sich das numinos-göttliche Erlebnis von der Kathedrale in den Tempel der Natur und bildet so die Grundlage für die sublime Naturverehrung der Romantik.

Das analogische Naturverständnis und die analogisch orientierte Anthropologie sind ebenfalls nicht dualistisch, denn sie sind von Aristoteles' Holismus (Ganzheitslehre), Empedokles' Vier-Elemente-Lehre, Hippokrates' Humorallehre und Galens Lehre der vier Temperamente beeinflusst. Das Sanguinische (bluterfüllte) bekam im Mittelalter einen besonders positiven Status, bis es in der Romantik zum Synonym der heftigen Leidenschaft wurde, gewissermaßen als Gegengewicht zur typisch romantischen Melancholie. Die Vorstellung, dass Blut und Herz Zentrum der Gedanken und des seelischen Lebens sind, wurde im Mittelalter mit dem Sinnbild von Jesu Blut verknüpft, was zur Verbreitung einer Blutmagie ohnegleichen führte, von der noch die barocke Kunst und Malerei im Übermaß zeugen.

Es ist eines der großen Paradoxa in der europäischen Kulturgeschichte, wie stark sich die Blut- und Herzsymbolik parallel zum galileisch-kartesianischen Dualismus entwickeln konnte, obwohl der Dualismus die Gefühle abwertet, die zu den Traditionen des Herzens gehören. Der religiöse Mystizismus und das wissenschaftliche Analogiedenken haben viel zu dieser Entwicklung beigetragen, aber noch entscheidender waren die Folgen des im vorigen Kapitel beschriebenen emotionalen Wandels, der in der Spätrenaissance einen neuen Höhepunkt erreicht. Repräsentativ dafür ist Shakespeares *Romeo und Julia* (ca. 1595-96), die erste neuzeitliche Darstellung der romantischen Liebe. Shakespeares Frühwerke entstanden zu der Zeit, als Montaignes Essays erschienen, Galilei seine revolutionären astronomischen Berechnungen anstellte und Descartes noch ein Kind war. Shakespeare gab der Herzmetaphorik einen neuen Inhalt, der auf einer Höhe mit den neuen Einsichten in die komplexe Seele des Menschen stand, die in der neuen, undogmatischeren Zeit aufkamen.

William Shakespeare, der Herzensbrecher

Dass ich ... mit Worten nur,
Wie eine Hure, muss mein Herz entladen.
(aus *Hamlet*)

William Shakespeare (1664-1616) und Michel de Montaigne haben das Bild des modernen Europäers vermutlich noch stärker beeinflusst als René Descartes. Während Descartes eine Theorie über den Menschen aufstellt, zeigt Shakespeare uns, wie sich der Mensch in der Praxis verhält. Er schildert seine Umwelt und seine Mitmenschen in Wort und Tat mit all ihren Stärken und Schwächen. Man könnte ihn den ersten Tiefenpsychologen nennen, da er die Triebkräfte und Motive seiner Charaktere durchschaut und darlegt. Bei Shakespeare zählt das Herz; es zeigt, was die Menschen in sich verbergen.

In seinen späten Meisterwerken wie *Hamlet* oder *Macbeth* stellt er dem Tristanismus andere Arten der Liebe an die Seite. Dies gilt besonders für das rätselhafte Drama *König Lear* (ca. 1605-06), welches hier das Shakespearesche Herz repräsentieren soll. In diesem Stück ist das Herz sowohl Symptom als auch Bild der persönlichen Integrität im ethisch-existenziellen Sinn. Hier bricht das Herz nicht aufgrund erotischer Leidenschaft oder unglücklicher Liebe, sondern wegen Verrates und hemmungsloser Machtgier. Am schlimmsten wird es getroffen, wenn die Liebe und das Vertrauen betrogen werden. Dies betrifft vor allem die Liebe zwischen Eltern (König Lear bzw. Graf Gloster) und Kindern (Lears Tochter Cordelia bzw. Glosters ehelicher Sohn Edgar).

Die Tragödie wird von König Lears Mangel an kritischer Urteilskraft und Selbsterkenntnis in Gang gesetzt. In seinem Stolz und seiner Selbstsicherheit fragt er seine drei Töchter, wie sehr sie ihn lieben, um anhand ihrer Antworten sein Erbe und Reich an sie zu verteilen. Seine älteren Töchter Goneril und Regan antworten ihm mit großen, heuchlerischen Worten, die er nicht durchschaut. Die dritte und jüngste Tochter dagegen, die den Herzensnamen Cordelia (von lat. *cor*) trägt, ist nicht in der Lage, ihre Liebe in Worte zu fassen, weil sie größer ist als Worte. Die Zunge kann ihrem bedingungslos treuen Herzen nicht gerecht werden, sie kann ihr Herz nicht auf ihre Lippen heben: „I cannot heave my heart into my mouth." Cordelia weiß, dass zwischen Herz und Zunge eine Kluft besteht. Sie will nur sagen, was sie wirklich in ihrem Herzen trägt. Das aber ist mehr, als Worte jemals ausdrücken können. Sie kann ihre Liebe nicht als Mittel gebrauchen. König Lear versteht dies nicht, enterbt sie in rasender Wut und schlägt Cordelias Erbteil seinen anderen Töchtern zu. Goneril und Regan proklamieren ihre Vaterliebe mit schwülstigen, falschen Worten und Lear fällt auf sie herein. Dieser große Fehler des alten Königs aufgrund eines Missverständnisses führt ihn in tiefe Frustration und schließlich in den Wahnsinn, als Goneril und Regan ihre falschen Herzen nach und nach enthüllen.

Die Spannung des Dramas rührt unter anderem daher, dass König Lear im Grunde ein liebenswürdiger alter Mann ist, der selbst liebt und von allen ehrenhaften Personen dieses Dramas geliebt wird. Am Anfang glaubt er noch, dass er von allen geliebt wird. Aber er versteht weder Cordelia noch die anderen, die ihn wirklich lieben, nämlich Graf Gloster und dessen Sohn Edgar sowie seinen Hofnarren und den Grafen von Kent. Der *true-*, *noble-* und *honest-hearted* Kent versucht, seinen König zur Einsicht über die grundlose Verstoßung Cordelias zu bewegen, wofür der uneinsichtige Lear ihn verbannt. Aber Kent wird seinem Herren nicht untreu und folgt ihm inkognito als armer Diener verkleidet, selbst als Lear durch seine Enttäuschung über das Missverständnis und den Betrug und Machtmissbrauch seiner älteren Töchter wahnsinnig wird.

Graf Gloster und Edgar ergeht es nicht besser, sie werden Opfer einer Verschwörung Regans. Zuerst wird Edgar von seinem unehelichen Halbbruder Edmund des Verrates am gemeinsamen Vater beschuldigt, so dass Gloster ihn verstößt. Ähnlich wie Kent mimt er einen Wahnsinnigen, um seinem Vater inkognito dienen zu können. Gloster selbst wird später betrogen und geblendet, damit Edmund seinen Titel usurpieren kann. Als die Wahrheit schließlich an den Tag kommt und der blinde Gloster seinen echten Sohn wiedererkennt, bricht sein zerrissenes Herz vor Freude über die Aufklärung und Sorge über das Unrecht, dass er seinem Sohn angetan hat: „Doch sein zerspaltnes Herz – ach, schon zu schwach,/Den Kampf noch auszuhalten zwischen Schmerz/Und Freud' – im Übermaß der Leiden/Brach lächelnd" (Akt V/3, übers. Baudissin).

Auch König Lears Freude über die Wiedervereinigung mit Cordelia am Ende währt nicht lange, denn kurz darauf tötet die eine betrügerische Tochter in rasender Eifersucht zuerst die andere und dann sich selbst. Edmund, der beider Schwestern Liebhaber war, hat inzwischen die Ermordung Cordelias veranlasst. (Er will ihren Selbstmord im Gefängnis vortäuschen.) Edgar gibt sich zu erkennen und verwundet ihn tödlich im Duell. Als König Lear die vollen Konsequenzen seiner Irrungen erfährt und Cordelia erhängt findet, kann er die Wahrheit und seine eigene Schuld nicht mehr länger ertragen. Cordelia stirbt, ohne dass Lears Schuld an ihrem Schicksal gesühnt ist. Ihr Tod ist so sinnlos wie Lears schwindendes Leben.

König Lear ist ein modernes Drama (im psychologischen Sinn), weil es von persönlicher Schuld handelt, die nichts mit dem christlichen Sündendogma zu tun hat: Eine Schuld, die sich die Personen selbst auflasten und die sie unabhängig von ihrer Gesinnung tragen müssen. Eine gute Gesinnung reicht nicht aus, man muss auch Klugheit und Einsicht haben, seine Motive kennen und durchschauen und die Konsequenzen von Wort und Tat vorausbedenken. All das ist mehr als König Lear vermag, deshalb wird er verrückt. Sein Herz hört auf zu schlagen, als er Cordelia erhängt findet. Er stirbt ohne ein einziges erlösendes Wort – einer der größten Wortkünstler Shakespeares stirbt wortlos.

Eigentlich ist es der Narr, der König Lear in den Wahnsinn treibt. Weil er seinen König und Cordelia liebt, reagiert er auf des Königs Beschluss, seine beiden älteren Töchter regieren zu lassen. Er erfüllt die typische Funktion des Hofnarren, die Macht mit all ihrer Bosheit und Torheit durch wahre Worte bloßzustellen. Unaufhörlich und umbarmherzig drängt er dem König (und uns Lesern/Zuschauern) zwei fundamentale Fragen auf: „Was ist die Wahrheit?" und „wer bin ich?" – jene zwei Fragen, die wie eine evolutionäre Kraft in der Kulturgeschichte wirken, seit Gilgamesch nach dem Verlust seines Freundes einsam umherzog und den Sinn des Lebens suchte und seit Odysseus Dialoge mit seinem Herzen führte, um zu sich selbst und heim nach Ithaka zu finden.

Aber König Lear will die Wahrheit nicht hören; sie würde ihm mehr Verantwortung aufbürden als er zu tragen gewillt ist.

Auch Lear spricht mit seinem Herzen, aber ohne die dem Herzen innewohnende Weisheit freizusetzen. Er versucht es deshalb – wie Odysseus – zu beruhigen, damit es nicht vor Sorgen platzt. „Weh mir, mein Herz! Mein schwellend Herz – Hinunter!" ist eine häufig wiederholte Deklamation Lears und aller Personen, die in diesem Drama Unrecht und Verlust erleiden. Aber den König trifft die größte Schuld, denn er hat das Inferno selbst ausgelöst. Als der Narr wieder einmal in seiner Wunde herumstochert, stellt er sich selbst die Diagnose *hysterica passio* – hysterisches Leiden: „Oh, wie der Krampf mir auf zum Herzen schwillt!/ Hinab, aufsteigend Weh! Dein Element/Ist unten!" (II, 4). Hinunterschauen in diesen Abgrund seines Inneren will Lear lieber nicht, denn dann müsste er sich selbst und die anderen so sehen, wie sie wirklich sind und seinen Verstand gebrauchen. Dazu versucht ihn der Narr vergeblich zu bewegen.

Als er den Fragen des Narren nicht mehr ausweichen kann, flüchtet er: „Ich will meine Natur vergessen" (I, 5). Genau das ist sein Unglück: dass er dem klassischen Anspruch, sich selbst zu erkennen, ausweicht. Dieser göttlichen Forderung nicht nachzukommen, bedeutet Wahnsinn: „Oh schützt vor Wahnsinn mich, vor Wahnsinn, Götter!/Schenkt Fassung mir, ungern wär' ich wahnsinnig" (I, 5). Lear glaubt, dass Verstand und Wahrheit Dinge sind, über die er nach seinem Willen verfügen kann. Aber wer sich der Wahrheit entzieht, wird zum Nichts und Niemand (wie Odysseus im Kampf mit dem Zyklopen). Der Narr weiß das: „Nun bist du eine Null ohne Ziffern. Ich bin jetzt mehr als du. Ich bin ein Narr, du bist nichts" (I, 4). In der Frage der Selbsterkenntnis muss der König schließlich der Hartnäckigkeit seines Narren nachgeben und sich selbst die klassische Frage stellen (I,4):

Kennt mich hier jemand? – Nein, das ist nicht Lear! –
Geht Lear so? Spricht so? Wo sind seine Augen?
Sein Kopf muss schwach sein oder seine Denkkraft
Im Todesschlaf. Ha, bin ich wach? – Es ist nicht so.
Wer kann mir sagen, wer ich bin?

„Lears Schatten", darf der Narr antworten, denn er kannte (wie jeder treue Anhänger) den König, bevor dieser den Verstand verlor. Lear ist nur mehr ein Schatten seiner selbst.

Eine der zwiespältigsten Persönlichkeiten in *König Lear* ist Edmund, der uneheliche Sohn Glosters. Sein einziges Ziel ist die Macht und Machtgier seine größte Leidenschaft. Er ist vollkommen unfähig zu lieben. Edmund ist ein moderner Psychopath und zynischer Machtstratege, und doch besitzt er ein gewisses Charisma. Er verführt Goneril und Regan mit dem Endziel, zuerst deren Ehemänner und dann eine der Schwestern aus dem Weg zu räumen, um selbst König zu werden.

Als er im letzten Akt tödlich verwundet am Boden liegt und erfährt, dass sich seine Liebhaberinnen wegen ihm umgebracht haben, bricht es aus ihm heraus: „Edmund ward doch geliebt!/Die eine gab um mich der andern Gift/Und dann sich selbst den Tod (5, 3)." Dies verursacht einen Sinneswandel im letzten Moment: „Nach Leben ring ich. Gutes möchte ich tun,/Trotz meiner eignen Art. Schickt ungesäumt –/O eilt euch! – auf das Schloss, denn mein Befehl/Geht auf des Königs und Cordeliens Leben" (ebd.). Dazu ist es zu spät, vielleicht aber nicht für Edmund. Als dramatische Gestalt soll er eine Seite des menschlichen Wesens ausdrücken. Am Ende erkennt er, wer er ist: Ein Bastard ohne Anspruch auf Grafentitel und Krone. Er bekennt sich zu allem, dessen Edgar ihn beschuldigt – allerdings erst, nachdem sein Halbbruder selbst Gewalt gebraucht und ihn besiegt hat. Der Machtmensch beugt sich nur der Macht.

Edmunds Bosheit rührt nach Edgars Meinung daher, dass Gloster Edmund durch Hurerei zeugte, um seine Lust zu befriedigen: „Der dunkle, sünd'ge Ort, wo er dich zeugte,/Bracht' ihn um seine Augen ..." (5, 3). Wieder ist das Leiden ein Resultat der Leidenschaft, sowohl der sexuellen Begierde des Vaters als auch der Machtgier Edmunds. Als dieser am Ende sein wahres Wesen erkennt, ist er wieder am Ausgangspunkt angelangt: „... Wahr, o wahr!/Ganz schlug das Rad den Kreis, ich unterliege" (ebd.). Das Menschenbild, das aus diesem Schicksal wie dem gesamten Drama spricht, ist düster: Nur wer *nicht* liebt, ist zu einer rücksichtslosen und wahren Selbsterkenntnis fähig. Aber die Wahrheit hilft niemandem. Auch von der Erlösung der Seelen ist in diesem unreligiösen Drama über das Leben im Diesseits nicht die Rede. Indem er demonstriert, wie nutzlos Edmunds Sinneswandel kurz vor dem Tod ist, distanziert sich Shakespeare von einem wichtigen christlichen Dogma. Glaube und Gesinnung allein können niemanden erlösen; entscheidend ist die Realität.

In der Kulturgeschichte des Herzens repräsentiert *König Lear* eine radikale Infragestellung aller positiven Werte, die das Herz in der europäischen

Kultur symbolisiert. In vieler Hinsicht sprengt dieses Drama ein Fundament oder zumindest Ideal unseres christlich-humanistischen Menschenbildes. Shakespeare zeigt auf, dass das Ideal im wirklichen Leben mehr als zu kurz kommt, wenn die Menschen ihr wahres Gesicht zeigen. Genau dieses wahre Gesicht will Shakespeare zeigen, jenseits aller christlich-humanistischen Ideale. Sein Realismus lässt sich als Teil der historischen Entwicklung betrachten, die wir von der Antike bis zu seiner Zeit verfolgt haben. Dieser gesamte Prozess liefert den Stoff für den Menschentyp, den Shakespeare präsentiert, ein Typ, der in der Antike noch nicht möglich gewesen wäre. Aus diesem Grund nannte der Shakespeare-Kenner Harold Bloom den Dramatiker *inventor of the human* („Erfinder des Menschlichen", 1998). Shakespeare führte das Menschliche, wie wir es heute kennen – also unabhängig von göttlichen Instanzen – in die Literatur ein. Vor Shakespeare gab es nur Personen, behauptet Bloom, seit ihm sind es Persönlichkeiten mit einem komplexen Inneren und der Fähigkeit, sich zu verändern. Dies wurde seitdem kaum mehr übertroffen, sogar Freud könnte man als Versuch verstehen, die komplexe Psyche, die Shakespeare literarisch schildert, theoretisch zu erklären.

Shakespeare zeigt als Erster den modernen, selbständigen Menschen mit seinem vielschichtigen Inneren, wie wir ihm erst im Humanismus und der Spätrenaissance begegnen. Die geistigen Väter des Humanismus sind neben Descartes und Montaigne Erasmus von Rotterdam und der Reformator Martin Luther. Besonders spannend ist die Verbindung zwischen Shakespeare und seinem älteren Zeitgenossen Montaigne, den er vermutlich gelesen hatte (laut Bloom in Florios Manuskriptversion, vgl. Bloom 1998: 739). Nietzsche ging wie selbstverständlich davon aus, dass Shakespeare Montaigne gelesen hatte, so wie er selbst Shakespeare las, von dem wiederum Goethe sagte, er schulde ihm alles. So gesehen beruht das moderne Menschenbild auf der Achse Montaigne-Shakespeare-Goethe, der sich Nietzsche anschließt. Bei Montaigne findet Shakespeare den Skeptizismus bestätigt, der in seinen späten Meisterwerken in Nihilismus übergeht. Beide verstehen den Menschen als instabil und unbeständig wie der Wind. Deswegen sind sowohl Montaigne als auch Shakespeares Dramatis Personae in der Lage, sich zu verändern. (Hamlet zum Beispiel tut dies ständig.) Sie gehören nicht nur dem Wind, sondern auch ihren Worten und den Worten anderer. Aber auch die Worte sind wie der Wind, es sind „nur Wörter", die dem Inneren des Menschen alles Feste und Dauerhafte nehmen, weil sie es ständig neu erschaffen – eine Beurteilung der Sprache, die Montaigne teilte. Folglich stellt sich die Frage, ob das Innere in *König Lear*, repräsentiert durch das Herz, leer ist oder ob es substanziell und haltbar ist und den Menschen erst zum Menschen macht, auch wenn es „nur" eine Funktion der Sprache ist.

In Shakespeares Werk setzt sich die dunkle Seite des Menschen gegen jeden Idealismus durch. Macht und Begierden aller Art treten an die Stelle der Ideale. Shakespeare ist der Erste, der die Psychologie der Macht und den Machthunger als grundlegende menschliche Triebkraft neben dem Sexualtrieb erkennt. In *König Lear* werden diese Triebkräfte durch Edmund und die Schwestern Goneril und Regan verkörpert. Die Macht gibt dem Menschen alles, sie lässt ihn jede Scham vergessen, legt sein Gewissen lahm und belädt ihn mit nicht wiedergutzumachender Schuld. Wer sich ihrer Dynamik ergibt, wird in einer speziellen Logik gefangen. Wer um ihrer selbst willen oder aus Prestigegründen nach Macht strebt, dem sind Spontaneität und Ehrlichkeit versagt. Stattdessen achtet der Machtmensch darauf, dass der Zweck die Mittel heiligt, verbirgt seine wirklichen Pläne und lügt, kurz: Er kann nur strategisch denken. Deshalb sind diejenigen, die aus ganzem Herzen lieben, den Machtmenschen gefährlich. Sie durchschauen nämlich, dass die Machtmenschen Liebe nur als Mittel zum Erlangen von Macht gebrauchen. Das Leiden in *König Lear* resultiert daraus, dass Goneril, Regan und Edmund die Gefühle als Mittel zur eigenen Machterlangung benutzen. Sie reden, als liebten sie, während sie im Grunde alle verachten, die zur Liebe fähig sind. Für sie ist die Liebe nur ein Mittel. Ihre Falschheit ist nur so lange gefährlich, wie sie nicht entdeckt wird. Das Drama *König Lear* zeigt eine Alternative zum romantischen Herzen, das aufgrund unglücklicher Liebe leidet oder wegen einer Leidenschaft, die ihr erotisches Ziel nie erreicht. Der romantische Liebesbegriff hatte Sinnlichkeit und Erotik im Gegensatz zu christlichen Vorstellungen aufgewertet. In *König Lear* dagegen wird die erotische Leidenschaft wieder als bloße sexuelle Begierde und Wurzel des Bösen dargestellt (allerdings nicht aus religiösen Gründen). Dafür durchläuft die christliche Nächstenliebe in diesem Drama eine ähnliche Metamorphose ins Weltliche: Sie wird zum rein diesseitigen zwischenmenschlichen Verhältnis, das von Mitgefühl und Respekt geprägt ist. Diese Art der Liebe vollzieht sich in der *Freundschaft*. Weil die Freundschaft eine diesseitige, realistische Art der Liebe ist, wird auch sie eine aktive Quelle der Erkenntnis, mit deren Hilfe wir die oberflächlichen Verhältnisse durchschauen und sehen können, dass nicht jeder Mensch unser Nächster ist – worauf uns Cordelia und der Narr sowie Edgar und Kent aufmerksam machen.

Während die romantische Liebe eine egoistische Liebe und die christliche Nächstenliebe eine Pflicht ist, ist die tiefste Shakespearesche Liebe bedingungsloses Mitleid(en) und Selbstaufopferung. Kent und Edgar tun alles, was in ihrer Macht steht, um ihren geliebten Herren Lear und Gloster zu helfen. Sie tun das nicht zuletzt, indem sie ihnen kritische Gegenbilder vorspielen. Nicht aus christlicher Demut verkleiden sie sich als Bettler und arme Diener, sondern weil sie nicht nur von Stand, sondern auch von Gesinnung adlig sind und die innere Kraft besitzen, ihre Karriere aufzugeben, um das zu retten, was man nicht opfern darf und womit das Herz nicht feilscht. Ihre Verkleidung ist nur äußerlich, eine rationelle und zweckdienliche Methode, um ihren Liebsten aus ihrer Seelennot zu retten. Im Unterschied zur romantischen Liebe beschränkt sich die zwischenmenschliche Shakespearesche Liebe nicht auf das geschlechtliche Verhältnis zwischen Mann und Frau, sondern gilt auch zwischen ebenbürtigen Männern oder als seelische Verwandtschaft und persönliche Freundschaft. Die klassische Freundschaft, *philia*, und der absolute Respekt gegenüber einem Mitmenschen wird in Shakespeares Meisterwerk als höchster Wert an die Stelle der pathetischen romantischen Liebe gesetzt.

König Lear aktualisiert eine Frage, die zu allen Zeiten auf Liebe und Leidenschaft gefolgt ist, nämlich ob Liebe blind oder sehend macht. Die Antwort darauf klingt äußerst zweideutig und allegorisch durch das Verhältnis zwischen Blinden und Sehenden hindurch. Das paradoxe Verhältnis zwischen blinder und sehender, d.h. visionärer Liebe kommt im Fall Gloster bildlich und wörtlich zum Ausdruck. Solange er sein Augenlicht besitzt, durchschaut er Edmunds Verrat nicht. Erst nachdem er von den Verschwörern geblendet wird, sieht er das Unrecht ein. Einer der Höhepunkte des Dramas ist das Treffen zwischen dem sehenden, aber geistig blinden Lear und dem blinden Gloster, der „fühlend sieht" (IV, 6). Diese Aufwertung der emotionalen Erkenntnis gegenüber dem kalten intellektuellen Blick deutet auf Edgars Schlussappell hin. Bevor der Vorhang fällt, fordert er alle auf: „Lasst uns, der trüben Zeit gehorchend, klagen,/Nicht, was sich ziemt, nur was wir fühlen, sagen." Mit anderen Worten fordert Edgar uns auf, der Stimme unseres Herzens zu folgen, wie es Lear auf seine eigene Art und Weise die ganze Zeit getan hat. Alle seine Einsichten kommen aus dem Herzen. Sie sind, meint Bloom mit einer Anspielung auf Plotin, Emanationen oder Ausflüsse von ganzem Herzen („emanations of his wholeheartedness"). Dieser Emotionalismus nimmt bereits die Romantik voraus, als deren Vorläufer sich Shakespeare hier erweist.

Shakespeare gibt dem sehenden Blinden, dem weisen Verrückten und dem Narren, der die Wahrheit sagt eine Form, die alle Klischees und literarische Schablonen sprengt und *König Lear* zu einem Narrenspiel über uns alle macht. Wir treten in dieselben Fallen wie Lear und Gloster und lassen uns von Narren zum Narren halten. Denn die Motive und Antriebskräfte der Menschen sind vielfältig, manche offen ausgesprochen, andere verborgen, manche glaubwürdig, andere nur Vorwand. Sie zu unterscheiden und andere Menschen wirklich zu erkennen ist unmöglich, solange man sich nicht selbst kennt. Deswegen endet der „Gute" als der „Böse", er kann die Beweggründe seiner Mitmenschen nicht richtig deuten. Lear verkennt andere, weil er sich selbst nicht kennt, und Edmund will nicht der sein, der er ist. Er wird zum Niemand und vernichtet sich selbst und andere.

König Lear ist nicht nur aufgrund seines Stoffes (Unglück, Betrug, Mord und Totschlag) ein so herzloses, beinahe nihilistisches Drama, sondern auch, weil es unsere Grundwerte in Frage stellt, vor allem die Liebe. Die Liebe in *König Lear* ist unglücklich und leidend, ja sogar die Wurzel allen Übels. Sie ist unnütz, gefährlich und destruktiv. Wenn Lears und Cordelias Liebe nicht so groß und kompromisslos gewesen wäre, hätte es keine Tragödie gegeben. Je größer die Liebe, desto größer das Leid. Auch heilt die Liebe hier keine Wunden, sondern schlägt tödliche Wunden. In *König Lear* gibt es weder Sühne noch Versöhnung. Shakespeare scheint die bekannten Worte seines Landsmannes und Schriftstellerkollegen Samuel Johnson (1709–84) zu bekräftigen: „Love is the wisdom of fools and the folly of the wise" („Liebe ist die Weisheit der Narren und die Narrheit der Weisen"). Die Liebe kann zwar Berge versetzen, aber sie führt in den Tod, oder in den lebendigen Tod, wie in Edgars Fall. Am Ende übernimmt Edgar als zukünftiger König nur noch den Nachlass der Toten. Der historische König Edgar hat einer Legende zufolge alle Wölfe Englands ausgerottet – eine blutige Ironie, wenn man bedenkt, was das Leben Shakespeares Protagonisten Edgar lehrt: *homo homini lupus est* („Der Mensch ist des Menschen Wolf").

Aus all dem könnte man die Lehre ziehen, dass die Liebe zu gefährlich sei und man sich ihr besser fernhalten sollte. Aber das ist unmöglich, weil erst die Liebe den Menschen zum Menschen macht und ihn erhält. Naivität und die daraus resultierende Desillusion bis hin zum hoffnungslosen Nihilismus sind ein Leitmotiv in *König Lear*. Die Hoffnung stirbt mit Cordelia. Mit ihrem Tod ist das Drama an einem thematischen Nullpunkt angelangt, es wird gewissermaßen herzlos – im persönlichen, ethischen und existenziellen Sinn.

I cannot heave my heart into my mouth

König Lear stellt aufs Neue die ethische Frage nach dem Verhältnis zwischen den Worten und dem, was sie bezeichnen. Denn obwohl es sich hier um Kunst handelt, fühlen alle, die ihr Herz am rechten Ort haben, dass diese Worte uns rühren und etwas allgemein Menschliches zu sagen haben. Woraus dies besteht, verrät die Sprache. Das Vor-sprachliche und Unbewusste zeigt sich erst, wenn man versucht, es in Worte zu kleiden. Indem der Mensch spricht, entblößt er seine Achillesferse. Genau an diesem Punkt beginnt das Drama von König Lear und Cordelia.

Ursache der ganzen Tragödie ist also, dass Cordelia ihr Herz nicht in ihren Mund nehmen kann (ein altägyptisches Ideal!) und dass ihr Vater dies nicht versteht: „I cannot heave my heart into my mouth." Das Herz verbirgt etwas im Inneren des Menschen, was sich zwar sinnlich fühlen, aber nicht verbal ausdrücken lässt – jedenfalls nicht zu einem gesellschaftlichen Anlass, bei dem die bedingungslose Liebe als Mittel zu anderen Zwecken benutzt werden soll. Doch die Problematik des sprachlichen Ausdrucks reicht noch tiefer, tiefer als die Scham, die mit der unzulänglichen sprachlichen Bloßstellung des intimsten und wertvollsten Inneren einhergeht. Das Unaussprechliche sind wir selbst. So weit hat sich der europäische Mensch von dem homerischen Menschen entfernt. Bei Homer war der Körper das Selbst, *autos*, also äußerlich. Bei Shakespeare ist das Selbst ein komplexes inneres Ganzes. Komplex und kompliziert. Darin liegt das Neue im Vergleich zur erfüllten Seele des mittelalterlichen Menschen, denn das Herz an sich ist nun *leer*; es ist ein schwarzes Loch, das Auge des Orkans, das Energiezentrum, wo alle Linien zusammenlaufen, eine reine Funktion der Kräfte, deren Zusammenspiel den Menschen als Ganzheit ausmacht. Diese Funktion steht auch für die Fähigkeit, Familienverwandtschaft (in diesem Fall Vaterliebe) als nicht auf Worte reduzierbares, allumfassendes Gefühl zu empfinden. Deswegen ist es unmöglich für Cordelia, ihr Herz auszubreiten und die Liebe zu ihrem Vater als bloßes Pfand für ihr Erbe mitzuteilen. Sie kann dies nur indirekt tun.

Lears Funktion ist es, fünf Akte lang all das zu exponieren, zu repräsentieren und versuchsweise indirekt auszudrücken, was Cordelia nicht in Worten fassen kann. Er reflektiert alles, was in Cordelias Herz vorgeht und was dieses metaphorisch und mental, ethisch und existenziell symbolisiert. So veranlasst er uns, über unser eigenes Inneres zu reflektieren, das wir erkennen müssen, um es nicht zum Mittel zu reduzieren und das

Unaussprechliche zu kränken. Deswegen ist *König Lear* kein wirklich nihilistisches Werk. Sein Inneres vor der Welt auszubreiten kann eine Art Prostitution sein. Dieser Gedanke taucht bei Shakespeare öfter auf, unter anderem in *Hamlet*, als sich der Protagonist dafür scheltet, dass er „wie eine Hure" sein Herz mit Worten entladen muss. Dass sich das Wertvollste in uns nicht mitteilen lässt, ist paradox und schmerzhaft. Aus diesem Grund ist der Mystizismus esoterisch. Derselbe Gedanke steht hinter Nietzsches Ausspruch, dass alles, was wir in Worte fassen, in unserem Herzen bereits tot ist (vgl. Nietzsche 1993-I: 708).

Shakespeare schildert, wie es getötet wird und wie das Schlimmstmögliche geschieht. Und er tut dies absichtlich mit Worten, um zu vermeiden, dass es geschieht – denn das Allerschlimmste wäre, wenn wir keine Worte mehr für das Schlimme hätten, wie Edgar behauptet: „‚S' ist nicht das Schlimmste,/Solang man sagen kann: dies ist das Schlimmste (IV, 1)." Das Schlimmste ist also ohne Worte, ein Verlust, wenn etwas unwiderruflich tot im Herzen ist und es nichts mehr zu sagen gibt, oder wenn jemand nicht weiß, dass es dort etwas zu sagen gibt, oder auch wenn man es nicht mehr ausdrücken kann, weil es zerstört ist, und mit ihm man selbst.

Alles ist Sprache, aber die Sprache ist nicht alles, könnte man im Geiste Wittgensteins sagen. Von diesem Dilemma handelt die Geschichte des Herzens, vom Unterschied und Zusammenhang zwischen der Sprache des Herzens und dem Herzen der Sprache. Der Mensch will von Natur aus frei von der Leber weg sprechen, das heißt spontan und frei aus seinem Herzen, und tut dies im Vertrauen darauf, dass das Gesagte nicht missbraucht und gegen den Sprecher verwendet wird. Davon hängt alles Zwischenmenschliche ab. Gesellschaftlich ist dies leider unmöglich, weil sich die Menschen in allen möglichen Dingen auf unterschiedlichen Niveaus befinden: emotional, intellektuell, sachlich und erfahrungs- sowie bildungsbedingt. Weniger belastend ist dieser Unterschied zwischen Menschen, die ihn akzeptieren und einander trotzdem verstehen, weil sie den anderen in seiner Verschiedenheit respektieren, egal ob er mehr oder weniger weiß oder kann. Dazu gehören Empathie, ein Herz und Selbstüberwindung.

Vielleicht zeigt sich darin der größtmögliche Unterschied zwischen den Menschen: Manche sind abgestumpft und erhärtet, können keine Empathie empfinden und machen deshalb alles zum Mittel; andere besitzen Empathie, Mitgefühl und die notwendige Phantasie, um sich in ihre Mitmenschen hineinzuversetzen oder sich Phänomenen zu hinzugeben, die in sich selbst als Wert gelten (z.B. die Stimme des Herzens oder die Liebe). In Shakespeares Werk sind die Personen offenbar nach diesem Kriterium getrennt, weshalb es sinnlos ist, sie nach religiösen oder moralischen Kategorien wie „Gut" und „Böse" einzuteilen. In Wirklichkeit geht es hier um unterschiedliche Niveaus, um psychologische und anthropologische Kategorien jenseits aller Moral und jeglichem religiösen Fundamentalismus. Heute befinden wir uns ungefähr in derselben Lage, uns selbst überlassen in einem autarken, anthropozentrischen Universum, wo die Geister der Schwere die soziale Schwerkraft an ihrer Seite haben und allerlei zu Fall bringen.

Shakespeare ist ein Herzensbrecher ohnegleichen. Das Herz ist tot, lang lebe das Herz! Es lebt in seinen Worten und durch seine Worte. Das krachende Echo von Shakespeares laut brechenden Herzen hallt wider bis in die Werke Rousseaus und die Romantik.

Rousseau – Philosoph des Herzens

Die Logik der Leidenschaften kehrt die überlieferten Denkschritte um und setzt die Folgerung vor die Voraussetzung.
(Albert Camus: *Der Mensch in der Revolte*)

Die nächste „herzliche" Periode der Geistesgeschichte nach Shakespeare und der Spätrenaissance beginnt mit der Frühromantik in der zweiten Hälfte des 18. Jahrhunderts. Dazwischen liegt der Pietismus als eine Art Bindeglied.

Der Pietismus ist ursprünglich eine Reformbewegung des späten 17. und 18. Jahrhunderts, in der Wert auf ein aufrichtiges, persönliches und emotional engagiertes Christentum (im Gegensatz zur versteiften lutheranischen Orthodoxie) gelegt wird. Er ist stark subjektivistisch und individualistisch geprägt und war durch seinen gefühlsbetonten Glauben ein wichtiges Vorstadium der deutschen Empfindsamkeit und der Romantik. In den pietistischen Kirchenliedern des Barock, besonders in den deutschen, gibt es beinahe unendlich viele Herzens-Komposita: Herzensfreund, Herzensauge, Mutterherz, Herzensgrund und viele mehr. Langen (1954) nennt über 50 Herzensausdrücke aus dieser Zeit. Viele kennen diese Tradition noch aus den heutigen Gesangbüchern und aus einigen der schönsten Kirchenlieder, z.B. den Liedern Gerhard Teerstegens (1697–1769), den das evangelische Gesangbuch einen „reformierten Mystiker mit reichem inneren Leben" nennt. Seine Metaphorik ist repräsentativ: „Ich lieg ganz hülf- und rathlos hier, und schrei aus Herzensgrund zu dir" oder „O Jesu, Mutterherz, ich kriech in deinen Schoss". Ohne den Pietismus hätte die Romantik kaum so herzlich subjektiv werden können.

In der Romantik wird das Herz zum Symbol fast all dessen, was wir heute als „typisch romantisch" bezeichnen. Die Epoche bekam ihren Namen von dem literarischen Genre des *roman* aus der ritterlich-höfischen Zeit. Bereits die wichtigsten Werke der Frühromantik und die Dichtung des Sturm und Drang waren von dieser Tradition inspiriert. Ein Werk, das vielleicht mehr als jedes andere das Liebesideal der Romantik beeinflusste, war direkt von einem hochmittelalterlichen Vorbild inspiriert, nämlich dem Briefwechsel zwischen Abélard und Héloïse. Es ist Rousseaus Briefroman *Julie oder die neue Héloïse* (1759), der gemeinsam mit Rousseaus anderen Werken wesentlich zur Entwicklung des modernen und subjektiv emotionalen Menschen beigetragen hat.

Springt man von Montaigne und Shakespeare direkt zu Rousseau, könnte man meinen, in einer Welt gelandet zu sein, wo die Erkenntnisse der Ersteren über die menschliche Leidenschaft nicht mehr existieren. Nicht, dass Rousseau rückständig wäre. Die Geschichte ist niemals geradlinig, und lineare Interpretationen der anthropologischen Entwicklung sind deshalb stets mit Vorsicht zu genießen. Jeder ist ein Kind seiner Zeit, bloß dass manche Zeiten stärker dazu tendieren, ein Bein hinterher zu ziehen und auf einem Auge blind zu sein. Das gilt besonders für Rousseau und bestimmte Aspekte der Romantik.

Müsste man eine Einzelperson nominieren, die wie keine zweite das moderne europäische Herz geprägt hat, wäre Jean Jacques Rousseau (1712–78) ein würdiger Kandidat. Bei ihm dreht sich alles ums Herz. Es ist nicht nur Sitz der Gefühle und Ursprungsort der Liebe, sondern auch Träger des Guten im moralischen und göttlichen Sinn *und* ein Symbol all dessen. Das Innerste des Menschen verbirgt sich im Herzen. Fragt man sich, was gut oder richtig ist, muss man nur der Stimme seines Herzens folgen, denn sie redet im Einklang mit den Gesetzen, die Gott den Menschen ins Herz geschrieben hat. Auf diese Weise stellt Rousseau die Natur über die Bibel. Diese ist trotz allem nur ein Buch, und Gottes Gesetz soll man nicht auf irgendwelchen Papier- oder Pergamentseiten nachschlagen, sondern im Herzen. Weil Gott die Natur geschaffen hat und die Natur deshalb gut ist, lautet Rousseaus erklärtes Ziel, den Gesetzen der Natur zu folgen, die wir in unserem Inneren fühlen. „Alles ist gut, wie es aus den Händen des Schöpfers kommt; alles entartet unter den Händen der Menschen", lautet der erste Satz in Rousseaus Hauptwerk *Emil oder über die Erziehung* (1762). Mit diesen Worten weist Rousseau das christliche Dogma der Erbsünde zurück, das einen übergeordneten Erlöser voraussetzt. Dafür (unter anderem) zog er den Unmut der Kirche auf sich. Alle moralischen Zweifel rühren laut Rousseau daher, dass die Zivilisation den moralischen Instinkt verdorben hat, mit dem der Mensch von Natur aus geboren wird.

Rousseau ist also der neuzeitliche Urheber des heute noch sehr lebendigen Gedankens, dass alles Natürliche am besten und die Natur am klügsten ist. Dieser Gedanke ist rein ideologisch und kann fachlich nicht bestehen, zumal er auch logisch falsch ist. In der Erkenntnisphilosophie hat er deshalb den Namen „der naturalistische Irrtum" bekommen. Der Irrtum liegt darin, dass man nicht vom Sein auf das Sollen schließen kann, das heißt in diesem Fall von einer deskriptiven Schilderung der Natur auf die Richtigkeit des Handelns. Alle Versuche, die Natur zur Norm zu machen, z.B. im „Führerprinzip", haben in der Geschichte des 20. Jahrhunderts so blutige Spuren hinterlassen, dass dies intellektuell und politisch ausgeschlossen werden sollte. Was den Menschen angeht, gibt es nichts Natürliches.

Andererseits sollte man nicht vergessen, dass der Slogan „Zurück zur Natur!" – die bekanntesten Worte, die Rousseau zugeschrieben werden – vor allem dem natürlichen *Wesen* des Menschen gelten und weniger seiner natürlichen Umgebung. Die unberührte Natur hat Rousseau weniger interessiert. Was er als „natürliches" Ideal betrachtete, war das einfache, ländliche Leben in der Provinz. Natur hieß für ihn „außerhalb von Paris", weg vom dekadenten Großstadtleben, das die Natur des Menschen zerstört. Seine Sorge galt den „schönen Seelen" der Menschen, wie aus der zweiten Vorrede zu *Julie oder die neue Héloïse* hervorgeht, die in Form eines Dialoges zwischen dem Autor (R) und einem Kritiker (N) geschrieben ist. N: „Und die schönen Seelen – vergessen Sie die?" R: „Die Natur hat sie geschaffen; eure Einrichtungen verderben sie." Aus diesem Grund wollte Rousseau eine neue Gesellschaft erschaffen, die schöne Seelen hervorbringt. Dazu war ein neues Natur- wie auch Kulturbild vonnöten.

Das Bemerkenswerte an Rousseau sind nicht allein seine Gedanken, sondern vor allem, welche Durchschlagskraft sie erlangten. Neben Darwin, Marx, Freud und Einstein hat kaum eine Einzelperson größeren Einfluss auf unser modernes Denken gehabt als Rousseau – meist indirekt, da nur wenige seine Originalwerke gelesen haben. Zu seiner Zeit waren es „Bestseller", besonders der oben erwähnte Liebesroman *Julie oder die neue Héloïse*, der zu einem Fundament der Romantik wurde. Außerdem kann Rousseau mit Recht als einer der wichtigsten geistigen Väter der französischen Revolution gelten, die kurz nach seinem Tod ausbrach (auch wenn sich gegensätzliche politische Bewegungen auf ihn beriefen und er selbst Angst vor der Revolution hatte). Fast alle großen Dichter seiner Zeit und der Folgezeit, von Goethe, Novalis und Hölderlin bis zu Shelley und Byron, waren nachhaltig von seinen Gedanken beeinflusst. Rousseaus gefühlsbasierter Subjektivismus wirkte sich befreiend auf die Kunst aus, die nun die klassischen Stilideale abwerfen und sich lange aufgestauten Gefühlen und subjektiver Mitteilungsbedürftigkeit hingeben konnte.

In seinem Widerstand gegen die technische Rationalität der Aufklärung und der Bürgerschaft führt Rousseau Pascals Kritik an der Vernunft weiter: „Das Herz hat seine Gründe, die die Vernunft nicht kennt." Hier setzt Rousseaus Liebesideal an. Seine Sicht der Liebe ist insofern historisch reaktionär und psychologisch regressiv, als er auf das höfische Ideal des Mittelalters zurückgreift. Ein halbes Jahrtausend nach Gottfried und eineinhalb Jahrhunderte nach Shakespeare lässt er den Tristanismus wieder aufleben.

In *Julie* plaziert Rousseau die Liebenden auf einem Landgut, das man als zeitgenössisches Gegenstück einer Burg bezeichnen könnte. Aber wo Tristan und Isolde ihre Liebe im äußeren Exil in der Minnegrotte der Natur vollziehen, geht bei Rousseau die Liebe ins innere Exil. Das ist das Moderne an ihm. Die Liebe an sich wird zum Problem. Dass die Adelstochter Julie und ihr nicht-adliger Lehrer und Verführer Saint-Preux einander nicht bekommen, liegt nicht nur an sozialen Klassenunterschieden und äußeren Schwierigkeiten, sondern daran, dass die Liebenden selbst so viele Vorbehalte und innere Schranken haben. Sie sind so überladen mit allen möglichen Normen und idealistischen Vorstellungen, dass ihr Begehren sich ins Gegenteil kehrt. Ihre mentalen Hemmungen, die durch äußerliche Hindernisse symbolisiert werden, sind eine Voraussetzung für die Leidenschaft: Je größer das Hindernis und je höher die innere Mauer ist, desto mehr aufgestautes Bedürfnis gibt es und desto leichter wird es, in Träume, Gedichte und konstruierte Ideale zu flüchten, die sich im wirklichen Leben nie realisieren lassen. Und je unerreichbarer diese Ideale werden, desto größer wird die Angst, ihre Verwirklichung zu wagen. So wird die unmittelbare Hingabe an die Leidenschaft und das Begehren durch ein zweideutiges Kontrollbedürfnis und die Angst vor Distanz, Trennung und Tod verhindert.

Am nächsten kommt Saint-Preux dem Liebesglück, als er in Julies Garten hineingelassen wird. Der Garten ist ein Stück Natur, dass Julie so gehegt und gepflegt hat, dass es wie ein Bild und die Frucht ihrer blühenden Liebe erscheint. Dort, in räumlicher und zeitlicher Distanz zu seiner großen Liebe, kann der Verliebte viele Jahre später das große Liebesglück erleben – in seinen sublimierten Gedanken und erotischen Phantasien. Dort kann er sich die große Vereinigung mit seiner Liebsten sinnlich, gedanklich und sprachlich suggerieren. *Das* ist Romantik. Das Ziel der romantischen Liebe ist nicht das Geschlecht, sondern das Herz. Daraus entstehen unglückliche Leben und gute Literatur.

Die romantische Psyche und die psychologischen Motive hinter Rousseaus Sublimierungen lassen sich in seinen romanartigen *Confessions* („Bekenntnisse", 1781–88) nachlesen. Mit diesem Werk führt Rousseau die autobiographische Tradition fort, die Augustinus mit seinen *Confessiones* begann, und säkularisiert die christliche Tradition der Beichte, indem er sie nach außen kehrt und sein Privatleben rücksichtslos ehrlich und pathetisch selbstgerecht vor der Öffentlichkeit ausbreitet. Augustinus' Herz wurde von Jesus' Liebespfeil in Brand gesetzt; Rousseau entzündet selbst die Liebe zu sich selbst. Er war nur sich selbst überlassen, nachdem er so gut wie alles verloren oder aufgegeben hatte: Heim, Heimatstadt und Familie – er selbst hatte gegen den Willen seiner treuen Frau alle ihre Kinder ins Kinderheim geschickt. Seine eigene Mutter war gleich nach seiner Geburt gestorben, sein Vater war ein Phantast, der ins ottomanische Märchenreich verschwand, um dort sein Glück als Uhrmacher zu versuchen, bevor der Junge lesen und schreiben konnte. In seinem eigenen Fall schien das gebrannte Kind Rousseau das Feuer zu scheuen.

In der Frage, ob das Wesen der Menschen gegeben ist oder ob es erschaffen werden muss, nimmt Rousseau eine merkwürdige Zwischenstellung in der europäischen Anthropologie ein. Einerseits behauptet er in all seinen Werken, dass alles in Ordnung sei, solange der Mensch seiner angeborenen Natur treu bleibt; andererseits betont er ebenso konsequent, wie entscheidend die Erziehung dafür ist, ob ein Mensch gut oder schlecht wird. In *Emil* will er die edelste aller Künste entwickeln: die Kunst, einen Menschen zu bilden. Die Grundlage dieser Kunst präsentiert er im ersten Buch:

Wir werden schwach geboren und brauchen die Stärke. Wir haben nichts und brauchen Hilfe; wir wissen nichts und brauchen Vernunft. Was uns bei der Geburt fehlt und was wir als Erwachsene brauchen, das gibt uns die Erziehung (Rousseau 1998: 10).

In *Emil* erweist sich Rousseau als geistiger Vater der modernen Pädagogik, der als erster die Kindheit als einzigartigen Lebensabschnitt (und nicht als ein Erwachsenenleben in Miniatur) entdeckt.

Rousseau ist seiner Zeit sehr weit voraus, wenn er betont, dass nicht allein die physische Erziehung nach dem Motto „ein gesunder Geist in einem gesunden Körper", sondern vor allem auch das Spiel und die Lust, also die *Motivation*, für den Lern- und Entwicklungsprozess der Kinder wichtig sind. Mehr als hundert Jahre bevor Nietzsche den Körper (wieder-)entdeckt unterstreicht Rousseau, wie schlimm es für ein Kind ist, die ganze Zeit still sitzen zu müssen und seinen Körper nicht gebrauchen zu dürfen:

> Man darf kein Kind zum Sitzen zwingen, wenn es laufen will, und nicht zum Laufen, wenn es sitzen will. Wenn der Wille der Kinder nicht durch unsere Fehler verdorben ist, so wollen sie nichts unnötigerweise. Sie müssen springen, laufen, schreien, wenn sie dazu Lust haben (Rousseau 1998: 63f.).

Nietzsches Spruch „Das Sitzfleisch ist gerade die Sünde wider den heiligen Geist" (Nietzsche 1993-II: 947) klingt wie ein Echo von Rousseaus Körperbild. Im Hinblick auf die Unterdrückung der körperlichen Spontaneität und sinnlichen Impulsivität, die laut dem Zivilisationskritiker Norbert Elias (1939) im bürgerlichen Bildungswesen zur Zeit der Aufklärung herrschte, war Rousseau ein wahrer Freiheitskämpfer. Nicht nur für die Freiheit des Körpers, sondern auch für die der Gedanken, denn der freie Gedanke braucht einen sinnlichen, ungebundenen und spontanen Körper. „Unsere ersten Philosophielehrer sind unsere Füße, unsere Hände, unsere Augen", schreibt Rousseau im selben Buch und folgert: „Um denken zu lernen, müssen wir also unsere Glieder, unsere Sinne und unsere Organe üben, denn sie sind die Werkzeuge unseres Geistes" (Rousseau 1998: 111). Und die moderne Neurologie gibt ihm recht: Es besteht eine Wechselwirkung zwischen Vernunft, Gefühlen und Körper. Mit seinen Ansichten über die Kindheit leistet Rousseau einen Beitrag gegen die Verdrängung des Körpers, die mit der Entdeckung des Geistes in der griechischen Antike begann und in der platonisch-paulinischen

Verdammung alles Körperlich-Sinnlichen im Christentum und in der bürgerlichen Gesellschaft (zu Rousseaus Zeit besonders in protestantischen Ländern) einen Höhepunkt erreichte.

Rousseaus Anthropologie lässt sich nicht von seiner Sprache und seinem Stil trennen. Mehr als jeder andere Philosoph zeigt er, dass das Herz der Sprache und die Sprache des Herzens zwei Seiten ein und derselben Sache sind. In seinen Werken besteht ein komplementäres Verhältnis zwischen den Leidenschaften und Gefühlen, die er als Wurzel alles Guten bezeichnet, und der Sprache, die er für diese Quellen der Erkenntnis benutzt. Sein Stil beschwört das herauf, woran er glaubt; er suggeriert mit seiner bildlichen und pathetischen Sprache Stimmungen und benutzt seine eigenen Gefühle und Leidenschaften als Argument für die Emotionen. Egal, ob er für die Gesetze des Herzens argumentiert, für die gute Natur oder für die Existenz Gottes, er geht stets von seinen subjektiven Gefühlen aus. In dieser Hinsicht stimmen Leben und Lehre Rousseaus überein. Sein ganzes Leben und alle seine Werke sind Ausdruck seines glühenden Temperaments, wie er selbst in seinen *Bekenntnissen* schreibt:

> Zwei fast unvereinbare Dinge verbinden sich in mir in einer mir völlig unbegreiflichen Weise: ein feuriges Temperament, heftige, ja stürmische Leidenschaften und nur langsam entstehende unklare Gedanken, die sich niemals im richtigen Augenblick einstellen. Man könnte sagen, mein Herz und mein Verstand gehörten nicht zu ein und demselben Menschen. Schnell wie der Blitz drängt Empfindung in meine Seele und erfüllt sie, aber anstatt mich zu erleuchten, versengt und blendet sie mich. Ich fühle alles und sehe nichts. Ich bin im höchsten Grade erregt, aber völlig benommen; zum Denken bedarf es bei mir des kalten Blutes. [...] ich begreife nur das, dessen ich mich erinnere, und nur in meinen Erinnerungen bin ich klug (Rousseau 1985: 179ff.).

Dieses Zitat demonstriert, dass sogar das romantische Insistieren auf den Vorrang der Gefühle auf dem Dualismus beruht. Bei seinem Angriff auf die Vernunft und die Wissenschaft ist Rousseau nicht weniger dualistisch als der Vernunftsphilosoph Kant, eher sogar mehr. Sämtliche Werke Rousseaus über Leidenschaft und Gefühle oder Liebe und Erotik legen dar, wie problematisch es ist, Gefühle als Argument für die Wahrheit zu benutzen. Nicht nur aufgrund der unlogischen Zirkelschlüsse, die daraus resultieren. Gefühle sind weder wahr noch unwahr, heißt es in David Humes (1711–76) Philosophie. Aber sie engagieren immer, nicht nur den Engagierten, sondern auch das Objekt des Engagements. Genau darum geht es in der Rhetorik. Die Gefühle sprechen direkt zum Herzen und überwältigen leider oft die Fähigkeit zur sachlichen Reflexion. Gefühle sind menschlich, laut Nietzsche allzu menschlich. Deshalb müssen sie kritisch beurteilt oder symptomatisch gedeutet werden. Dafür sind Rousseaus Werke ein gutes Beispiel. Nichtsdestotrotz bleibt Rousseaus größte Stärke seine subjektive Gabe zum sinnlichen Erleben und Miterleben, zum Fühlen und Phantasieren. Er zelebriert den Subjektivismus wie kein anderer vor ihm, was ihn zu einer geistesgeschichtlichen Größe macht, die unser Menschenbild nachhaltig geprägt hat.

Rousseau gab Europa das Pathos zurück. Mehr noch, er setzte die Sympathie in ihrer modernen Bedeutung, das heißt im Sinne von *Empathie*, Mitleid und Mitgefühl, auf die anthropologische und moralphilosophische Tagesordnung. Schon Thomas Hobbes (1588–1659) hatte die Frage gestellt, ob der Egoismus des Menschen durch Mitleid mit den Mitmenschen eingeschränkt werden kann. In dieser Hinsicht waren die französischen Philosophen der Aufklärung, wie auch ihr pathetischer Antagonist, definitiv misanthropisch. Rousseau war der einzige Philosoph seiner Zeit, der wenigstens der ursprünglichen menschlichen Natur die Fähigkeit zum Mitgefühl zusprach. Er ging davon aus, dass das Herz zum Herzen sprechen kann – jedenfalls solange die Gesellschaft diese Fähigkeit noch nicht durch ihre theoretische Erziehung zerstört hat. Vor diesem Hintergrund warnt er in *Emil* vor Theoretikern: „Misstraut den Kosmopoliten, die in ihren Büchern Pflichten in der Ferne suchen, die sie in ihrer Nähe nicht zu erfüllen gedenken. Mancher Philosoph liebt die Tartaren, damit er seinen Nächsten nicht zu lieben braucht" (Rousseau 1998: 12). Rousseau rät dagegen, mit dem Nahen anzufangen, das Mitgefühl dort zu erlernen und zu entwickeln (sic!) und es dann schrittweise auszuweiten.

Diese Ethik der Nähe und ihre anthropologischen Voraussetzungen sind eine weitgehend vernachlässigte Seite von Rousseaus Emotionalität, die ihn vielleicht in ein anderes Licht rückt, besonders wenn man bedenkt, dass die Empathie unter dem Einfluss der Kantschen Regel- und Pflichtethik bis vor nicht allzu langer Zeit quasi wieder vom Erdboden verschwunden war. Erst im späten 20. Jahrhundert wird Empathie wieder ein Teil des ethischen Vokabulars. Selbst Hannah Arendt misst in ihrer Erklärung des Holocaust und der „Banalität des Bösen" (vgl. Arendt 1961/1990) den Gefühlen und der Empathie wenig Bedeutung zu. Erst in unserer Zeit (u.a. durch Emmanuel Lévinas' Ethik der Nähe) wird es voll anerkannt, wie wichtig Empathie für die Entwicklung der Persönlichkeit und für spontanes moralisches Handeln ist. Dabei betont schon Rousseau die Bedeutung der Einfühlungsgabe, des Mitgefühls und der Nähe in zwischenmenschlichen Beziehungen. Er verbindet auch das Leid mit dem Mitleid: Nur wem es selbst schlecht geht oder gegangen ist, kann mit anderen mitfühlen. Rousseaus autobiographische Schriften lassen sich auch als ein persönlicher Ruf nach Mitleid, Verständnis und Anerkennung interpretieren. Hier haben wir es möglicherweise mit einer typisch französischen Tradition zu tun, die sich von der Héloïse der Ritterzeit über Rousseau und die Identifikationsethik seiner Zeit mit ihren tränenerfüllten Romanen bis hin zu Zolas *J'accuse…!* („Offener Brief an den Präsidenten der französischen Republik") und Lévinas' *Entre nous* („Zwischen uns") erstreckt.

Das Leiden repräsentiert eine noch größere Gemeinsamkeit zwischen den Menschen als die Leidenschaft. Rousseau jedoch verwechselt das existenzielle Leid mit dem persönlichen Leid, das aus einer unerfüllten, egoistischen Leidenschaft entsteht. Er huldigt der unvollendeten Leidenschaft anstatt das gemeinsame Leid zu hinterfragen. Mit dieser Geisteshaltung ist er kaum gesellschaftsfähig, sondern schiebt sogar alle Schuld auf die Gesellschaft. Anstatt die schöpferischen kulturellen Kräfte zu vertiefen, die sein eigenes Lebenswerk erst ermöglicht haben, wendet er der Kultur den Rücken zu und posaunt sein regressives „Zurück zur Natur" aus. Dabei sollte das Motto der von ihm skizzierten Utopie der Freiheit besser „Vorwärts zur Kultur" lauten. Denn trotz aller gegenteiliger Erklärungen war es genau das, was Rousseaus Lebenswerk bewirkte. Er hat *Kultur* und keine Natur erschaffen. Rousseau hat der europäischen Kultur viele Bilder und Symbole gegeben. Nicht zuletzt hat er unsere Herzen soweit geformt, dass wir alle zu einem gewissen Grad Romantiker sind, ob wir es wollen oder nicht. Der Kulturbegriff der Romantik stammt jedoch nicht von ihm, sondern von Herder.

Herder und der expressive Wandel

Leben, das heisst bekriegen
In Herz und Hirn die Gewalten;
Und dichten; über sich selber
Den Gerichtstag halten.

(Henrik Ibsen)

Die Romantik gilt im Allgemeinen als antiintellektuell und antiwissenschaftlich. Dabei hat gerade diese Epoche die Geschichts- und Sprachwissenschaft sowie die Kulturphilosophie hervorgebracht. Darüber hinaus hat sie die Naturphilosophie zur Grundlage einer neuen Anthropologie gemacht, die den Menschen als Symbolwesen betrachtet. Einer der wichtigsten romantischen Philosophen war Johann Gottfried Herder (1744–1803). Er vollendete das von Rousseau begonnene theoretische Fundament der romantischen Anthropologie, auf dem Goethe weiter aufbaute.

Herder steht sehr im Schatten seines berühmten Zeitgenossen und Kontrahenten Immanuel Kant (1724–1804), den die Philosophiegeschichte zum Sieger im Streit zwischen den beiden erkoren hat. Herders Verdienste sind noch immer nicht ausreichend gewürdigt, obwohl seine Philosophie unser heutiges Menschenbild in vieler Hinsicht stärker geprägt und begründet hat als die Philosophie Kants. So gesehen sind wir alle Romantiker, auch wenn wir dies nicht zugeben wollen.

Mit seiner preisgekrönten Abhandlung *Über den Ursprung der Sprache* (1772) wurde Herder zum Begründer der modernen Sprachphilosophie. Er bereitete den Grund für das moderne Verständnis des Menschen als historisches und kulturelles Wesen, das in einer künstlich erschaffenen Symbolwelt lebt. Sprache, Kultur und Geschichte sind die Grundlagen der neuen Anthropologie, die Herder entwickelte. Der Mensch ist nicht nach einem festen Vorbild und mit unveränderlichem Wesen erschaffen, sondern formt sich selbst nach seinem eigenen Bild, das von seiner jeweiligen natürlichen und historischen Umgebung und deren Möglichkeiten bestimmt wird. Wie der Mensch diese Möglichkeiten verwirklicht, zeigt er durch seine Sprache und Ausdruckskraft im materiellen und immateriellen Sinn, durch Schrift und Rede, Kunst und Technik und vieles mehr. Das Ausdruckspotential des Menschen bildet somit die Grundlage der romantischen Anthropologie. Laut Charles Taylor (1975/1989) repräsentiert Herders romantische Ausdruckstheorie einen „expressiven Wandel".

Im Übrigen war es wieder Herder – und nicht Kant –, der den Wandel in der Philosophie in der zweiten Hälfte des achtzehnten Jahrhunderts „kopernikanisch" nannte. 1765 verkündete der damals Einundzwanzigjährige ein philosophisches Programm, in dessen Zentrum die Anthropologie stand (daher kopernikanisch) und an das er sich für den Rest seines Lebens halten sollte. Seine Anthropologie beinhaltet auch das, was später Lebensphilosophie genannt werden sollte:

> Alle Philosophie, die des Volks sein soll, muss das Volk zu seinem Mittelpunkt machen, und wenn man den Gesichtspunkt der Weltweisheit in der Art ändert, wie aus dem Ptolomäischen das Kopernikanische System ward, welche neue fruchtbare Entwickelungen müssen [sich] hier nicht zeigen, wenn unsre ganze Philosophie Anthropologie wird (*Werke* I: 134).

Ein wesentlicher Unterschied zwischen Herder und Kant ist, dass Herder niemals vergisst, dass der Mensch sowohl Natur *ist* als auch eine Natur *hat* (und nicht nur die Vernunft). Zu dieser Natur gehört ein individueller Körper mit Sinnen und Gefühlen, die einen anderen Zugang zur Welt ermöglichen als die abstrakten Kategorien der Vernunft, denen Kant Vorrang gibt, um der Wissenschaft ein allgemeingültiges Fundament zu geben. Kant sucht das Universelle, Absolute. Herders Ansatz ist dagegen eher konkret und lokal, also kulturspezifisch. Er legt Wert darauf, dass der Mensch im Gegensatz zu allen anderen Naturgeschöpfen in der Lage ist, den Determinismus und die Naturgesetze zu durchbrechen. Der Mensch ist für Herder „der erste Freigelassene der Schöpfung" und „zur Freiheit organisiert" (*Werke* VI: 142ff). Umgekehrt, das heißt von der deterministischen Seite der Natur aus betrachtet, ist der Mensch ein unvollkommenes Wesen, dessen Instinkt geschwächt ist. Diesen „Mangel" kompensiert er durch Sprache, Vernunft und die erlernte und überlieferte Fähigkeit, die Natur zum Zweck seines Überlebens zu bearbeiten. Die Erfindung der Sprache (deren Resultat die Kultur ist) nennt Herder die zweite Genesis des Menschen.

Sein Leben lang griff Herder die abstrakte Vernunftsphilosophie Kants und der Aufklärung an. Er behauptete nämlich, dass auch die Vernunft von Sprache, Erfahrung, Geschichte und Traditionen abhängig sei und von diesen bestimmt werde. Damit war er seiner Zeit weit voraus. Immer wieder pochte er darauf, dass alles Menschliche inklusive der Vernunft sprachgebunden ist:

Eine reine Vernunft ohne Sprache ist auf Erden ein utopisches Land. Mit den Leidenschaften des Herzens, mit allen Neigungen der Gesellschaft ist es nicht anders. Nur die Sprache hat den Menschen menschlich gemacht, indem sie die ungeheure Flut seiner Affekten in Dämme einschloss und ihr durch Worte vernünftige Denkmale setzte (*Werke* IV: 347f.).

Mit der Sprache gliedert der Mensch die Welt in seine Sprache ein. Die Welt *ist* Sprache. Deshalb kann Herder guten Gewissens behaupten, dass auch die Leidenschaften des Herzens nicht von der Sprache zu trennen sind. Mehr noch, er erhebt die Leidenschaften und Gefühle zur Quelle der Sprache. Das Sprichwort „Wes das Herz voll ist, des gehet der Mund über" wird bei ihm zur anthropologischen Grundlage seiner Theorie der Expressivität. Aus evolutionärer Perspektive ist die Sprache sozusagen das Ergebnis eines emotionalen Drucks.

Schon in seinen Frühwerken betrachtet Herder alles Leben als einen einzigen Drang, sich auszudrücken. In dieser Sichtweise sind die „Leidenschaften des Herzens" und Gefühlsausbrüche aller Art weit mehr als symptomatische Stimulus-Response-Funktionen; sie werden zum seelischen Ausdruck des Lebenssinns. So verbindet Herder den emotionalen Wandel mit einem expressiven Wandel. Emotionalität und Expressivität sind in seiner Philosophie zwei Seiten ein und derselben Sache, es sind Eindruck und Ausdruck, die in Wechselwirkung zueinander stehen. Im selben Moment, in dem der Mensch Wörter für seine Gefühle findet und sie sprachlich definiert, wirkt diese Definition auf die Gefühle zurück und „schließt die Affekte in Dämme ein", um in Herders Worten zu reden. Wie Freud über hundert Jahre später aufzeigen sollte, können jedoch auch diese Dämme brechen. Solche Gefühlsausbrüche müssen dann erneut eingedämmt und in sprachliche Begriffe gefasst werden, wodurch der Mensch wieder die Kontrolle über sie erlangt. Im Zentrum dieses unaufhörlichen Umformungsprozesses liegen die Herzen der Menschen. Sie werden mitgerissen und auf verschiedene Weise geformt – je nach dem, welche schöpferische oder zerstörerische Macht gerade auf sie einwirkt.

Durch diese subjektivistisch-expressive Revolution und die damit verbundene ästhetische Revolution (Kunst ist *keine* Mimesis!) vollendet Herder gemeinsam mit Kant und *dessen* kopernikanischem Wandel den Prozess, den Platon in der Antike eingeleitet hatte, nämlich die Internalisierung: Die Welt existiert im Inneren und ihr Zentrum ist die Psyche (genau wie die Sonne im kopernikanischen Weltbild). Der kopernikanische oder expressive Wandel, den Herder repräsentiert, ist im Grunde auch ein sprachlicher Wandel. In der Wissenschaft und Erkenntnisphilosophie sollte es jedoch noch fast 200 Jahre dauern, bis sich diese Einsicht durchsetzte. Dies geschah erst in der zweiten Hälfte des 20. Jahrhunderts, als Wittgenstein und seine Zeitgenossen genau jenen *linguistic turn* verkündeten, der die humanistischen und sozialwissenschaftlichen Fächer durch die Devise „Alles ist Sprache" von Grund auf veränderte. Der Durchbruch war so tiefgreifend, dass man heute von einem „kulturellen Wandel" spricht, an dem wir alle teilhaben – ganz in Herders Geist.

Die Romantik ist die erste Epoche, in der man einsah, dass alle Wirklichkeit historische Vermittlung und Entwicklung ist und dass der wirkliche Mensch ein konkretes Individuum (und kein abstrakter philosophischer Begriff) ist, das sich von allen anderen Individuen unterscheidet. Deshalb muss jeder unaufhörlich seine eigene Identität und Form finden, die nie ewig gilt, sondern ständig umgeformt und neu geschaffen wird. Diese Entwicklung erkannten die Romantiker – allen voran Goethe – sowohl in der Natur als auch im Menschen selbst.

Der faustische Goethe

> *Doch werdet ihr nie Herz zu Herzen schaffen,*
> *Wenn es euch nicht von Herzen geht.*
> (Goethe: *Faust I*)

Das bekannteste Werk des gefühlsbetonten Sturm und Drang ist Johann Wolfgang Goethes (1749–1832) *Die Leiden des jungen Werther* aus dem Jahr 1774. Dieser Briefroman ist sowohl von Rousseau als auch von Shakespeares *Romeo und Julia* beeinflusst. Der leidende junge Werther nimmt sich das Leben, weil er seine angebetete Lotte nicht sehen darf, aber auch weil sie nicht in die Idealwelt passt, in die er sich geflüchtet hat – ein typisches Kennzeichen der romantischen Liebe. Werthers Ziel steht trotz seines Eskapismus fest: eine ideale Liebe in einer anderen Welt als der trivialen bürgerlichen. So jedenfalls wurde der *Werther* seinerzeit aufgefasst, er wurde zum Generationsroman und verursachte eine regelrechte Epidemie. Viele Jugendliche nahmen sich das Leben, inspiriert durch die Lektüre des *Werther*. Mit der Verherrlichung der einseitigen Leidenschaft repräsentiert der Sturm und Drang einen Höhepunkt des romantischen Pathos in der europäischen Kulturgeschichte.

Das Herz symbolisiert dabei die „große Liebe" sowohl im erotischen als auch im idealistischen Sinn.

Goethes *Faust*, ein Meilenstein der europäischen Kultur, markiert gleichzeitig einen Höhepunkt und eine Überwindung der Romantik. Mit diesem Werk greift Goethe wieder auf die Spätrenaissance und die Zeit Shakespeares zurück. Die Anfangsszene von *Faust I* (1808) mutet wie ein Schnappschuss aus dem Laboratorium eines Alchimisten zur Zeit des Universalgenies Paracelsus an. Dort steht der Wissenschaftler und Polyhistor Faust und sucht vergeblich Antwort auf die Frage nach dem Sinn und den Mysterien des Lebens. Er stellt dieselben Fragen wie damals die Alchimisten und Mystiker, insbesondere fragt er, „was die Welt im Innersten zusammenhält". Um dies herauszufinden, verschreibt er sich dem Teufel. Das Faust-Motiv entlehnte Goethe von Shakespeares älterem Zeitgenossen und Konkurrenten Christopher Marlowe, der seine Tragödie *Dr. Faustus* in den späten 1580er Jahren schrieb. Faust, Mephisto und andere Charaktere in Goethes Meisterwerk sind zum Teil direkt von Figuren aus Shakespeares Dramen inspiriert. Zum Beispiel weist der oben erwähnte herzenskalte König Lear einige mephistophelische Züge auf, und Gretchen kann als erotisches Gegenstück zur herzlichen Cordelia betrachtet werden. Die Gretchenfigur repräsentiert die romantische Herzmetaphorik (in der Tradition des Sturm und Drang), während Faust für die Dialektik und die Spannung zwischen Herz und Gehirn steht. Gretchens Herz vertritt die absolute, hingebungsvolle Liebe, das Gewissen und die persönliche Integrität, die durch Fausts Betrug zerstört wird. Gretchen illustriert den Zusammenhang zwischen Leid und Leidenschaft, zwischen Mitleid und Liebe – ein Leitmotiv in Goethes gesamter Autorschaft. Das Herz ist in diesem Motiv die Arena, in der sich Lust und Schmerz, Sehnsucht und Sorge sowie alle weiteren Seelennöte abspielen. Schließlich repräsentiert Gretchens Herz auch die Seele, die erlöst wird, weil sie aus reinem und von ganzem Herzen liebt, wodurch sie selbst fähig wird, andere zu erlösen – besonders den Geliebten.

Wenn Gretchen in *Faust I* ihre Not klagt, zitiert sie beinahe alles, wofür das Herz heute in der europäischen Kultur steht: „Meine Ruh' ist hin,/Mein Herz ist schwer", lautet ein häufig wiederholter Kommentar, der das ruhelose Herz sowohl mit Liebeskummer als auch mit einem schlechten Gewissen verbindet. Gretchen erkennt, dass ihr Widersacher Mephisto ein kaltes Herz hat: „Es hat mir in meinem Leben/So nichts einen Stich ins Herz gegeben,/Als des Menschen widrig Gesicht. [...] Und das frisst mir ins Herz hinein." Mephisto dagegen ist nur kalte

Berechnung und betrachtet alles und alle als Mittel zum Zweck. Goethe macht die Gefühle zum Kennzeichen eines Menschen, als Gretchen aus dem Kerker heraus aufschreit: „Bist du ein Mensch, so fühle meine Not." Mitgefühl (Empathie) ist die Vorraussetzung des Mensch-Seins. Als Faust kurz davor steht, Gretchen für sich zu gewinnen, entfährt ihm der pathetische und rhetorische Kommentar: „Gefühl ist alles;/Name ist Schall und Rauch." Hier bestreitet der Romantiker den Zusammenhang zwischen Worten und Gefühlen, den er selbst geschaffen hat. Die Gefühle des Herzens sind nicht nur ein Kriterium des Mensch-Seins, sondern sogar der Grund des Daseins, der durch und mit Liebe gefüllt wird, wie Faust Gretchen weismachen will, um sie verführen zu können:

> Erfüll davon dein Herz, so groß es ist,
> Und wenn du ganz in dem Gefühle selig bist,
> Nenn es dann, wie du willst,
> Nenn's Glück! Herz! Liebe! Gott!

Mit seinem poetischen Lebenswerk sticht Goethe – gemeinsam mit Novalis, Hölderlin, Rilke u.a. – als ein Erneuerer der europäischen Herzmetaphorik und -symbolik hervor. Die Leidenschaft seiner Gedichte wirkt so echt, dass sogar alte Klischeereime vom Typ „Herz – Schmerz" den Leser spontan mitreißen können. Hier ein Beispiel aus *Willkommen und Abschied* (1775):

> Mir schlug das Herz, geschwind zu Pferde!
> [...]
> Mein Geist war ein verzehrend Feuer,
> Mein ganzes Herz zerfloss in Glut.
> [...]
> Der Abschied, wie bedrängt, wie trübe!
> Aus deinen Blicken sprach dein Herz.
> In deinen Küssen welche Liebe!
> O welche Wonne, welcher Schmerz!

Die Herzmetaphorik in Goethes Gedichten wirkt unter anderem deshalb so überzeugend, weil sie formvollendet in die klassische Ausdruckskraft der Poesie integriert ist. Außerdem repräsentiert sie aus anthropologischer Sicht das Zentrum des Menschen und des Lebens, auch im Hinblick auf die göttliche Transzendenz und die beseelte Natur, von welcher der Mensch ein Teil ist. In Goethes Dichtung wird das Herz mit so vielschichtiger Bedeutung gefüllt, dass es sein metaphorisches Gefängnis sprengt und seinen Charakter als Symbol zurückgewinnt. Es wird zum Kaisersymbol, das aus Geist und Werk von innen heraus strahlt und uns darüber aufklärt, was es bedeutet, ein Mensch zu sein. Das Symbol bezieht den Leser soweit mit ein, dass er nicht mehr an anderer Stelle als im Herzen selbst nach einer Interpretation suchen kann, wodurch das Symbol begrifflich aufgelöst wird – was mit Goethes eigener gelehrter Definition eines Symbols übereinstimmt.

Goethes Werk ist paradigmatisch in der europäischen Kulturgeschichte des Herzens, deren Hauptrichtung seit dem emotionalen Wandel im Hochmittelalter zu einer Metaphorisierung des Herzens und einer individuellen Internalisierung der Gefühle und Leidenschaften neigt, die vom Herzen symbolisiert werden. Goethe vertritt eine andere Richtung, die nicht allein auf die Kunst beschränkt ist. Er befindet sich im Übergang von der mittelalterlichen Allegorie (Dante und die spätere christliche Literatur) zur modernen, auf sich selbst beruhenden Symbolsprache, die heute in Philosophie und Wissenschaft einen alternativen Erkenntnismodus darstellt. Goethe selbst definiert dies in folgenden Leitsätzen:

> Die Symbolik verwandelt die Erscheinung in Idee, die Idee in ein Bild, und so, dass die Idee im Bild immer unendlich wirksam und unerreichbar bleibt und, selbst in allen Sprachen ausgesprochen, doch unaussprechlich bliebe (*Maximen und Reflexionen* 1113).

> Das ist die wahre Symbolik, wo das Besondere das Allgemeinere repräsentiert, nicht als Traum und Schatten, sondern als lebendig-augenblickliche Offenbarung des Unerforschlichen (*Maximen und Reflexionen* 314).

Der tiefe Grund des Herzens ist genau dieses Unerforschliche, das nur symbolisch offenbart werden kann – wie es Goethe selbst jenseits aller Ideologien und wissenschaftlichen Definitionen tut, wenn er das Herz zum Symbol dessen erhebt, was den Mensch zum Menschen macht.

Zu Goethes größten Zielen gehört die Überwindung der modernen Spaltung zwischen Subjekt und Objekt. Er möchte das subjektive Gemüt zu einem Teil des objektiven Geistes machen, der selbst nicht ohne konkrete, subjektive Manifestationen wirklich werden kann:

Genau wie das Objektive nur zum Ausdruck kommt, wenn es „von Herzen" kommt, muss auch die letzte, innerste und subjektive Wahrheit zum Objektiven greifen, um Gestalt anzunehmen (Øhrgaard 1999: 326, übers. F.Z.).

Dass Objektivität von Herzen kommen kann, widerspricht der gängigen Meinung. Aber unsere individuellen Herzen erhalten ihren Sinn erst kraft dessen, was das Herz im Allgemeinen unter den Menschen einer gemeinsamen Kultur repräsentiert – und umgekehrt. Die gemeinsame Schatzkammer der Symbolik *ist* der objektive Geist, der es uns Subjekten ermöglicht, einander mitzuteilen, was wir auf dem Herzen haben. Die Bedingung dafür ist Vertrauen. Wie der dänische Philosoph K.E. Løgstrup dargelegt hat, setzt jede gelungene Kommunikation Offenheit und Spontaneität voraus. Die Basis echter Kommunikation ist das Vertrauen darauf, dass wir geradeheraus sprechen können und das Gesagte nicht gegen uns verwendet wird (Løgstrup 1989). Vertrauen wiederum ist eine Manifestation der objektiven Liebe, die unwillkürlich und ohne Bedingungen, also in einem offenen Dialog in beide Richtungen, von Herzen zu Herzen geht. Diese Bedingung für eine objektive oder *intersubjektive* Gemeinschaft hat Goethe in *Faust II* in folgende Formel gebracht:

> Denn es muss von Herzen gehen,
> Was auf Herzen wirken soll.

Bei Goethe gewinnt das Herz seine substanzielle Natur als fühlendes Organ zurück, das dem Menschen auf allen Ebenen seine Integrität gibt, nach innen und außen. Es schlägt im Takt mit der Natur, als deren Teil sich der pantheistisch orientierte Dichter begreift:

> Und frische Nahrung, neues Blut
> Saug ich aus freier Welt;
> Wie ist Natur so hold und gut,
> Die mich am Busen hält!
> (*Auf dem See*, 1775)

Goethes Menschenbild und sein Bilduniversum sind unmöglich ohne sein Naturbild zu verstehen, auf dem sein ganzes Denken beruht. Er geht davon aus, dass alle Natur organisch lebendig und beseelt (anstatt nur tote newtonsche Materie) ist. Zwischen Mensch und Natur besteht ein Band, das über die biologischen Fakten hinausgeht und auf einem gemeinsamen Urgrund beruht. Die lebendige Natur mit ihren in ständigem Wandel begriffenen Formen und unendlich vielen Sinneseindrücken inspiriert das symbolische Universum des Dichters. Er erschafft *kein* mimetisches Abbild der Natur, sondern drückt seine mit ihr verbundenen Sinnbilder, Reflexionen und Empfindungen aus. Die nicht mit dem Verstand begreifbare Natur ist frei und befreiend, sie inspiriert Poesie und Träume.

Goethe sah in der Natur ähnliche Entwicklungszusammenhänge wie sie Darwin wenig später beweisen sollte (vgl. *Die Metamorphose der Pflanzen*, 1790). Sogar ein menschlicher Knochen ist nach ihm benannt, der Zwischenkiefer oder „Goetheknochen", den er als Überbleibsel der Evolution entdeckte. Außerdem behauptete Goethe, dass wir die Zusammenhänge zwischen Mensch und Natur nur erkennen könnten, weil auch unsere Sinne und Erkenntnisorgane im Einklang mit der Natur entwickelt seien. Diese analogische Erkenntnismethode nach dem Prinzip, dass Gleiches gleich fühlt, bietet eine Alternative zur analytischen Methode der Naturwissenschaft: Der Mensch erlebt Licht und Farben wie sie sind, weil sein Auge dem natürlichen Licht angepasst ist, wie Goethe in *Zur Farbenlehre* (1810) schreibt:

> Wär nicht das Auge sonnenhaft,
> Die Sonne könnt es nie erblicken;
> Läg nicht in uns des Gottes eigne Kraft,
> Wie könnt uns Göttliches entzücken?

In der Natur trifft der Mensch Gott in seinem Inneren, im Herzen. Wenn die Wärme des Lichts durch die Augen bis ins Herz dringt, hat auch das Herz ein Auge. Analogien wie diese (Sonne und Gott – Licht und Liebe; Augen und Ohren – Herz und Weisheit) finden sich unter anderem in folgender Strophe aus dem *Prometheus*:

> Da ich ein Kind war,
> Nicht wusste, wo aus noch ein,
> Kehrt ich mein verirrtes Auge
> Zur Sonne, als wenn drüber wär
> Ein Ohr, zu hören meine Klage,
> Ein Herz wie meins,
> Sich des Bedrängten zu erbarmen.

Prometheus' mythische Taten bezeugen, wozu ein göttlich inspiriertes Herz im Stande ist. Er siegt über Titanen, Tod und Sklaverei und stiehlt den Göttern das Feuer, um es den Menschen zu bringen. Er lehrt den Menschen die Kunst, sie selbst zu sein – und göttergleich:

> Hast du nicht alles selbst vollendet,
> Heilig glühend Herz?

Das Auge des Herzens, von dem bereits die islamischen Mystiker und die Alchimisten fasziniert waren, steht im Zentrum von Goethes Anthropologie und seines Weltbildes, das mehr *Weltanschauung* als wissenschaftliche Erkenntnis im modernen Sinne ist. Das Göttliche offenbart sich dem inneren Blick, und die Aufgabe des Dichters ist es, diesen visionären Blick nach außen mitzuteilen. Die intuitiven Einsichten, die das Auge des Herzens mit Einfühlungsgabe und Phantasie erlangt, gehen tiefer als die wissenschaftliche Kenntnis des kalten Intellekts. Deshalb muss sich der Mensch zuerst in sein eigenes Inneres vertiefen, um das Göttliche und sich selbst zu erkennen. Er muss in die Tiefen seines Herzens schauen, um zu erkennen, was die Vernunft nicht sieht und was nur durch mitfühlende Liebe erreicht werden kann. Aus diesem Grund endet auch Fausts Streben nach Erkenntnis mit der Selbsterkenntnis. Er, der bis zum Äußersten gegangen ist, um herauszufinden, „was die Welt zusammenhält", muss „im eigenen Herzen finden, was die ganze Welt versagt." Vorher aber muss er sich beseelen lassen, wie das Gebet des Pater profundus in der Erlösungsszene aus *Faust II* ausdrückt:

> O Gott! beschwichtige die Gedanken,
> Erleuchte mein bedürftig Herz!

Das fühlende Herz und das klare Gehirn oder die Liebe und der Verstand sind zwei Seiten ein und derselben Sache, weil dieselbe göttliche Kraft sowohl die Gedanken als auch das Herz inspiriert. *Cor* und *cortex* allitererieren in Goethes poetischem Universum nicht nur klanglich, sondern auch anthropologisch.

Laut Oswald Spengler ist der „faustische Mensch" mit seinem endlosen Wissens- und Expansionsdrang verantwortlich für den *Untergang des Abendlandes* (1922). Der Drang nach Ewigkeit und Unsterblichkeit verdirbt uns Europäern das Leben im Hier und Jetzt und macht uns zu rastlosen Strebern, die nur auf Fortschritt und sozialen Aufstieg bedacht sind.

Wir gönnen uns keine Ruhe, solange wir nicht ein Ziel erreicht haben, und haben wir es erreicht, machen wir es schnell zum Mittel für ein neues Ziel. Dabei wäre es manchmal besser, zu verweilen und uns zu besinnen. Es kostet nichts außer Zeit, in unseren geschäftigen Trivialitäten am Kreuzweg einer Entscheidung einzuhalten und nachzudenken. Dort bedarf es nur einer kaum wahrnehmbaren Modifikation von Rilkes Orpheus-Sonett (Nr. I, 3) um einen Tempel für den Gott der Weisheit zu errichten: „An der Kreuzung zweier Herzwege/Steht *ein* Tempel für Apoll" – mit dem in Stein gemeißelten Gebot *gnōthi seauton*.

Der sterbliche Faust aber richtet sich bei seiner Jagd nach dem Unerreichbaren zu Grunde. Er ist das vielleicht ruheloseste Herz der Kulturgeschichte, sein ewiges Bemühen ist seine Verdammnis und Erlösung zugleich. Aber Goethes (Er-)Lösung ist nicht konventionell christlich. Faust wird nicht durch seinen Glauben oder durch stellvertretendes Leiden erlöst, sondern weil er versucht, sich selbst zu retten: „Wer immer strebend sich bemüht,/Den können wir erlösen." Goethe persönlich bezeichnete das Leid Christi an „dem leidigen Marterholz" als „das Widerwärtigste unter der Sonne" (Brief an Carl Friedrich Zelter vom 9. Juni 1831). Es ist die *andere* Liebe, Gretchens Liebe zu Faust, die ihn rettet. Fausts Gemüt und sein Zweckdenken – das sich unter anderem in seiner ökologisch zerstörerischen Unterwerfung der Natur äußert – finden am Ende Ruhe in einer Liebe, die weder zweck- noch zielgebunden ist: „So ist es die allmächtige Liebe,/Die alles bildet, alles hegt."

Faust ist eine Schöpfung von Goethes eigenem ruhelosen Herzen. Ähnlich wie Augustinus sucht auch er Ruhe durch sein Werk, das er einmal „Bruchstücke einer großen Konfession" nannte, womit er auf Augustinus' *Confessiones* anspielte. Wenn Faust erlöst werden kann (was wir bezweifeln, obwohl wir an Goethes erlösende Kräfte glauben), dann nur, weil er seinem transzendierenden Herzen treu geblieben ist. Wie Augustinus sucht er Ruhe in der Unvergänglichkeit und Transzendenz, während sein missglücktes irdisches Leben Tod und Naturzerstörung hinterlässt. Vielleicht war Goethe selbst vor dem modernen Unternehmergeist seiner phantastischen Figur erschrocken, denn persönlich suchte er an einem andern Ort Ruhe. Eines seiner berühmtesten Gedichte (heute unter dem Titel *Wandrers Nachtlied* bekannt) hatte er mit Bleistift an die Wand einer Jagdhütte geschrieben, wo er physische und seelische Ruhe nach einer langen Wanderung fand. Wo Augustinus sein Seelenheil in der utopischen Einheit mit Gott sucht, findet der pantheistische Goethe die

Seelenruhe im unendlichen All, losgelöst von allem und erfüllt im Nichts, aus dem alles erschaffen ist:

Über allen Gipfeln
Ist Ruh,
In allen Wipfeln
Spürest du
Kaum einen Hauch;
Die Vögelein schweigen im Walde.
Warte nur, balde
Ruhest du auch.

Wissenschaftshistorisch mag man sagen, dass Goethe mit seiner Kritik an der modernen Naturwissenschaft „verloren" hat. Erkenntnistheoretisch jedoch ist sein analogisches und symbolisches Naturverständnis sowohl durch die Quantenmechanik als auch durch den linguistischen Wandel rehabilitiert. Unser Naturverständnis ist sprachlich und anthropomorph. Unsere Bilder und Begriffe von Mensch und Natur beeinflussen sowohl uns selbst als auch die Natur. Weil die Sprache und die Bilder, die wir für unsere Gefühle benutzen, auf unser Gemüt und unser Gefühlsleben zurückwirken, hat Goethes Dichtung unser Gefühlsleben bereichert und unsere Herzen bewahrt.

Mancher mag einwenden, dass es irrelevant für das tatsächliche Gefühlsleben sei, wie die Gefühle theoretisch und sprachlich definiert werden und dass Emotionen ihr Eigenleben unabhängig von ihrer Kategorisierung durch den Verstand hätten. Der Mensch funktioniert jedoch anders. Wissen und Fühlen bedingen sich gegenseitig. Es geht nicht um die kategorische Wahl zwischen Bauch oder Kopf, Herz oder Hirn, Verstand oder Gefühl, sondern um den Versuch, eine der jeweiligen Situation angemessene, ausgewogene Balance zwischen beiden zu finden. Die Romantik ist die erste Epoche, die den Menschen und die Gesellschaft als im ständigen historischen Wandel befindlich begreift. Seit der Romantik und dem Philosophen Hegel gilt der Mensch nicht mehr als ein Wesen, das *ist*, sondern als ein Wesen, das *wird*. Der Schwerpunkt wechselt vom *Sein* zum *Werden*. Nietzsche verschärft diese Maßgabe radikal, indem er behauptet, dass der Mensch zu einer neuen Art werden muss.

Lang lebe der Individualismus!

*Wir haben umzulernen, – um endlich, vielleicht sehr spät,
noch mehr zu erreichen: umzufühlen.*

(Nietzsche: *Morgenröte*)

Wenn Montaigne zu den Erfindern des modernen europäischen Menschen gehört, so ist Friedrich Nietzsche dessen Überwinder. Er demontiert das alte, auf der christlich-platonischen Moral beruhende europäische Menschenbild, die entsprechende Metaphysik und den humanistischen Idealismus. Alles, was in unserer christlich-humanistischen Tradition einen Menschen ausmacht, will Nietzsche durch fundamentale Kräfte körperlichen Ursprungs ersetzen, durch eine Vitalität, die vor dem Bewusstsein existiert und durch eine spontane Vernunft. Dies ist jedoch *keine* Aufforderung, unseren Herzen, Gefühlen oder unserem Gewissen zu folgen, denn alle diese Kategorien sind abhängig von überlieferten Werten und moralischen Normen. Wer seinem Herzen folgt, folgt nicht seinem eigenen:

> „Vertraue deinem Gefühle!" – Aber Gefühle sind nichts Letztes, Ursprüngliches, hinter den Gefühlen stehen Urteile und Wertschätzungen, welche in der Form von Gefühlen (Neigungen, Abneigungen) uns vererbt sind. Die Inspiration, die aus dem Gefühle stammt, ist das Enkelkind eines Urteils – und oft eines falschen! – und jedenfalls nicht deines eigenen! Seinem Gefühle vertrauen – das heißt seinem Großvater und seiner Großmutter und deren Großeltern mehr gehorchen als den Göttern, die in uns sind: unserer Vernunft und unserer Erfahrung (Nietzsche 1993–I: 1037).

Nietzsche hat keine anderen Götter außer diesen; er will nicht weniger als eine Umwertung aller Werte, denn wir können nur umfühlen, wenn wir auch umlernen. Die Erschaffung eines neuen Menschentyps ist nur möglich, weil der Mensch ein offenes und unbestimmtes Wesen ist. Dies liegt laut Nietzsche daran, dass der Mensch noch nicht ist, was er einmal werden soll, er ist ein „noch nicht festgestelltes Tier" (Nietzsche 1993-II: 623). In sich trägt er das Potenzial zu etwas Anderem und Besserem, das noch nicht entwickelt und verwirklicht ist. Nietzsche will diese Unvollkommenheit überwinden. Dies ist der Ausgangspunkt seiner Selbstdarstellungstheorie. Er rechnet mit dem seiner Meinung nach amputierten Menschenbild ab, das in der Tradition Platons, Descartes', Kants und der

Aufklärung die europäische Kultur bis dahin dominierte und auf Bewusstsein und Identität des Subjektes fokussierte.

Die Tradition der Selbstdarstellung hingegen – von den Sophisten, Montaigne, Herder und der Romantik über Nietzsche bis zur Postmoderne – ermöglicht phantastische Vernunft und Kunst; sie öffnet die Entwicklung der Persönlichkeit für heterogene Kräfte, die sich nicht auf die Formel „Bewusstsein = Selbst" reduzieren lassen. In der Tradition der Selbstdarstellung ist die *Lebenskunst* wichtiger als die theoretische Bestimmung des Selbst, wie Wilhelm Schmid in seinem richtungsweisenden Werk *Philosophie der Lebenskunst* (1998) erläutert. Denn wenn das Subjekt nur als rationales Selbstbewusstsein und selbstbezogene Identität definiert wird, kann man einwenden, dass es sich am Ende in sich selbst verschließt. Die idealistische Vorstellung eines mit dem Selbst identischen Subjektes ist deshalb problematisch:

> Für das neuzeitlich „im Dasein vagabundierende" Subjekt gibt es keine Heimkehr mehr ins „Identische". Was uns als „Eigenes" und als „Ursprung" erschien, ist, sobald wir uns „zurückwenden", immer schon anders geworden und verloren (Sloterdijk 1983: 936).

Das Selbst hat viele verschiedene Quellen. Der Mensch hat keinen „Identitätskern". Lebenskunst ist keine Selbstbestätigung, sondern der Versuch, alle widerstreitenden Kräfte zweckdienlich zu einer *Integrität* zu vereinen (Høystad 1997), damit das Selbst auf konstruktive und spielerische Weise Herr im eigenen Haus wird. Genau darin besteht Nietzsches Projekt, sein Lebenswerk in doppelter Bedeutung. Kaum einer hat wie er sein Leben so gedanklich gelebt und seine Gedanken so nahe am eigenen Leben gedacht. Sein Ideal, ein Leben zu dichten, lässt sich nur deshalb verwirklichen, weil der Mensch heterogen zusammengesetzt und unfertig ist. Nietzsche will nur sich selbst für das verantwortlich machen, was er ist und was aus ihm wird. Die meisten reflektieren mehr oder weniger im Voraus oder im Nachhinein über ihr Leben. Nietzsche jedoch will sein Leben von vornherein so *leben*, dass es denkenswert wird. Er betrachtet „das Leben als Experimentieranordnung für das Denken" und den „Essayismus als Lebensform" (Safranski 2000: 17). Das christliche Kreuz stürzt er um und nimmt stattdessen nach dem Vorbild des Titanen Atlas die Welt auf seine eigenen Schultern, um den Menschen zu zeigen, dass sie ihre Freiheit spielend leicht tragen und ihr Lebenswerk wie ein prometheischer Titan selbst erschaffen können.

Um alles zu überwinden, was die schöpferische Lebensglut ersticken könnte, nimmt Nietzsche seinen Ausgangspunkt im menschlichen Körper. Er lässt sich vom homerischen Menschen inspirieren, von der Zeit, bevor der Körper durch die platonisch-christliche Tradition verdrängt und unterdrückt wurde. Mit seiner Körperphilosophie bläst er zum Frontalangriff gegen den Körper-Seele Dualismus, der die europäische Kultur durchsäuert hat. Als Alternative schließt er sich einer „körperlichen" Unterströmung an, die durch die gesamte Ideengeschichte vom antiken Dionysos-Kult bis in unsere Zeit fließt, von Diogenes' freiwilligem „Hundeleben" (Zynismus) in seiner Tonne bis zu Rabelais' und Bakhtins Karnevalismus. Folglich widerspricht Nietzsche auch allen traditionellen Idealisten, die den Körper zum Diener der Seele machen wollen, obwohl es sich in Wirklichkeit anders herum verhält. Der Körper ist laut Nietzsche die große Vernunft, während das rationale Bewusstsein die kleine Vernunft ist: „Der Leib ist eine große Vernunft, eine Vielheit mit *einem* Sinne, ein Krieg und ein Frieden, eine Herde und ein Hirt" (Nietzsche 1993-II: 300).

Nietzsche macht entschieden Schluss mit der Gefühlsseligkeit der Romantik. Er zeigt, dass Gefühle nicht unabhängig sind, sondern Folgen oder subjektive Symptome von überlieferten Werten, auf die man sich nicht verlassen kann. Er geht tiefer: Anstelle der Gefühle sucht er die Leidenschaften, die hinter ihnen stehen; anstelle der Seele den Körper, dessen Reflex die Seele ist; anstelle der christlichen Nächstenliebe Eros und Trieb – und anstelle des als Mitleid getarnten Egoismus will er die spontane Kraft setzen. Anstatt dem Herzen folgt er dem Willen zur Macht und zur Selbstbestätigung durch die Fähigkeit zur Selbstüberwindung. Nietzsche huldigt dem Realisten, der alle Desillusionierung des falschen Idealismus und alle Demaskierung des Moralismus (der den Machtwillen schwächt) erträgt.

Nietzsche nimmt zwei Leitgedanken der modernen Anthropologie voraus, welche ihren Ausgangspunkt in *Körper* und *Sprache* haben, die seiner Meinung nach eng zusammenhängen, da sich Sprache auch mit dem Körper ausdrücken lässt. Sowohl der Körper als auch die Sprache sind offen und unbestimmt und können unendlich viele Formen annehmen. Der Körper ist unvorhersehbar und spontan, genau wie die Gedanken. Deswegen muss auch die Sprache eine Form haben, die Spielraum für Geistesblitze, schöpferische Spontaneität und provisorische Entwürfe lässt – kurz: für *Essays*. Auf dieser Grundlage präsentiert und praktiziert Nietzsche eine essayistische Anthropologie – das Gegenteil der platonisch-kartesianischen, die in hierarchischen und linearen Strukturen eingeschlossen ist. Damit bekräftigt er letztendlich Montaignes und Herders expressive Anthropologie, die besagt, dass der Mensch sein eigenes Werk ist.

Viele von Nietzsches Gedanken erlangten ihren Durchbruch erst im 20. Jahrhundert, nicht zuletzt dank Sigmund Freud, der zu Beginn des Jahrhunderts darlegte, wie destruktiv es sein kann, die körperlichen Triebe der Menschen zu unterdrücken und zu tabuisieren. Der Zivilisationskritiker Norbert Elias hat in *Über den Prozess der Zivilisation* (1939) untersucht, wie die Entwicklung der modernen Gesellschaft vom Hochmittelalter über die Renaissance bis zur bürgerlichen Aufklärung zur völligen Tabuisierung des nackten Körpers und der Sexualität geführt und so ein irrationales Schamgefühl und Hemmungen unter den Menschen erzeugt hat. Die Angst, die der Mensch früher vor der Natur und dem bedrohlichen Äußeren hatte, wurde in der Neuzeit internalisiert, und die Menschen legten sich bewusst oder unbewusst neue Bande an. In Elias' Worten war dies ein Wandel „vom Fremdzwang zum Selbstzwang" und zur inneren Disziplinierung.

Freud und Elias machen sich zum Sprachrohr einer deterministischen Sichtweise, nach der die Psyche der Menschen ein Produkt der gesellschaftlichen Moral ist – parallel zu Marx' Ansicht, dass die jeweils herrschenden ökonomischen Bedingungen bestimmen, welche Ideologie in einer Gesellschaft dominiert. Michel Foucault (1926–1984) dagegen lehnt die freudsche und marxistische Unterdrückungshypothese ab, unter anderem aufgrund neuer Erkenntnisse über die Funktion der Sprache. Die Dynamik der historischen und sprachlichen sowie der materiellen und mentalen Strukturen, in die der Mensch eingebunden ist, gestaltet sich derart, dass Foucault in den Siebzigerjahren von einer Auflösung des Subjektes und sogar vom „Tod des Menschen" redet. Damit ist die Linie von Platon und Paulus über Augustinus bis zu Descartes und Kant abgeschlossen. Die Kräfte, die durch rationelle Internalisierung und kontrolliertes Bewusstsein in Zaum gehalten werden sollten, sind nicht nur geschwächt, sondern tot. Und doch ist die individuelle Vernunft nicht der Herr im eigenen Haus. Das freie Innere und mit ihm das Subjekt befinden sich in der Auflösung. Übrig bleiben nur die Begierde und ihre Ursachen. Die Macht wird allmächtig – wie bei Nietzsche. Auf diese Weise sind Foucaults Studien des Menschen gleichzeitig eine systematische Enthüllung der Strukturen der Macht.

In *Der Wille zum Wissen* (1976), dem ersten Band seines sechsbändig geplanten Werkes *Sexualität und Wahrheit*, präsentiert Foucault seine

Methodik und seine wichtigsten Standpunkte (vgl. das Kapitel über die Antike). Er zeigt auf, dass man das Sexualleben der Menschen und die damit verbundenen Gefühle nicht verstehen kann, ohne zuerst zu begreifen, wie die Gesellschaft (sowohl Machthaber und Institutionen als auch Individuen) diese Gefühle verwaltet, wie sie über sie denkt, redet und schreibt. Man muss zuerst den *Diskurs* analysieren, der Sexualität und Liebe öffentlich vermittelt. Die Diskursivierung der Liebe, von der Foucault ausgeht, ist die sprachliche Inszenierung der Liebe in einer Gesellschaft. Dabei darf man nicht vergessen, dass zwischen diskursiven Ausdrücken und sozioökonomischen Zuständen nie ein mechanisches Verhältnis von Ursache und Wirkung besteht, also auch nicht zwischen dem Geschlechtsleben und seiner Diskursivierung. Historische Prozesse sind niemals geradlinig ursachenbedingt, sondern voller diskontinuierlicher Sprünge, zeitversetzter Parallelen und Paradoxa. Das gilt besonders für die Entwicklung von Gefühlen und Geisteshaltungen.

Die Analyse der historischen Diskursivierung der Sexualität enthüllt einige Paradoxa in unserem Selbstverständnis. Es liegt eine tiefe Ironie in den zahlreichen „Befreiungsbewegungen" des Westens, die oft zum subtilen Machtmittel für soziale Institutionen oder Machtmenschen ausarten. Wenn Foucault trotzdem Freuds und Marx' Unterdrückungshypothese ablehnt, liegt dies vor allem daran, dass der Körper und die Sexualität nicht so sehr direkt und auf banale Weise unterdrückt werden, sondern vielmehr zum Gegenstand einer subtilen Inszenierung und moderner Disziplinierungsmaßnahmen werden. Innerhalb der modernen Diskurse verbleibt dem Individuum oft noch ein relativ großer Spielraum.

Der größte Regisseur bei der Inszenierung und Diskursivierung der Liebe war die Aufklärung, die der Macht mindestens ebenso dienlich war wie dem Individuum. Nach der Renaissance gaben sich die meisten Machtapparate eher aufklärerisch, reformierend und offen anstatt unterdrückerisch im alten Stil. Man kann also in der Moderne eher von einer Disziplinierung als von einer Unterdrückung der Sexualität reden, wie wir sehen werden.

So kann zum Beispiel die Vertrautheit mit der Sexualität neue Ängste erzeugen, die genauso effektiv wie die Angstpropaganda der mittelalterlichen Kirche sein können. Heute wird offen über Liebestechniken zur Steigerung der persönlichen Lust geredet und geschrieben, aber auch über das Ansteckungsrisiko beim Sex. Die Warnung vor Aids ist unter Umständen stärker disziplinierend als die Sexualmoral der Kirche, obwohl sich viele trotz besseren Wissens nicht darum kümmern, was wiederum zeigt, dass auch die Aufklärung ihre Grenzen hat.

Foucault fragt in erster Linie nicht nach dem Grund der Unterdrückung, sondern warum die aufgeklärten Europäer so lange darauf bestanden, unterdrückt zu sein. Dies geschah durch eine paradoxe Kommunikation, die mit der Bekräftigung genau jenes Zwanges zur Disziplinierung endete, den der Befreiungsdiskurs aufheben sollte. Foucaults Analyse des Diskurses über Sexualität in den letzten Jahrhunderten kommt zu überraschenden Ergebnissen. Je mehr über Sexualität gesprochen wird (positiv oder negativ), desto wichtiger wird sie für die öffentliche und private Macht:

> Schon die allererste Übersicht von diesem Gesichtspunkt her scheint darauf hinzuweisen, dass seit Ende des 16. Jahrhunderts die Diskursivierung des Sexes nicht einem Restriktionsprozess, sondern im Gegenteil einem Mechanismus zunehmenden Anreizes unterworfen gewesen ist (Foucault 1977: 23).

Nicht nur die erotisierende Poesie hat Finger. Die Explosion des sexuellen Diskurses, die Foucault im achtzehnten Jahrhundert ausmacht, geschieht nicht nur in Worten. Die detaillierten Geständnisse erotischer Gedanken und Taten, welche die Kirche verlangte, haben ihr empirisches Gegenstück und erzeugen logischerweise auch eine schonungslose Offenlegung des Intimen. Die bekanntesten Beispiele dieses „weltlichen Geständniszwangs" aus dem achtzehnten und neunzehnten Jahrhundert sind de Sade oder anonyme Bekenntnisse wie *My secret Life*, in denen nichts der Phantasie überlassen bleibt. Sowohl die Kirche als auch die weltlichen Institutionen haben seit der Renaissance parallel zu den neuen Naturwissenschaften der Anatomie und der modernen Medizin den Sex in Worte gefasst. Diese unaufhörliche Diskursivierung der Sexualität wurde von den Machthabern gefördert: „Zensur des Sexes? Eher hat man einen Apparat zur Produktion von Diskursen über den Sex installiert, zur Produktion von immer mehr Diskursen, denen es gelang, zu funktionierenden und wirksamen Momenten seiner Ökonomie zu werden" (ebd.: 35). Aber die persönliche Freiheit wird durch diesen Wortreichtum nicht unbedingt größer.

Als Folge dieser Diskursivierung landen alle – ob Christen oder Nicht-Christen, ob befreit und aufgeklärt oder nicht – in derselben Falle. Egal auf welcher Seite des Diskurses sie stehen, er hält sie gefangen und wird zum Maßstab der Identität, ja sogar wichtiger als die Liebe, wie Foucault behauptet:

Als das Abendland vor langer Zeit die Liebe entdeckte, hat es ihr einen Preis zugesprochen, der hoch genug war, den Tod wettzumachen. Heute beansprucht der Sex diese Gleichwertigkeit, diese höchste von allen (ebd.: 186).

Die Begegnung von Macht und Sex auf dem „freien Markt" hat ähnliche Folgen wie die kirchliche Herabwürdigung der Sexualität im Mittelalter. Der Sex wird zur Ware, die nach oberflächlichen Maßstäben beurteilt wird. Auf diesem Fleischmarkt reimt sich „Herz" nur noch mit „Schmerz" und die Seele wird in den Äußerlichkeiten des Körpers aufgelöst. Der Körper *wird* unsere Seele. Die Geschichte wendet sich wieder, diesmal vom Inneren zum Äußeren, es geschieht ein sexueller Wandel. Sexualität ist zu allen Zeiten mit Zwang verbunden gewesen, auch in „befreiten" Zeiten wie der unseren. Heute wird die Freiheit illusorisch als die Freiheit dargestellt, sein Äußeres nach Belieben zu wählen und zu wechseln: seinen Körper, sein Geschlecht und das des Liebhabers, seine sexuelle Lust und alle damit verbundenen Ideale. Niemand redet mehr von einem inneren Zwang, der den Zwang der Natur ersetzt. Stattdessen heißt es, dass jeder ein Kind seiner Zeit sei. Die neuen Machtmechanismen sind Foucault zufolge auf den Körper und die Sexualität ausgerichtet:

Glauben wir nicht, dass man zur Macht nein sagt, indem man zum Sex ja sagt; man folgt damit vielmehr dem Lauf des allgemeinen Sexualitätsdispositivs. Die Ironie dieses Dispositivs: es macht uns glauben, dass es darin um unsere „Befreiung" geht. (ebd.: 187).

Nichts ist natürlich für den Menschen, auch nicht die Sexualität. Auch die Herzen der Menschen sind eine Funktion der Diskursivierung von Körper und Geschlechtlichkeit, von Sexualität und Emotionalität. Das Wesentliche an diesem Doppelmanöver Foucaults ist, dass die rationelle, wissenschaftliche und ästhetische Diskursivierung einen disziplinierenden Faktor darstellt, der sowohl inkludiert als auch exkludiert, der gleichzeitig fördert und hemmt, befreit und bindet. Diese Bewegung in zwei gegensätzliche Richtungen wird durch die Sprache geschaffen. Diese Theorie Foucaults und andere moderne Theorien über Sexualität und Emotionalität bekräftigen auch einen Grundgedanken dieses Buches, nämlich dass sich das Herz der Sprache und die Sprache des Herzens gegenseitig bedingen und formen.

Foucaults diskursive Machtstudien können als Fortsetzung von Nietzsches Darstellung der Macht als Lebensprinzip interpretiert werden. In seinen späteren Werken zeigt Foucault auf, wie anpassungsfähig das Individuum ist, wenn es darum geht, die Diskurse der Macht zu seinem Besten auszunutzen. Dies überrascht kaum, da sich der Individualismus wie ein roter Faden durch die gesamte Ideengeschichte der westlichen Welt von der Antike bis zur Postmoderne zieht. *Die Sorge um sich*, der Titel des dritten Bandes von Foucaults *Sexualität und Wahrheit*, reflektiert diesen Fokus auf das Individuum. Dennoch ist es kennzeichnend für die gesamte Ideengeschichte, dass alle Bewegungen, die die Entwicklung und Befreiung des Individuums zum Ziel hatten, rasch zum Mittel der kollektiven Einordnung des Individuums in die Massen wurden. Der Weg von individueller Freiheit zu kollektivem Verhalten geht über die Gefühle. In der Spätmoderne scheinen die Herzen der Menschen immer offener zu werden. Sie lassen sich immer leichter mit dem füllen, was der Markt, die Macht und die Mediendiskurse für gut halten.

Die Aufklärung des modernen Menschen zielte auf das Individuum ab, das durch den Gebrauch seiner Vernunft frei werden und den Fortschritt geistig und materiell vorantreiben sollte. Foucault ist nicht der einzige, der auf die Paradoxa dieses Prozesses hingewiesen hat. Laut Max Weber kann die Entzauberung der Welt durch rationelle Mittel jedoch zu einer „Wiederverzauberung" mit genau denselben Mitteln führen. Auch das Herz wurde entzaubert, als es in der Moderne seiner uralten moralischen Symbolik beraubt und stattdessen mit psychologischen Begriffen belegt wurde. Es wurde zu einer Projektion des Unbewussten, Irrationalen und zum Symptomträger von Emotionen reduziert. In der Wissenschaft wurde es als ein Blut pumpender Muskel mit Ventilen und sonst nichts definiert. Die Wissenschaft fragt nicht danach, was wir auf dem Herzen haben. Das ruhelose Herz mit all seinem Kummer und seinen vielen offenen Fragen ist objektivistisch versteinert im weberschen Käfig des liberalen Marktes eines mechanistischen Produktions- und Konsumptionssystems. So werden auch die letzten noch nicht dechiffrierten Worte, die mit lebendigem Blut auf das uralte Palimpsest des Herzens geschrieben sind, gelöscht und überschrieben mit den toten Buchstaben oder virtuellen Bildern eines digitalen Bildschirms. In diesem Moment aber könnte sich das Blatt wenden:

> Dann allerdings könnte für die „letzten Menschen" dieser Kulturentwicklung das Wort zur Wahrheit werden: „Fachmenschen ohne Geist, Genussmenschen ohne Herz: dies Nichts bildet sich ein, eine nie vorher erreichte Stufe des Menschentums erstiegen zu haben (Weber 1975: 189).

So lautet Webers Prophezeiung auf der letzten Seite seines Hauptwerks *Die protestantische Ethik und der Geist des Kapitalismus* (1920). Wenn das Herz auf die oben genannte Weise vollkommen entleert ist, ist es durchaus denkbar, dass das sezierte und wehrlos geöffnete Organ wieder mit leidenschaftlicher Glut gefüllt wird. Dann wird keine Stimme des Gewissens mehr diese Glut bremsen, und die neue Leidenschaft kann auch die Welt der rationellen Mittel wiederverzaubern. An das verstockte Herz der abstrakten Verwaltungssprache wollen wir rühren und ihm die Fragen des ruhelosen Herzens entgegenhalten. Gegen die Entzauberung des Herzens in einer technologisch-rationellen Welt wollen wir Fausts Worte als humanisierendes Memento hochhalten: „Erfüll davon dein Herz, so groß es ist, [...] Nenn's Glück! Herz! Liebe! Gott!"

Auch Theodor Adorno und Max Horkheimer beschreiben, wie der Logos mit Hilfe des Mythos und des Irrationalen in der Modernität zurückschlägt. In ihrer *Dialektik der Aufklärung* (1947) legen sie dar, wie die Vernunft in einer technisch rationalisierten Gesellschaft zum Mittel für Zwecke gemacht wird, die in Wirklichkeit fern von der allgemeinen Vernunft liegen. Als historisches Beispiel nennen Adorno und Horkheimer den Faschismus, der die moderne Wissenschaft und Technik für Krieg und Holocaust missbraucht hat. Ein weiteres Beispiel finden sie in ihrem Exilland USA, wo sie auf eine moderne Massenkultur und eine Unterhaltungsindustrie stießen, in der kritisches Denken mit Hilfe hochentwickelter Reklametechniken ausgeschaltet wird. Auch in Demokratien geht das Individuum in der Masse auf, in diesem Fall als Objekt einer verschleierten Profitökonomie, die die Herzen und Köpfe der Menschen mit den Tagträumen und sinnlichen Vergnügungen vollstopft, die sie angeblich selbst haben wollen. Wirkungsgeschichtlich betrachtet könnte man daher sagen, dass die beiden großen gedanklichen Richtungen der europäischen Neuzeit, die Aufklärung und die Romantik, im modernen Konsumismus aufeinandertreffen, der spätestens seit der Jahrtausendwende global geworden ist.

Colin Campbell hat in *The Romantic Ethic and the Spirit of Consumerism* (1987) die ideengeschichtlichen Vorraussetzungen der modernen Konsumgesellschaft untersucht. Der Titel verrät, dass er sich dabei von Max Webers oben genanntem Werk inspirieren ließ. Ähnlich wie Weber nachweist, dass die protestantische Ethik mit ihrer Selbstdisziplin, Arbeitsmoral und Sparsamkeit eine ideale Voraussetzung für den Kapitalismus bot, weist Campbell nach, dass das Menschenbild und die Denkweise der Romantik gemeinsam mit der protestantischen Ethik eine ideale Voraussetzung für den Konsumismus der heutigen Zeit bildete. Da sowohl in der Romantik als auch im Protestantismus das individuelle Glück oder Seelenheil sehr wichtig ist, werden auch die Gefühle wichtig. In der klassisch romantischen Periode geschah dies wie wir wissen in Form einer Verherrlichung der „großen Liebe", die in Wirklichkeit ein unerreichbarer Tagtraum war. Nicht zuletzt die Romankunst des neunzehnten Jahrhunderts hat diesen Tagtraum ästhetisch sublimiert. Campbell zeigt auf, wie sich die ursprünglich gesellschaftskritischen Ideale der Romantik vom radikal Kompromisslosen und Transzendenten ins Triviale wenden. Er nennt den modernen Konsumismus einen „imaginativen Hedonismus", der danach trachtet, die Freuden und Genüsse, die ursprünglich auf die Phantasie (z.B. die Romankunst) begrenzt waren, im wirklichen Leben zu erfahren. Dieser Drang resultiert schließlich in einer endlosen Jagd nach immer wieder neuen Genüssen (Campbell 1993: 205). Das Neueste und Beste wird immer an anderer Stelle als im Hier und Jetzt des trivialen Alltags vermutet. In dieser Hinsicht decken sich die Erwartungshaltungen des Konsumismus und der Romantik (einschließlich der romantischen Liebe). Der materielle Fortschritt und die industrielle Massenproduktion haben dieses Ziel für die große Masse erreichbar gemacht und einen Teufelskreis geschaffen, in welchem emotionale Bedürfnisse suggeriert werden, die dann nur durch den Konsum der jeweiligen Marktprodukte zufriedengestellt werden können. Die Mode und das ständige Anbieten neuer Versionen von Konsumgütern aller Art erzeugen eine eigene Dynamik. Je mehr Faszinations- und Genussobjekte der Markt anbietet, desto weniger kann der gewohnte Alltag den Konsumenten zufriedenstellen und desto größer wird sein Drang nach neuen Erfahrungen und Erlebnissen – ein auf „Lustgewinn" ausgerichtetes Steigerungskalkül.

Aus unserer Perspektive ist es besonders interessant, wie Campbell aufdeckt, dass die Romantik immer noch eine treibende Kraft ist, die unser alltägliches Verhalten und unsere Gefühle zwar unterbewusst, aber wirksam beeinflusst. So gesehen sind wir alle Romantiker. Der Ausgangspunkt der oben beschriebenen Denk- und Verhaltensweisen liegt immer noch in der romantischen Liebe, die sich normbildend auf andere Lebensbereiche überträgt: Sei deinen Gefühlen treu! Mit diesem Appell förderte die Romantik den Glauben an das Unmittelbare – obwohl im Leben der Menschen alles vermittelt ist, wie die kritische Vernunft gezeigt hat. Indem sie die Gefühle als Motivationsfaktor unterstreicht, stellt die Romantik unsere Vorlieben als „natürlich" dar und übertönt damit, dass unsere wahren Beweggründe durch historische und persönliche Interessen, Bedürfnisse und Ziele bedingt sind.

Gefühle sind subjektiv. Aber der Subjektivismus ist nicht auf die Romantik beschränkt. Auch der Rationalismus ist subjektiv, weil der einzige Weg zur Vernunft durch unseren individuellen Verstand führt. Deswegen wird Kants Vernunftsphilosophie auch „transzendentaler Subjektivismus" genannt. Selbst Kants erkenntnisphilosophischer Gegenpol, der englische Empirismus, ist subjektivistisch. Sein Subjektivismus beruht jedoch nicht auf der Vernunft, sondern auf den Sinnen. Die Empiriker behaupten, dass alle menschliche Erkenntnis auf Erfahrung beruht, die letztendlich sinnlich bedingt ist. Und weil eine Erfahrung nie von verschiedenen Menschen auf absolut identische Weise erlebt und gefühlt wird, ist alle Erkenntnis subjektiv. Von diesem Standpunkt aus kann man ebensogut die sinnliche Erfahrung anstelle des Skeptizismus zur Norm erheben. Entsprechend könnte man das Individuum und die individuelle Erkenntnis zur Norm machen, da die Erkenntnisphilosophie nun einmal behauptet, dass alle gültige Erkenntnis ihren Ausgangspunkt im Subjekt hat.

Alle geistesgeschichtlichen Strömungen, die gemeinsam das Fundament der europäischen Mentalität und Kultur gebildet haben, treffen sich im *Subjektivismus* und *Individualismus*. Das Christentum richtet sich an das Individuum (immer geht es um die Erlösung einzelner Seelen), ebenso die westliche Moral und das westliche Recht. Schuld ist eine individuelle Angelegenheit; kollektive Schuld existiert in unserem Strafrecht nicht. *Der Einzelne* (Kierkegaard) wird zum Maßstab für alles. Was gut für das Individuum ist, ist gut für alle. Im klassischen Liberalismus herrscht der Glaube, dass alles gut wird, solange jedes Individuum nach seinem eigenen Wohl streben darf. Selbstverwirklichung gilt als so selbstverständlich, dass wir dieses liberalistische Ideal in der westlichen Kultur gar nicht mehr verteidigen müssen. Etwas überspitzt ausgedrückt macht der englische Utilitarismus die Moral zu einer Frage der Sinnlichkeit und definiert Gut und Böse als ein Rechenstück darüber, was so vielen Menschen wie möglich am wenigsten oder am meisten weh tut (auch „Konsequenzethik" genannt). Francis Bacon benutzte eine solche Denkweise bereits im siebzehnten Jahrhundert als Argument für die größtmögliche Ausbeutung der Natur mit Hilfe der Technik, um den materiellen Wohlstand zu steigern. Folglich wird in einer hauptsächlich auf Fortschritt und Wachstum ausgerichteten Gesellschaft auch die Arbeit zum bloßen Mittel, um sich neuen Luxus und größeren materiellen Wohlstand zu verschaffen. Oder um es mit Kjartan Fløgstads paradoxer Formulierung auszudrücken: „Wir arbeiten, um weniger zu arbeiten" (Fløgstad 1980: 143). Das Ziel ist die Freizeit, und das Ziel der Freizeit ist, das Leben zu genießen. Das Leben zu genießen heißt sinnliches Wohlbefinden und Neues zu erleben – ständig Neues zu erleben, in einem endlosen Reigen sinnlicher Stimuli. Dieses Schisma zwischen Arbeit und Freizeit lässt sich ebenfalls auf die Romantik zurückführen, deren reichhaltige Literatur in den meisten Fällen demonstrierte, dass es unmöglich war, das Gute innerhalb der gesellschaftlichen Normen und Schranken zu verwirklichen. Als gute Romantiker müssen wir deshalb das Wohl der Gemeinschaft für unser privates Glück opfern. Entsprechend wird auch der öffentliche Raum durch eine „Tyrannei der Intimität" (Richard Sennett 1996) privatisiert und emotionalisiert. Intime Verhältnisse, die eigentlich ins Privatleben gehören, werden auf den öffentlichen und sozialen Bereich übertragen, wie es in den Massenmedien der Fall ist.

Die Soziologie und Psychologie bezeichnet es gemeinhin als rationales Verhalten, wenn der Mensch sowohl für sich selbst als auch nach außen hin nach „guten Gründen" und akzeptablen Motiven für seine Ansichten und Handlungen sucht, egal wie irrational oder verwerflich diese objektiv sein mögen. Dies gilt auch für den sexualisierten Konsumismus und den erlebnisfixierten Selbstverwirklichungsdrang. Die Romantik und der liberalistische Individualismus haben uns mit guten Gründen und Motiven versorgt, unserer egoistischen Lust nachzugehen. In dieser Hinsicht folgen wir auch nach der intimisierten Spätmoderne immer noch unseren romantischen Herzen.

Durch die vielen Wandlungen in der Herzenssymbolik im Lauf der Geschichte hat sich ein immenses Kapital an Bedeutungen akkumuliert, das jedem zur Verfügung steht, der sich dieses gemeinsamen Symbols bedienen möchte, in dem sich das Innerste und Persönlichste mit gesellschaftlichem Gemeingut vereint. Die Offenheit und Flexibilität dieser Symbolik erklärt, warum das Herz auch in der modernen Konsum- und Unterhaltungsgesellschaft noch als gemeinsames Symbol fungiert. Man könnte sogar sagen, dass das Herz zu Beginn des dritten Jahrtausends unserer Zeitrechnung den repräsentativen Raum wiedergewonnen hat, den es nach der Romantik verlor – zumindest quantitativ. Ein Beispiel hierfür ist das Feiern des Valentinstages am 14. Februar, das sich im Zuge der ökonomischen Globalisierung und Amerikanisierung immer weiter verbreitet. Nachdem das Herz entzaubert wurde und im Prozess der

Rationalisierung seine Seele verloren hat, wird es im derzeit andauernden Konsumfest mit allen Mitteln der Reklame wiederverzaubert.

Der Valentinskult geht auf die Spätantike zurück. Der Legende zufolge hat der christliche Priester Valentin während der Christenverfolgungen unter Kaiser Claudius II. in Rom heimlich Liebespaare getraut. Dafür musste er am 14. Februar 269 (oder 270) mit seinem Leben büßen. Mit ihrer Huldigung an die Liebe, die allen weltlichen Schranken sowie Zwang und Unterdrückung trotzt, passt die Valentinslegende zum höfischen Liebesideal der Ritterzeit, in der sie vielleicht erst entstand, auf jeden Fall aber populär wurde. Der Brauch, Valentinsbriefe an einen Geliebten zu schicken, entstand im fünfzehnten Jahrhundert in England, nachdem ein französischer Herzog, der im Tower von London gefangen saß, Liebesgedichte an seine Frau schrieb, in denen er sich mit St. Valentin verglich. Eine weitere Legende besagt, dass Valentin kurz vor seinem Tod im Kerker einen Liebesbrief mit der Unterschrift „Dein Valentin" an die Tochter des Kerkermeisters schrieb. Englische Emigranten brachten den Brauch der Valentinsbriefe mit nach Amerika, wo er bereits im frühen neunzehnten Jahrhundert wiederauflebte und systematisch kommerzialisiert wurde. Karten oder Briefe zu schreiben erscheint vielen nicht mehr zeitgemäß, weshalb wir es heute lieber mit Blumen (oder Büchern?) sagen oder versuchen, uns mit Schmusetieren oder Kitsch einen Platz im Herzen des geliebten Menschen zu erkaufen.

Auf diese Weise wird ein christlicher Heiliger für ein äußerst weltliches Konsumfest missbraucht. Das göttlich inspirierte Herz Bernhard von Clairvaux' und Luthers, das für Nächstenliebe stand, symbolisiert heute eine erotisierte Kauflust, an der jedoch nur die reiche Hälfte der Welt teilhaben kann. Im Grunde ist der Kreis damit geschlossen, denn bereits in der Antike wurde am Tag des Heiligen Valentin ein heidnisch-römisches Fruchtbarkeitsfest gefeiert. Das Gleiche gilt für die Herzenssymbolik. In der Antike galt das Herz als objektiv gegeben und unveränderlich. Im Hochmittelalter und der Romantik wurde es subjektiv verinnerlicht, und in der Moderne schließlich repräsentiert es wieder Äußerlichkeiten, wie der kommerzialisierte Valentinsbrauch zeigt. Vom Bild des tiefsten Inneren im Menschen ist das Herz zum Bild des Oberflächlichen geworden. Im Christentum war es ein *Symbol*, und auch die moderne Kunst und Literatur haben ihm diesen Wert zuerkannt, doch nun ist es zu Kitsch und Klischee verkommen. Im besten Fall ist es eine tote Metapher in der Alltagssprache. Es ist ein weiter Weg von Augustinus' *cor inquietum* und St. Bernhards *cor caritatis* bis zum *cor commercialis* der Gegenwart. Wenn der schöpferische Kern der Kultur ausgebrannt ist und die Zivilisation sich im Leerlauf befindet, wird das uralte gemeinschaftliche Symbol usurpiert, trivialisiert und als Mittel zu anderen Zwecken gebraucht. Dann feiern wir nichts mehr Heiliges, sondern nur noch unseren Narzissmus. So wird die Herzenssymbolik wie alles Andere im Konsumismus verbraucht. Was aber passiert, wenn man plötzlich nicht mehr vom Herzen reden kann? Darauf antworten wir mit einer Paraphrase Wittgensteins: Worüber man nicht sprechen kann, darüber muss man schreiben – in diesem Fall aus den historischen Tiefen unseres Herzens.

Um unsere Herzen nicht mit dem zu überfüllen, was man als Kehrseite der westlichen Kultur bezeichnen kann, sollten wir hinter die Klischees des kommerzialisierten Valentinstages schauen und uns daran erinnern, was das Herz in den Hochkulturen unserer Geschichte repräsentierte, wie in den vorhergehenden Kapiteln beschrieben wurde. Wir sollten nicht vergessen, dass unser Herz – in Ibn Arabis Worten – für alle Formen offen ist, das heißt für alle persönlichen Gefühle und Leidenschaften, auch für fanatisch religiöse oder politische Glut, aggressive Kauflust oder Selbstliebe. Dies soll nicht bedeuten, dass wir unsere Herzen wieder hermetisch verschließen sollten, denn ein offenes Herz ist die Voraussetzung für Toleranz und Dialog, für Fragen und Antworten, kurz: für den Zugang zur Welt. Nur mit Weltoffenheit können wir bewahren und pflegen, was uns in unserem Inneren gegeben ist und in unseren Herzen geschrieben steht. Hannah Arendt hat uns (in *Vita Activa*) gelehrt, „dass der Weltbezug des Menschen primär kein erkennend-theoretischer, sondern ein besorgend-handelnder ist, und dass dieses Handeln zugleich ein eröffnendes Geschehen ist, ein Wahrheitsgeschehen" (Safranski 2004: 421). Um eine verdummende Banalisierung und ein Versiegen der transzendierenden Unruhe des Herzens in verführerischer, aber verschließender Ruhe zu vermeiden, sollten wir uns auf die Funktionen des Herzens in einem dynamischen und offenen anthropologischen System besinnen. Das Nachwort ist als Anregung dazu gedacht.

NACHWORT

DER EMOTIONALE KREISLAUF

*An der Kreuzung zweier Herzwege
steht [k]ein Tempel für Apoll.*

(Rainer Maria Rilke)

Das Herz nimmt einen bedeutsamen und oft spektakulären Platz in der Kulturgeschichte der Menschheit ein. In vielen Kulturen war es das wichtigste Symbol überhaupt und diente als eine Art Vermittler verschiedener Zusammenhänge des menschlichen Lebens – körperliche und seelische, natürliche und kosmische, religiöse und kulturelle. Dabei entstehen die unterschiedlichsten Welt- und Menschenbilder. Überall jedoch, außer bei den alten Griechen, steht die seelische Kraft und die symbolische Bedeutung des Herzens im Zentrum. Als Symbol ist das Herz zu allen Zeiten und an allen Orten im Stande, alles in sich aufzunehmen, was den Menschen zum Menschen macht.

Trotz aller Unterschiede in Form und Funktion scheint das Bild des Herzens in allen hier untersuchten Kulturen einen gemeinsamen Ursprung zu haben: ein empfindsames und warmes, offenes und flexibles Herz, das auf die Dinge reagiert, die im und um den Menschen herum geschehen. Alle diese Erfahrungen haben dem Herzen typische metaphorische Funktionen gegeben, die offenbar überall gelten. Vor allem vermittelt das Herz die grundlegenden menschlichen Emotionen, Liebe und Mitgefühl, Leidenschaft und Leid. Es ist seine Funktion, sich sinnlich spürbar zu regen, wenn der Mensch und seine Integrität gekränkt werden. Dies hat dazu geführt, dass das Herz selbst als einsichtsvoll und bewusst gilt und nicht nur als Symptom oder Symbol der Einsicht oder des Bewusstseins. Diese ethische Funktion des Herzens erklärt, warum es in vielen Kulturen zum Sitz der Seele und des Gewissens gemacht wurde.

Wie wichtig das Herz in unserem Selbstverständnis und unserer Kulturgeschichte ist, zeigt unsere Sprache. Kaum ein anderes Wort ist so häufig in feste Ausdrücke, Idiome oder Sprichworte eingegangen wie das Wort „Herz". Die meisten Herzmetaphern in unserer Alltagssprache sagen etwas über persönliche Eigenschaften aus. Der Charakter oder das

Gemüt eines Menschen wird über die Eigenschaften seines Herzens ausgedrückt. Aber das Herz ist auch das Medium von tieferen, unsagbaren Dingen, welche die Sprache lediglich andeuten kann.

Wenn wir etwas auf dem Herzen haben, wollen wir es gerne loswerden und offenherzig darüber reden. Sprache heißt, sich *auszusprechen*, im Vertrauen darauf, dass unsere Worte nicht gegen uns verwendet werden. Der Drang, direkt aus dem Herzen zu sprechen, hängt unmittelbar mit anderen Kategorien zusammen: Barmherzigkeit, durch die ein Gesprächspartner mit dem Anderen mitfühlt, und Scham, die sie oder ihn daran hindert, jemanden zu kränken, der sein Herz öffnet. So besteht ein Wechselspiel zwischen Herz und Sprache. Beide treffen einander, wenn ein Mensch sein Inneres aussprechen und anderen Menschen zuhören kann. Dann spricht das Herz zum Herzen – ein Austausch, der über die Sprache hinausgeht und etwas Drittes, eigentlich Unfassbares vermittelt. Dieses Dritte gibt dem Menschen Integrität und dem Leben Sinn. Es hängt zusammen mit Phänomenen wie *Vertrauen, Liebe, Barmherzigkeit* und *Scham*. Die Scham zum Beispiel ist in unserer Begriffswelt direkt mit dem Herzen verbunden. Sie ist physisch sichtbar, wenn jemand errötet, weil sein Herz schneller schlägt und mehr Blut in den Körper pumpt. Das Herz ist der Träger dieser Phänomene und im Fall einer Verletzung auch ihrer Symptome. Es sind Phänomene, die uns am Leben erhalten, weshalb sie der dänische Philosoph Knud E. Løgstrup (1905–81) „souveräne Lebensäußerungen" nennt. Wenn sie zerstört oder verdrängt werden, kann alles Mögliche passieren. Ein Herzloser kennt weder Scham noch Zurückhaltung.

Die souveränen Lebensäußerungen erklären viele Reaktionen des Herzens, zum Beispiel wenn es von den Geheimnissen des Lebens kündet. Das Herz wird gerührt oder berauscht; es bebt und zittert, flattert, krampft sich zusammen oder kocht; es wird eingeschnürt, gebrochen, beflügelt, inspiriert und vieles mehr. Das Herz lässt sich sowohl von außen als auch von innen ansprechen, von anderen Menschen oder von der Natur, von einem Anderen oder von *dem* Einen, dem Göttlichen oder Übernatürlichen – dem Wahren, Schönen, Guten. Die Fähigkeit des Herzens, solche grundlegende Kräfte zu beherbergen und als eine Art Gefühlsbarometer alle diese Eigenschaften anzunehmen, hat ihm seine mystischen Dimensionen gegeben. Das Mystische am Herzen hat die Menschen zu allen Zeiten fasziniert und ihm die zentrale Stellung in der Anthropologie, Kosmologie und Religion verschafft, die es in den meisten Kulturen in mindestens einer Entwicklungsphase hat oder hatte. Das Herz ist das feinfühligste und empfänglichste aller Organe. Deshalb wird es in vielen Kulturen als *hörend* bezeichnet; es hört das Unausgesprochene.

In den meisten Religionen vermittelt das Herz zwischen dem Irdischen und dem „Himmlischen". Die Vorstellung von einer überirdischen oder übernatürlichen Macht nimmt meist die symbolische Gestalt „Gott" an – in der Ein- oder Mehrzahl. Dennoch kommen wir in dieser Frage einer allgemeinen Wahrheit nicht näher als bis zur Akzeptanz einer Dimension, die wir religiös nennen und die die Menschen für das Göttliche öffnet. Gott ist *totaliter aliter*, wie es in einer mittelalterlichen Legende heißt; er ist vollkommen anders und fremd und lässt sich nicht begrifflich erfassen. Deshalb sollten wir vielleicht den, die oder das fremde X voller Respekt in Anführungszeichen setzen: „Gott". Das Göttliche kann uns zugleich ganz nahe liegen – „näher als unsere Halsschlagader", wie es im Koran heißt – oder in unnahbarer Ferne, versteckt hinter tausend Schleiern, wie in den Gedichten der islamischen Mystiker. Dies ist nicht nur die Grundlage des Mystizismus; es ist das alltägliche Mysterium des Herzens, das jeder erfährt, der sein Innerstes mit Worten ausdrücken will. Das Innerste lässt sich nicht ver-äußern, wie Shakespeare in *König Lear* schildert.

Alles, was das Herz religiös und psychologisch sowie emotional und erotisch repräsentiert, sammelt die Romantik in ihrem Lebensgefühl. Der emotionale Wandel wird in dieser Epoche in einer Gefühlskultur vollendet, in der wir heute noch leben. Dass wir Europäer uns von allen möglichen Erlebnissen und Genüssen sinnlich stimulieren lassen, ist eine Nachwirkung des trivialisierten romantischen Geistes. Je nachdem, wieweit wir die Stimme des Herzens als naturgegeben betrachten oder glauben, dass etwas Göttliches in unseren Herzen geschrieben steht, dürfen wir uns auch heute noch Romantiker nennen. Das sind wir auch, wenn wir die Gefühle und unser emotionales Engagement dem sachlichen und rationalen Argument überordnen, zum Beispiel wenn wir mit leidenschaftlicher Glut dafür argumentieren, der Vernunft zu folgen, als wäre diese ebenfalls naturgegeben. Als Europäer haben wir keine Alternative zum Herzen als zentrales Symbol unseres Menschenbildes. Das Gehirn ist ein Faktum, kein Symbol. Das Herz ist beides.

Das physische Herz an sich taugt kaum als Sitz der Gefühle. Es reagiert auf Signale, die aus verschiedenen Teilen des Gehirns kommen, je nachdem, um welche Art Emotion oder Leidenschaft es sich handelt. Gefühle sind sekundäre Reaktionen – wie u.a. Montaigne und Shakespeare schildern – auf Gedanken und Vorstellungen, Ziele und Interessen,

Erwartungen und Enttäuschungen. Und Gefühle schaffen weitere Gefühle. Die subjektiven emotionalen Reaktionen sind proportional zu den Zielen, die sich das Individuum setzt und zu dem Grad, in dem es diese Ziele erreicht. Umgekehrt sind sie proportional zu dem Grad der Einsicht und der stoischen Weisheit des Betroffenen.

Gefühle werden in unserem Bewusstsein so erlebt und registriert, dass es sich ihnen anpasst, was in einen Teufelskreis hinein führen kann. In vieler Hinsicht geben die Gefühle der Erkenntnis Substanz. So gesehen war es anthropologisch relevant, dass die antiken Griechen die Gedanken im Bauch (im Zwerchfell) und in der Herzgegend lokalisierten, denn die emotionalen Reaktionen des Herzens hängen durchaus davon ab, wieviel Einsicht der Verstand zeigt. So wird das symbolisch-repräsentative Herz zum geistigen Vermittler. Im Prozess der Erkenntnis integriert es spontan Gedanken, Ideen und Emotionen zu einem sowohl sinnlich als auch gedanklich erfassbaren Ganzen. Es sind die durch das Herz vermittelten Gefühle, die dem vielseitigen Menschen *Identität* und *Integrität* geben. Das Herz zeugt sinnlich fühlbar davon, was es heißt, ein Mensch zu sein. Dies ist seine mystische Dimension. Aus diesem Grund kann es ernsthafte Folgen haben, die Stimme seines Herzens zu ignorieren. Ebenso gefährlich kann es sein, sich von einem Herzen verführen zu lassen, das nur von Eigenwilligkeit und Selbstliebe erfüllt ist, von jener einseitigen Leidenschaft, die in der Rhetorik *pathos* genannt wird.

Das Herz ist sowohl ein sinnliches Organ als auch ein Symbol allgemeiner Werte nicht-körperlichen Charakters. Es gibt etwas im Menschen, das weder bloßer Körper noch rein erlernter Verstand und Erfahrung ist, ob man es nun Geist oder allgemeine Vernunft (*logos*) nennt. Wir sind frei, zu denken, was wir wollen, Gutes oder Böses. Dennoch sind unsere Gedanken irgendeiner Kraft verpflichtet, die wir weder denken noch uns wegdenken können, weil die Gedanken selbst ein Teil von ihr sind. Für diese Kraft sind wir nicht selbst verantwortlich, aber wir müssen im Einklang mit ihr denken und handeln, um unsere Integrität nicht zu verletzen. Nach innen tun wir dies durch unser Gewissen, nach außen durch das Akzeptieren allgemein gültiger Werte. Dass auch das Herz ein geistiger Vermittler oder eine vernünftige Stimme sein kann, die uns vor einer Kränkung der ganzheitlichen Integrität warnt, ist eines der großen Rätsel im Leben der Menschen.

Auf der Grundlage dieses komplexen Zusammenspiels aller Dimensionen, die den Menschen als vielseitiges und harmonisches Ganzes ausmachen, lässt sich das Gefühlsleben (die Emotionalität) zu einem vierdimensionalen Kreislauf mit einer horizontalen und einer vertikalen Achse abstrahieren, die einander kreuzen (siehe Abbildung „Der emotionale Kreislauf"). Die horizontale Achse ist durch das Ego bestimmt (Ego-Achse), während die vertikale das Ego transzendiert (Tranzendenz-Achse) und die Liebe zum *logos* als oberstes Ziel hat. Sie bezeichnet die Selbstaufhebung des Intellektuellen im reinen Gedanken, den Weg des Mystikers zum *Herz des Herzens*, der im Esoterischen, nicht Mitteilbaren endet, diesseits oder jenseits der konventionellen Welt der Sprache und der Gesellschaft Anderer. Das Ziel ist der Weg des freien Geistes, der sich über die beschränkte Ego-Achse erheben und im Absoluten, Allumfassenden aufgehen will.

Jede der beiden Achsen hat zwei komplementäre, einander bedingende Pole: Die Leidenschaft ist komplementär zum Leid, das oft aus ersterer entsteht (beide werden durch den Begriff *pathos* umfasst) und das Mitleid (*syn-pathos*) ist komplementär zur Liebe. Aber das (Mit-)Leid, das aus Liebe entsteht, geht über das ich-bestimmte Leid hinaus, das meist nur aus Enttäuschung über einen Verlust oder ein unerreichtes egoistisches Ziel entsteht. Liebe ist die Fähigkeit zum Mitleid mit *dem Anderen*, also Empathie (von griechisch *en-pathos*). Sie setzt genug intellektuelle Vorstellungskraft oder Phantasie voraus, um sich in die Lage Anderer zu versetzen und mit ihnen mitzufühlen. Deswegen fehlt einem intelligenten, aber abgestumpften Menschen sowohl Empathie als auch Phantasie. Empathie ist die Voraussetzung für persönliche Moral und eine ethische Einstellung (*ethos*). Die egoistische Leidenschaft verstößt mit ihrem zwanghaften Drang nach Erfüllung oft gegen das moralisch Richtige, das durch das allgemein Wahre, den *logos*, vermittelt wird, wo Vernunft und Geist aufeinander treffen. Das Ziel des Menschen ist es, sich über die determinierende Logik der Leidenschaft zu erheben und im Unbedingten, Allumfassenden aufgehen. So wird die Entwicklung des Selbst zu einer Aufhebung des Selbst.

Die zwei Hauptachsen des emotionalen Kreislaufs laufen quer durch das vermittelnde Herz, das symptomatisch auf die Impulse reagiert, die es aus verschiedenen Bereichen des vielseitigen Menschen bekommt. Diese Reaktionen wiederum können kausal oder zielgerichtet sein. Ein konventionelles Emblem solcher emotionaler Reaktionen sind Pfeile oder Schwerter, die das Herz durchbohren. Was die Gefühle ausdrücken, sollte jedoch stets durch bewusste Reflexion abgeklärt und in einen größeren Zusammenhang eingeordnet werden. Meist jedoch werden die

Gefühle selbst als Wahrheit angesehen. Je stärker sie sind, desto wahrer scheinen sie uns. Camus nennt dies die umgekehrte Logik der Leidenschaft.

Der emotionale Kreislauf ist ein Versuch, die Dynamik und die Dimensionen des elementaren Gefühlslebens schematisch darzustellen. Die Darstellung als Kreislauf soll unterstreichen, dass Gefühle keine isolierten Phänomene sind, sondern sinnliche Reaktionen mit verschiedenen Ursachen in verschiedenen Bereichen von Körper, Verstand, Geist und Seele. Sie wirken zusammen durch komplexe soziale, historische und kulturelle Prozesse. Der Mensch schwimmt im Strom der Geschichte und der Sprache. Nur wenige seiner Gefühle haben einen linearen Verlauf zwischen zwei Polen, mit Ausnahme der einseitigen Leidenschaft und Begierde, die immer der Egoismus-Achse folgt. Dass Gefühle und Leidenschaften in ein sozial und historisch bedingtes Wechselspiel mit den anderen wichtigsten Dimensionen des Lebens eingehen, hat enorme Konsequenzen für die Ansichten und Handlungen der Menschen. Auch der (zur Vernunft gehörende) individuelle Verstand ist nicht unabhängig vom Körper und der subjektiven Seele. Deshalb schaffen wir es nicht immer, das in Praxis umzusetzen, von dem wir wissen, dass es gut und richtig ist. Denn unsere Motive vermischen sich – oft werden sie im entscheidenden Moment zu einem undurchsichtigen Brei. Folglich ist es schwierig, sich auf ein Ziel (hier den *logos*) zu konzentrieren, das dem allgemeinen Wohl dient. Die Menschen sind zu unterschiedlich in ihren Interessen und im Grad ihrer Einsicht, um in allen Dingen auf einen gemeinsamen Nenner zu kommen. Und die Kräfte, die nach unten ziehen, sind oft zahlreicher oder stärker. Außerdem streben auch die primitiven Kräfte nach oben. Nietzsche mahnt uns: „Der Geist der Schwere – durch ihn fallen alle Dinge" (Nietzsche 1993-II: 307). Viele gute Sachen kommen deshalb zu Fall und mit ihnen ihre Urheber.

Aufgrund seiner komplexen Struktur verändert sich der Mensch nur langsam. Viele Begriffe aus dem Menschenbild der Antike sind deshalb heute noch brauchbar, um den Menschen als die vielseitige Ganzheit zu beschreiben, die er ist. Betrachtet man die Bilder aus der antiken Anthropologie mit der modernen Erkenntnis über die Plastizität und Historizität des Menschen, so ergibt sich die vielleicht immer noch wahrste und am besten funktionierende Anthropologie. Eine solche moderne Modifikation liegt der Abbildung des emotionalen Kreislaufs zu Grunde, in der sowohl der negative als auch der positive Kreislauf des Leides Platz gefunden hat.

Der Mensch hat kein Wesen, sondern ist ein einzigartiges Universum verschiedener Funktionen und Elemente, eine dynamisch-interaktive Kombination, welche die Biologie allein nicht erklären kann. Er bricht die Kontinuität, die ansonsten in der Natur herrscht. Erst wenn das Herz mit historischem Inhalt gefüllt wird, mit dem, was es emotional, intellektuell, ethisch und kulturell repräsentiert – wie die vorhergehenden Kapitel gezeigt haben –, erst dann wird der Mensch zum Menschen. Es ist unser historischer Verstand und unsere individuelle Vernunft, die unser Herz erfüllen und ihm die symbolische Funktion alles Seelischen geben. Auf diese Weise beseelt das Herz unseren Körper und unsere Handlungen mit allem, was es symbolisiert. Es beseelt uns in Form von *emanations of wholeheartedness*, um noch einmal an Shakespeare zu erinnern.

Erst die nicht reduzierbare Ganzheit aus Körper, Seele, Geist und Vernunft schafft den Menschen. Er wird von der Glut zusammengehalten, die wir im Herzen fühlen, wenn wir leben und lieben, wenn wir denken, schaffen und erkennen, wenn wir *inspiriert* und spontan von etwas Allumfassendem ergriffen werden. Und solange der Mensch getrieben wird – nicht von egoistischer Leidenschaft oder triebhafter Selbsterhaltung, sondern von der Liebe zum Wahren und vom ruhelosen Drang, seine natürlichen und historischen Ursprünge und Verhältnisse sowie sich selbst und sein Ziel zu verstehen –, solange wird sich auch das ruhelose Herz im Takt mit der Erkenntnis verändern. Wenn Gottes Finger – als Symbol des rätselhaften Paradoxon der Evolution und der Geschichte – irgendetwas in unser Herz geschrieben hat, dann sind es die Worte *gnōthi seauton!*

BIBLIOGRAPHIE

(Im Folgenden sind nur direkt oder indirekt zitierte Quellen angegeben.)

Abaelard, Petrus: *Die Leidensgeschichte und der Briefwechsel mit Heloisa*, übers. u. hg. Eberhard Brost (1979), München 1992.
Adorno, Theodor & Horkheimer, Max: *Dialektik der Aufklärung. Philosophische Fragmente* (1947), Frankfurt am Main 2002.
Archilochos: *Gedichte. Griechisch und Deutsch*, hg. u. übers. Rainer Nickel, Düsseldorf 2003.
Arendt, Hannah: *Vita Activa oder Vom tätigen Leben* (1958), München 1981.
– *Eichmann in Jerusalem: Ein Bericht von der Banalität des Bösen* (1961), Leipzig 1990.
– *Der Liebesbegriff bei Augustin. Versuch einer philosophischen Interpretation* (1928), Berlin/Wien 2003.
Arndt, Johan: *Den sanne kristendom* (1610), Oslo 1968.
Assmann, Jan: *Die Erfindung des inneren Menschen* (Mit „Zur Geschichte des Herzens im Alten Ägypten"), Gütersloh 1993.
– „Zur Geschichte des Herzens im Alten Ägypten", in Berkemer, Georg & Rappe, Guido (Hg.): *Das Herz im Kulturvergleich*, Berlin 1996..
Attar, Farid ud-Din: *Vogelgespräche*. Aus der englischen Übertragung von C.S. Nott ins Deutsche übersetzt von Marion Zerbst, Interlaken 1988.
Aurelius Augustinus: *Confessiones*, übers. Otto F. Lachmann (*Die Bekenntnisse des heiligen Augustinus*), Leipzig 1888.
– *Confessiones. Bekenntnisse*. Lateinisch und Deutsch, übers. u. erl. Joseph Bernhart, München 1955.
– *Vom Gottesstaat*, übers. Wilhelm Thimme (2 Bde.), München 1997.
Barfield, Owen: *History in English Words* (1926), London 1954.
Bataille, George: *Die Erotik* (1957), übers. u. mit einem Essay versehen v. Gerd Bergfleth, München 1994.
Behrendt, Poul: *Viljens former. Augustin, Goethe, Grundtvig*, København 1974.
Benthien, Claudia u.a. (Hg.): *Emotionalität. Zur Geschichte der Gefühle*, Köln/Weimar/Wien 2000.
Berkemer, Georg & Rappe, Guido (Hg.): *Das Herz im Kulturvergleich*, Berlin 1996.
Bernhard von Clairvaux: *S. Bernardi Opera I-VII*, hg. Dom J. Leclercq u.a., Rom 1957ff.
Bloom, Harold: *Shakespeare. The Invention of the Human*, New York 1998.
Bredsdorff, Thomas: *Tristans børn. Angående digtning om kærlighed og ægteskab i den borgerlige epoke*, København 1982.
Brunner, Hellmut: *Das Hörende Herz. Kleine Schriften zur Religions- und Geistesgeschichte Ägyptens*, Freiburg/Göttingen 1988.
Bæksted, Anders: *Nordiske guder og helter*, Oslo 2002.
Böhme, Joachim: *Die Seele und das Ich im homerischen Epos*, Berlin 1929.
Campbell, Colin: *The Romantic Ethic and the Spirit of Modern Consumerism* (1987), Oxford 1993.

Campbell, Joseph: *Creative Mythology. The Masks of God* (1968), New York 1991.
Camus, Albert: *Der Mensch in der Revolte* (1951), Frankfurt am Main 1997.
Cassirer, Ernst: *Versuch über den Menschen: Einführung in eine Philosophie der Kultur*, Frankfurt am Main 1990.
– *Vorträge der Bibliothek Warburg*, Band 2, Hamburg 1924.
Corbin, Henry: *L'imagination créatrice dans le soufisme d'Ibn Arabi*, Paris 1958.
Dante Alighieri: *Die Göttliche Komödie*, Italienisch und Deutsch, übers. Hermann Gmelin, 4 Bde., Stuttgart (1949) 2002.
– *Dantes Göttliche Komödie in Wort und Bild* v. Bernhard Schuler, München 1921.
Deleuze, Gilles: *Nietzsche. Et essay & filosofiske tekster*, Oslo 1985.
Derrida, Jacques: *Grammatologie* (1967), Frankfurt am Main 2003.
Descartes, René: *Die Leidenschaften der Seele* (*Les Passions de l'Ame*, 1649), hg. u. übers. Klaus Hammacher, Hamburg 1984.
Dielz & Kranz: *Die Fragmente der Vorsokratiker*, Bd. I, 18. Aufl., Zürich/Hildesheim 1992.
Dumézil, Georges: *Gods of the Ancient Northmen* (1959), Berkeley/London 1977.
Eliade, Mircea: *Geschichte der religiösen Ideen*, Bd. I–IV, Darmstadt 2002.
Elias, Norbert: *Über den Prozess der Zivilisation* (1939), Bd. I-II, 22. Aufl., Frankfurt am Main 1998–1999.
Eriksen, Trond Berg: *Augustin. Det urolige hjertet*, Oslo 2000.
– *Nietzsche og det moderne*, Oslo 1989.
Fløgstad, Kjartan: *Fyr og flamme*, Oslo 1980.
Friedrich, Hugo: *Montaigne*, München 1967.
Foucault, Michel: *Der Wille zum Wissen* (*Sexualität und Wahrheit*, Bd. I), Frankfurt am Main 1977.
– *Der Gebrauch der Lüste* (*Sexualität und Wahrheit*, Bd. II), Frankfurt am Main 1986.
– *Die Sorge um sich* (*Sexualität und Wahrheit*, Bd. III), Frankfurt am Main 1986.
Genzmer, Felix (Übers.): *Die Edda: Götterdichtung, Spruchweisheit und Heldengesänge der Germanen*, München 1992.
Goethe, Johann Wolfgang: *Werke I–XIV* (Hamburger Ausgabe), hg. Erich Trunz, Hamburg Neuaufl. 1999.
Gottfried von Strassburg: *Tristan*, hg. u. übers. Rüdiger Krohn, 3. Aufl. Stuttgart 1984.
Grube, Nikolai (Hg.): *Maya, Gottkönige im Regenwald*, Köln 2002.
Gundelach, Kristen: *Luth og Skalmeie. Fransk poesi fra Middelalderen*, Kristiania 1920.
Hagen, Rainer u. Rose-Marie: *Ägypten. Menschen – Götter – Pharaonen*, Köln 2002.
Al-Halladsch, Husain ibn Mansur: „*O Leute, rettet mich vor Gott.*" *Texte islamischer Mystik*, hg. u. übers. Annemarie Schimmel, Freiburg 1995.
Harvey, William: *Die Bewegung des Herzens und des Blutes* (1628), übers. u. erl. R. Ritter von Töply, Leipzig 1910.
Hegge, Hjalmar: *Mennesket og naturen. Naturforståelsen gjennom tidene*, Oslo 1978.
Heinimann, Felix: *Nomos und Physis. Herkunft und Bedeutung einer Antithese im griechischen Denken des 5. Jahrhunderts*, Basel 1945.
Herder, Johann Gottfried: *Werke I–X*, hg. Martin Bollacher & Jürgen Brummack, Frankfurt am Main 1986–2000.
Homer: *Ilias*, hg. u. übers. Roland Hampe, Stuttgart 1979.
– *Odyssee*, hg. u. übers. Roland Hampe, Stuttgart 1979.

Hornung, Erik (Hg. u. Übers.): *Das Totenbuch der Ägypter*, Zürich/München 1979.
Høystad, Ole M.: *Det menneskelege og naturen. Innføring i filosofisk antropologi*, Oslo 1994.
— "Identitet eller integritet?", in S. Time: *Kulturell identitet*, Bergen 1997.
Kant, Immanuel: *Anthropologie in pragmatischer Hinsicht*, Königsberg 1800, Bd. VI in *Immanuel Kant. Werke in sechs Bänden*, hg. Wilhelm Weischedel, Darmstadt 1983.
Kierkegaard, Søren: *Der Einzelne* (1951), übers. u. erl. Wilfried Greve, Frankfurt am Main 1990.
Krag, Claus: *Vikingtid og rikssamling 800–1130*, Bd. II in Aschehougs *Norges historie*, Oslo 1995.
Kramer Heinrich (Institoris): *Der Hexenhammer. Malleus Maleficarum* (1486), hg. u. übers. Wolfgang Behringer u.a., München 2000, 3. rev. Aufl. 2003.
Kramer, Samuel Noah & Wolkstein, Diane: *Innana. Queen of Heaven and Earth. Her Stories and Hymns from Sumer*, London 1984.
Kutscher, Gerdt (Hg.): *Altaztekische Gesänge*, Stuttgart 1957.
Ladurie, Emmanuel Le Roy: *Montaillou. Ein Dorf vor dem Inquisitor 1294 bis 1324*, übers. Peter Hahlbrock, Frankfurt am Main 1983.
Langen, August: *Der Wortschatz des deutschen Pietismus*, Tübingen 1954.
Lévinas, Emmanuel: *Zwischen uns. Versuche über das Denken an den Anderen*, München 1995.
Luhmann, Niklas: *Liebe als Passion. Zur Codierung von Intimität*, Frankfurt am Main 1994.
Løgstrup, Knud E.: *Die ethische Forderung* (1954), Tübingen 1959.
— *Norm und Spontaneität. Ethik und Politik zwischen Technik und Dilletantokratie* (1972), Tübingen 1989.
— *Ursprung und Umgebung* (*Metaphysik*, Bd. 3, 1984), Tübingen 1994.
Maul, Stefan M. (Hg. u. Übers.): *Das Gilgamesch-Epos*, München 2005.
Mauss, Marcel: *Soziologie und Anthropologie*. Bd. II: *Gabentausch, Todesvorstellungen, Körpertechniken*, Frankfurt am Main 1978.
Mommsen, Katharina: *Goethe und der Islam*, Frankfurt am Main 2001.
Montaigne, Michel de: *Essais*. Erste moderne Gesamtübersetzung von Hans Stilett, hg. Hans Magnus Enzensberger, korrigierte Aufl., Frankfurt am Main 1999.
Morus (Richard Lewinsohn): *Eine Weltgeschichte des Herzens*, Hamburg 1959.
Nager, Frank: *Das Herz als Symbol*, Basel 1993.
Nedoma, Robert (Hg. u. Übers.): *Gautreks saga konungs. Die Saga von König Gautrek* (Göppinger Arbeiten zu Germanistik 529), Göppingen 1990.
Nestle, W.: *Vom Mythos zum Logos. Die Selbstentfaltung des griechischen Denkens bei Homer bis auf die Sophistik und Sokrates*, Stuttgart 1940.
Nietzsche, Friedrich: *Werke in drei Bänden*, hg. Karl Schlechta, München (1954) 1993.
Nygren, Anders.: *Eros und Agape. Gestaltwandlungen der christlichen Liebe*, Gütersloh 1930.
Näsström, Britt-Mari: *Blot. Tro og offer i det førkristne Norden*, Oslo 2001.
Ong, Walter J.: *Orality and Literacy. The Technologizing of the Word*, London & New York 1982.
Otto, Rudolf: *Das Heilige. Über das Irrationale in der Idee des Göttlichen und sein Verhältnis zum Rationalen* (1917), München 1979.
Pedersen, John: *Troubadourernes sange*, København 2001.

Pico della Mirandola, Giovanni: *De dignitate hominis. Lateinisch und Deutsch*, hg. Eugenio Garin, Bad Homburg 1968.

Platon: *Werke*, hg. Gunther Eigler (n.d. Übers. v. Friedrich Schleiermacher), Darmstadt 1990.

— *Das Trinkgelage oder über den Eros (Symposion)*, übers. Ute Schmidt-Berger, Frankfurt am Main 1997.

Rappe, Guido: *Archaische Leiberfahrungen. Der Leib in der frühgriechischen Philosophie und in außereuropäischen Kulturen*, Berlin 1995.

de Rougemont, Denis: *Die Liebe und das Abendland* (1939), Zürich 1986.

Rousseau, Jean-Jacques: *Bekenntnisse*, übers. Ernst Hardt, Frankfurt am Main 1985.

— *Emil oder über die Erziehung*, übers. Ludwig Schmidts, Paderborn/München/Wien/Zürich 1998.

— *Julie oder die neue Héloïse*, übers. J.G. Gellius, Düsseldorf/Zürich 2003.

Rückert, Friedrich: *Ausgewählte Werke*, hg. Annemarie Schimmel, Frankfurt am Main 1988.

Rumi, Dschalal ad-Din (Dschelaluddin): *Das Mathnawi. Ausgewählte Geschichten*, hg. u. übers. Annemarie Schimmel, Basel 1994.

— *Das Meer des Herzens geht in tausend Wogen. Gazelen*, Berlin 2002.

Safranski, Rüdiger: *Nietzsche. Biographie seines Denkens*, München/Wien 2000.

— *Ein Meister aus Deutschland. Heidegger und seine Zeit* (1994), 4. Aufl., Frankfurt am Main 2004.

Sahagún, Fray Bernardino de: *Florentine Codex. General History of the Things of New Spain. Book 10 - The People*, hg. Arthur J.O. Anderson & Charles E. Dibbel, Santa Fé 1961.

— *Aus der Welt der Azteken: Die Chronik des Fray Bernardino de Sahagún*, hg. Claus Litterscheid, Frankfurt am Main 1989.

Schimmel, Annemarie: *Die Zeichen Gottes. Die religiöse Welt des Islam*, München 1955.

— (Hg. u. Übers.): *Al-Halladsch. Märtyrer des Herzens*, Köln 1968.

— (Hg. u. Übers.): *Gärten der Erkenntnis. Das Buch der vierzig Sufi-Meister*, München 1982.

— *Mystische Dimensionen des Islam. Die Geschichte des Sufismus*, Köln 1985.

Schmid, Wilhelm: *Philosophie der Lebenskunst*, Frankfurt am Main 1998.

Schmitz, Hermann: *System der Philosophie*, Bd. II/1, *Der Leib*, Bonn 1965.

— „Leibliche Quellen der Herzmetaphorik", in Berkemer, Georg & Rappe, Guido (Hg.): *Das Herz im Kulturvergleich*, Berlin 1996.

— „Die Verwaltung der Gefühle", in Claudia Benthien u.a. (Hg.): *Emotionalität. Zur Geschichte der Gefühle*, Köln/Weimar/Wien 2000.

Schmölders, Claudia (Hg.): *Die Erfindung der Liebe. Berühmte Zeugnisse aus drei Jahrtausenden*, München 1996.

See, Klaus von: *Edda, Saga, Skaldendichtung*, Heidelberg 1981.

Seifert, Josef: *Das Leib-Seele Problem*, Darmstadt 1989.

Sennett, Richard: *Verfall und Ende des öffentlichen Lebens: Die Tyrannei der Intimität* (1977), Frankfurt am Main 1996.

Shakespeare, William: *König Lear*, übers. Wolf Heinrich Graf Baudissin, Stuttgart (1966) 2003.

Shupak, N.: "Some idioms connected with the concept of 'heart' in Egypt and the Bible", in Sarah Israelit-Groll (Hg.): *Pharaonic Egypt*, Jerusalem 1985.

Simrock, Karl (Übers.): *Die Edda: Göttersagen, Heldensagen und Spruchweisheiten der Germanen*. Wiesbaden 1987.

Sloterdijk, Peter: *Kritik der zynischen Vernunft*, Frankfurt am Main 1983.

Snell, Bruno: „Die Auffassung des Menschen bei Homer", „Das Erwachen der Persönlichkeit in der frühgriechischen Lyrik", in *Die Entdeckung des Geistes* (Hamburg 1946), 4. Aufl., Göttingen 1975.

— „Besprechung von Böhmes Buch *Die Seele und das Ich im homerischen Epos*", in *Gnomon*, Bd. VII, 1931.

Snorri Sturluson: *Snorris Königsbuch (Heimskringla)* übers. Felix Niedner, Jena (1922) 1965.

Spengler, Oswald: *Untergang des Abendlandes* (1922) 9. Aufl., München 1988.

Starobinski, Jean: *Montaigne. Denken und Existenz*, Frankfurt am Main 1989.

Steensgård, Niels: *Verden på oppdagelsenes tid 1350–1500*, Bd. VII v. *Aschehougs verdenshistorie*, Oslo 1984.

Stigen, Anfinn: *Tenkningens historie*, Bd. I, Oslo 1990.

Stordalen, Terje: *Støv og livspust. Mennesket i Det gamle testamente*, Oslo 1994.

Taylor, Charles: *Hegel* (1975), Frankfurt am Main 1995.

— *Quellen des Selbst. Die Entstehung der neuzeitlichen Identität* (1989), Frankfurt am Main 1999.

Thielst, Peter: *Kødets lyst – tankens list. Kroppens og seksualitetens idéhistorie*, København 2000.

Thomae, Karl: *Das Herz im Umkreis des Denkens*, Biberach an der Riss 1969.

Tuchel, Hans Gerd (Hg.): *Die Trobadors: Leben und Lieder*, 2. Aufl., Bremen 1966.

Undset, Sigrid: *Fortællinger om kong Arthur og ridderne av Det runde bord*, Kristiania 1915.

Vaughan-Lee, Llewllyn: *Transformation des Herzens. Die Lehren der Sufis*, Frankfurt am Main 1999.

Vogt, Christian: *Überlegung und Entscheidung. Studien zur Selbstauffassung des Menschen bei Homer*, Berlin 1931.

Vonessen, Franz: „Das Herz in der Naturphilosophie", in Karl Thomae (Hg.): *Das Herz im Umkreis des Denkens*, Biberach an der Riss 1969.

Weber, Max: *Die protestantische Ethik und der Geist des Kapitalismus (Protestantische Ethik*, Bd. II), hg. J. Winckelmann, Hamburg 1975.

Williams, Bernard: *Scham, Schuld und Notwendigkeit. Eine Wiederbelebung antiker Begriffe der Moral* (1993), Berlin 2000.

Wolff, Hans Walter: „Das Herz im Alten Testament", in *Menschliches. Vier Reden*, München 1971.

Zeldin, Theodore: *An Intimate History of Humanity*, London 1998.

Zeruneith, Keld: *Træhesten. Fra Odyssevs til Sokrates. En bevidsthedshistorie*, 3. Aufl., København 2002.

Øhrgaard, Per: *Goethe. Et essay*, København/Oslo 1999.

Aalbæk-Nielsen, Kai: *Kærlighed i antikken. I tidens ånd 1*, København 1999.

— *Kærlighed i middelalderen. I tidens ånd 2*, København 1999.

Aasen, Elisabeth: *Det skjønnes hage. Middelalderens skrivende kvinner*, Oslo 1996.

NAMENREGISTER

(Seitenzahlen in Fettdruck beziehen sich auf den Tafelteil)

Abélard, Petrus 128, 131–136, 146, 161, 182
Abraham 87
Achilles **3**, 35, 39, 41, 48
Adam 62, 69, 75
Adam von Bremen 114
Adorno, Theodor W. 210
Aelred von Rivaulx 141
Agamemnon 41
al-Ahnaf, Ibn (Abbas) 100
Alkmaion von Kroton 56
Amor **16–17**, 82–83
Aphrodite **4**, **16**, 42, 44, 82
Arabi, Ibn 94, 97, 100, 215
Archilochos 45–46, 49
Arendt, Hannah 81, 188, 215
Ares 42
Aristoteles 54–55, 75, 166, 169
Arnaud de Vernoilles 144
Arndt, Johann 129
Artus 126
Aschera 22
Assmann, Jan 30
Atli/Attila 111
Attar, Farid ud-Din 88, 92
Augustinus 62, 72–76, 79–81, 83, 91, 130, 132, 145, 185, 200, 205
Averroës 98–100
Avicenna 98

Bacon, Francis 58, 212
Bakhtin, Mikhail 204
Barfield, Owen 43
Barnard, Christiaan N. 148
Bataille, Georges 72
Beatrice **20–21**
Benedikt XII s. Fournier, Jacques
Berkemer, Georg 107
Bernart de Ventadorin 121
Bernhard von Clairvaux 81, 129–131, 136, 214

Bernini, Giovanni Lorenzo **17–18**, 77, 82
Bloom, Harold 175, 177
Briseis 41
Bronzino, Agnolo **13**
Brunner, Hellmut 30
Boccaccio, Giovanni 147
Böhme, Jakob 168
Byron, Georg Gordon Noel Lord 184

Campbell, Colin 210–211
Camus, Albert 181, 221
Cato, Marcus Porcius C. Censorius 153
Chrétien de Troyes 124, 136
Claudius II. 214
Clergue, Pierre 142–143
Corbin, Henry 93–94
Cordelia 172, 174, 176, 178–179, 194
Cortés, Hernán 107

Dante Alighieri **20–21**, 83, 138, 160, 196
Darwin, Charles 183, 198
Daud, Ibn 100
Demokrit 51
Demosthenes 48
Descartes, René 147–152, 157, 162, 169–170, 175, 202, 205
Diogenes 147, 204
Dionysos 42, 44–45, 204
Diotima 50
Dschami 88
Dumézil, Georges 114
Dumuzi/Tammus 22

Meister Eckhart 168–169
Edgar 171–172, 174, 176–178, 180
Edmund 171, 174, 176–178
Einar, Jarl von Orkney 115
Einstein, Albert 183
Eliade, Mircea 95
Elias, Norbert 186, 205
Empedokles 55, 169

Enkidu 18–20
Erasmus von Rotterdam 175
Ereschkigal 21
Eriksen, Trond Berg 75
Eros **4**, **16**, 42, 44 ,50 82–83, 159
Euripides 44
Eurykleia 51
Eva 63, 69, 75

Fafnir 111
Faust 194–195, 200
Fløgstad, Kjartan 213
Fludd, Robert **11**
Foucault, Michel 48, 205–209
Fournier, Jacques 142, 144
Francesca da Rimini 160–161
Freud, Sigmund 52, 79, 146, 183, 192, 205–206
Freyr **8**
Friedrich, Hugo 164
Fulbert 132

Gabriel 87
Galen 54, 56–57, 166–167, 169
Galilei, Galileo 148, 170
al-Gayyanis, Ibn Farag 100
Gilgamesch 9, 17–20, 172
Graf Gloster 171–172, 174, 177–178
Goethe, Johann Wolfgang 8, 98, 101–102, 145, 167, 175, 184, 193–201
Goneril 171, 174, 176
Gottfried von Straßburg 124–126, 137, 184
Gretchen 194–195, 200
Guillaume de Lorris 137
Guinevere 126, 160
Guiraut de Borneilh 139
Gunnarr/Gunther 111

Hafiz (Muhammad Schams ad-Din) 88, 101
Halfdan Hochbein 115–116
al-Halladsch 90–91, 95, 101
Hamlet 175
Harvey, William 54, 165–167
Hazm, Ibn 100

Hegel, Georg Wilhelm Friedrich 146, 201
Hegge, Hjalmar 58
Hektor **3**, 41
Helena **12**, 38
Helgi 112
Héloïse 128, 131–136, 161, 182, 189–190
Hephaistos 42
Herder, Johann Gottfried 101, 155, 189, 191–193, 203, 205
Hesekiel 23, 62
Hildegard von Bingen 168–169
Hippokrates 55–56, 169
Hobbes, Thomas 188
Högni 111
Holberg, Ludvig 35, 67
Hölderlin, Friedrich 184, 195
Holiday, Henry **20–21**, 83
Homer 11, 32–34, 36–37, 39–41, 43–45, 51, 53, 61, 147, 179
Horkheimer, Max 210
Høystad, Ole Martin 203
Hrungir 113
Huginn 115
Humbaba 19
Hume, David 187

Ibsen, Henrik 13, 190
Ikarus **22**
Inanna/Ischtar 17–18, 21–22, 167
Innozenz VIII. 78
Ismael 87
Isolde 124, 126–127, 133, 136

Jahwe 22, 74
Jeppe 35–36
Jesaja 66
Jesus Christus 10, **15–17**, 21–22, 40, 57, 61, 64–65, 68–71, 77, 83, 124, 128–130, 136, 167, 169, 182, 185
Johannes **15**
Johnson, Samuel 178
Julie 184–185
Juvenal 160

Graf von Kent 171, 176–177
Kierkegaard, Søren 212

Kipling, Rudyard 102
Kirke 40
Kant, Immanuel 64, 84, 148, 188,
    190–191, 202, 205, 212
Kolumbus, Christoph 110
Kramer, Heinrich 78–79

Langen, August 181
Lanzelot 124, 126, 160
König Lear 171–173, 176, 178–179, 194
Leda **12**
Leibnitz, Gottfried Wilhelm 101
Lessing, Gotthold Ephraim 101
Lévinas, Emmanuel 188–189
Lizier, Pierre 143
Locke, John 149
Luhmann, Niklas 139
Lukas 83–84
Luther, Martin 61–63, 71, 75, 77–78,
    80–81, 129, 131, 135, 138, 150, 175,
    214
Løgstrup, Knud E. 197, 217

Maria **15–16**, 65, 83, 129
Maria Magdalena **15**, 70, 129–130
Markus 64
Marlowe, Christopher 194
Marx, Karl 183, 205–206
Matisse, Henri **22**
Matthäus 64–66
Menelaos 38, 41
Mephisto 194
de Meung, Jean 137–138
Mohammed 86–89, 91, 101
Mommsen, Katharina 101
Montaigne, Michel 104, 106, 147,
    151–164, 170, 175, 182, 202–203, 205,
    218
Morgenstern, Christian 139
Morus (Richard Lewinsohn) 130
Moses 23, 62–63, 87
Munch, Edvard **20–21**
Munin 115
Murillo, Bartolomé Esteban **16**, 83

Nager, Frank 168

Newton, Isaac 148
Nestlé, Wilhelm 33
Nietzsche, Friedrich 17, **22**, 42, 45–46, 52,
    59, 71 85, 109–110, 118, 154–156, 164,
    175, 180, 186–188, 201–205, 208, 221
Nille 35
Ninsun 20
Noah 20
Novalis 184, 195
Nut 27
Nygren, Anders 65–66
Näsström, Britt-Mari 114

Odin 8, 11, 113–116
Odysseus 29, 34, 38–39, 41, 51, 53,
    172–173
Olaf von Norwegen 110
Omar Khayyam 88
Osiris 26–27
Otfrid von Weißenburg 129
Ovid 161
Otto, Rudolf 169

José de Páez **19**
Pan **4**, 42–44
Paolo da Rimini 160
Paracelsus 167–168, 194
Paris von Troja 41
Pascal, Blaise 9, 15 150, 162, 184
Patroklos 41,48
Paulus 62, 64–72, 77, 79, 130, 205
Pedersen, John 122–123
Penelope 39
Pico della Mirandola 151–152
Pierre le Mangeur 76
Platon 33–35, 38–39, 46–49, 51–54,
    57–59, 65, 67–68, 72, 74–75, 79–80,
    82, 95, 145, 147, 192, 202, 205
Plotin 53–54, 74, 79, 90, 95, 177
Priamos **3**
Prometheus **2**, 55–56, 199
Psyche 43, 50

Quetzal 108
Quetzalcoatl 105,107

Rabelais, François 147, 162, 204
ar-Raschid, Harun 100
Re 27–28
Regan 171, 174, 176
Richard Löwenherz 141
Rilke, Rainer Maria 165, 195, 200, 216
Rives, Grazide 142–144
de Rougemont, Denis 127
Rousseau, Jean Jacques 133, 181–186, 188–189, 193
le Roy Ladurie, Emmanuel 141, 143
Rubens, Peter Paul **15**, 83
Rückert, Friedrich 96
Rumi, Dschalal ad-Din 88, 92, 94–96, 101

Saadi 88, 100–101
Marquis de Sade 207
Safranski, Rüdiger 81, 203, 215
Sahagún, Bernardino de 106–108
Saint-Preux 184–185
Salomon 22
Samuel 23
Sappho 44, 47–49
Sartre, Jean Paul 81
Saxo Grammaticus 114
Schamasch 19–20
Schamchat 18
Schimmel, Annemarie 91, 93
Schmid, Wilhelm 203
Schmitz, Hermann 34, 58, 67
See, Klaus von 112, 116
Sennett, Richard 213
Shakespeare, William 21, 170, 172, 175–182, 184, 193–194, 218, 222
Shelley, Percy Bysshe 184
Shams-i Tabriz 95
Siegfried 111
Sigurd Fafnisbani 111
Simmias 53
Simurgh 93
Sloterdijk, Peter 203
Snell, Bruno 33, 35, 40
Snorri Sturluson 110, 115
Sophokles 32, 82
Sokrates **15**, 33–34, 49, 53, 145, 153

Spengler, Oswald 199
Spierre, Francois **18**
Starobinski, Jean 153, 157, 164
Steensgård, Niels 106

Tacitus, Publius Cornelius 114
Taylor, Charles 190
Teerstegen, Gerhard 181–182
Theresia von Ávila **17–18**, 82–83
Thielst, Peter 78
Thomas von Aquin 54, 79–80, 98
Thomas d'Angleterre 124
Thor **8**, 113–114
Thorgeir 112
Thormod Kolbrunarskald 110–112
Tristan 124, 126–127, 133, 135–136
Tuchel, Hans Gerd 121, 139
Tut-anch-Amun 1
Tyndareos **12**

Undset, Sigrid 14–15, 65, 97
Uta-napischti 20

Valentin 215
Venus 82
Vergil 160–161
Leonardo da Vinci **12**
Voß, Johann Heinrich 37

Walter von der Vogelweide 121–122, 139
Weber, Max 209–210
Werther 193
Wilhelm von Aquitanien 100, 120
Wittgenstein, Ludwig 193, 215
Wolfram von Eschenbach 124

Zeldin, Theodore 141
Zelter, Carl Friedrich 200
Zeruneith, Keld 37
Zeus **12**
Zola, Émile 189

Øhrgaard, Per 197

Aalbæk-Nielsen, Kai 40

Rainer Maria Kiesow,
Martin Korte (Hg.)
**EGB –
Emotionales
Gesetzbuch**
Dekalog der Gefühle
2005. 320 Seiten.
58 Duplex-Abb. Gb.
€ 26,90/SFr 47,10
ISBN 3-412-17604-4

Das Emotionale Gesetzbuch stellt einen Dekalog der Emotionen auf. Manche Gefühle sind richtig und groß (etwa die Liebe), andere wiederum gelten als falsch, niedrig oder klein (etwa Ärger und Peinlichkeit). Auf manche Gefühle meint man ein Recht zu haben (Eifersucht), andere wie Rache darf man nicht (mehr) ausleben.

Das EGB präsentiert sich als kontroverser und vielschichtiger Korpus von Kodifikation und Kommentaren. Die zehn Emotionen des Dekalogs werden zunächst in je einen normativen Satz gefasst, um sodann aus verschiedensten Fachgebieten, u. a. der Medizin, den Neurowissenschaften, den Rechtswissenschaften, der Psychologie, den Literaturwissenschaften, der Philosophie und den Geschichtwissenschaften, kommentiert zu werden – sei es affirmativ, kritisch oder informativ.

Die Form eines Kommentars zu einem normativen Text bietet sich an, weil gerade dort der Streit der Meinungen und verschiedenen Sichtweisen angefacht wird. Hierin will das EGB mit seiner Relationierung von Norm und Gefühl stilbildend wirken. Sein Blick richtet sich nicht, wie so häufig bei interdisziplinären Anstrengungen, in die Einzeldisziplinen hinein, sondern wird aus diesen heraus auf einen gemeinsamen Gegenstand geworfen.

Ursulaplatz 1, D-50668 Köln, Telefon (0221) 91390-0, Fax 91390-11